t.

TRAUNER VERLAG

BILDUNG

Bildung, die begeistert!

Erich Rochel
Branimir Brezovich

Schulrecht kurz gefasst

Studien- und Arbeitsbuch

Stand der Rechtslage: 1. September 2014

9., neubearbeitete Auflage 2014

Köglstraße 14, 4020 Linz, Österreich

Lektorat/Produktmanagement: Mag. Magdalena Rose
Gestaltung: Bettina Victor
Fotos: Fotolia.com
Herstellung: TRAUNER Druck GmbH und Co KG, Linz
ISBN 978-3-99033-316-7
www.trauner.at

Erich Rochel
Branimir Brezovich

Schulrecht kurz gefasst

Inhaltsverzeichnis

Vorwort
zur neunten Auflage

Da im modernen Rechtsstaat auch das Schulwesen nicht außerhalb der Rechtsordnung stehen kann, hat insbesondere in jüngerer Zeit der Umfang des Schulrechtes bedeutend zugenommen und nicht selten zu unüberhörbaren Kontroversen zwischen pädagogischen und juristischen Ansätzen bei der Lösung schulischer Problemstellungen geführt.

Es muss jedoch einleuchten, dass das legitime Postulat nach Schaffung eines Rahmens unabdingbarer Rechtssicherheit in der Schule weder einen Antagonismus zu deren pädagogischen Zielsetzungen darstellen noch zur bürokratischen Überfrachtung von Unterricht und Erziehung führen darf. Ein harmonisches Miteinander von Recht und Pädagogik muss daher im konstruktiven Bemühen um den Abbau des Misstrauens zwischen diesen beiden Disziplinen liegen, besonders aber in der laufenden Verbesserung der Kenntnis und des Verständnisses ihrer jeweiligen Inhalte und Intentionen.

Zur Verwirklichung dieses Zieles möchte das vorliegende Buch mit seiner knapp gefassten und gerade für den juristisch nicht geschulten Leser leicht verständlichen Darstellung der wichtigen Bereiche des geltenden Schulrechtes einen Beitrag leisten.

Im Besonderen wurde den Erfordernissen der Lehrerausbildung und der Lehrerfortbildung Rechnung getragen, da die schulrechtlichen Stoffkapitel der Studienpläne und sonstigen Ausbildungsrichtlinien der Pädagogischen Hochschulen konkret und der Schulpraxis entsprechend behandelt werden. Hiebei wird auf alle Schulartbereiche eingegangen und auf die Ansprüche von Lehramtsstudenten und Neulehrern ebenso Bedacht genommen wie auf jene bereits länger im Dienst stehender Lehrer und der Schuldirektoren.

Aber auch andere mit der Schule und ihren Aufgaben verbundene Leser werden wichtige Informationen finden, wobei namentlich den Erziehungsberechtigten durch verbesserte Kenntnis des Schulrechtes die zielführende Wahrnehmung ihrer aus der Schulpartnerschaft erfließenden Rechte und Pflichten ermöglicht werden soll.

Seiner Bedeutung für das innere Geschehen in der Schule entsprechend, bildet das Schulunterrichtsrecht, einschließlich einer präzisen Darstellung des sensiblen Problemkreises der Leistungsfeststellung und der Leistungsbeurteilung, das zentrale Kapitel dieses Buches, wobei jedoch auch andere Bereiche des Schulrechtes, wie etwa Schulorganisation, Schulaufsicht und Schulbehörden, Schulpflicht, Religionsunterricht, Privatschulwesen u. a., die erforderliche Berücksichtigung erfahren. Eine Zusammenfassung wichtiger Inhalte des Dienst- und Besoldungsrechtes der Lehrer sowie die Einführung in schulrelevante Teilbereiche des Familien-, Kinder- und Jugendhilferechts und des Berufsausbildungsrechtes sind zur Ergänzung angefügt.

Die einzelnen Kapitel sind so strukturiert, dass die elementaren Textstellen durch eine entsprechende Zahl von Fußnoten ergänzt werden. Diese enthalten eine Vielfalt zusätzlicher Informationen, die sich in erster Linie auf Besonderheiten einzelner Schularten, auf vertiefende Erklärungen zu schwerer verständlichen Rechtsbestimmungen sowie auf die aktuelle Judikatur beziehen.

Wie schon in den Auflagen zuvor wurden alle Kapitel und Abschnitte, in denen Änderungen der betreffenden Rechtsgebiete eingetreten sind, sorgfältig überarbeitet und aktualisiert. Umfangreiche Änderungen betreffen die Einrichtung der Neuen Mittelschule als eigene Schulart, die Auflösung der Bezirksschulräte und aufgrund der neuen Verwaltungsgerichtsbarkeit die schulrechtlichen Verfahrensbestimmungen. Besondere Berücksichtigung finden die für Reifeprüfungen an allgemeinbildenden höheren Schulen ab dem Haupttermin 2015 und für Reife- und Diplomprüfungen, Diplomprüfungen und Abschlussprüfungen an berufsbildenden mittleren und höheren Schulen, an Bildungsanstalten für Kindergartenpädagogik bzw. für Sozialpädagogik ab dem Haupttermin 2016 geltenden neuen Bestimmungen. Schließlich wird in einem Anhang eine kurze Vorschau auf die ab dem Schuljahr 2017/18 schulstufenweise aufsteigend in Kraft tretende „Neue Oberstufe" gegeben.

Die Autorenseite hat durch den Tod von MR Mag. Dr. Branimir Brezovich eine Veränderung erfahren. Das vorliegende Studien- und Arbeitsbuch wird in gewohnter Qualität weitergeführt.

Verlag und Autor hoffen, dass diesem bewährten Wegweiser durch das weite Feld schulbezogener Rechtsvorschriften auch in der vorliegenden neunten Auflage ebenso viel Interesse entgegengebracht wird wie bisher.

Branimir Brezovich †

Linz, im August 2014

Erich Rochel

Verzeichnis der Abkürzungen

ABGB	Allgemeines Bürgerliches Gesetzbuch
Abs	Absatz
AHS	Allgemeinbildende höhere Schulen
APS	Allgemeinbildende Pflichtschulen
APG	Allgemeines Pensionsgesetz
Art.	Artikel
ASVG	Allgemeines Sozialversicherungsgesetz
AUVA	Allgemeine Unfallversicherungsanstalt
AVG	Allgemeines Verwaltungsverfahrensgesetz 1991
BAG	Berufsausbildungsgesetz
BDG	Beamten-Dienstrecht
BG	Bundesgesetz
BGBl.	Bundesgesetzblatt
BHS	Berufsbildende höhere Schulen
BIFIE	Bundesinstitut für Bildungsforschung, Innovation und Entwicklung des österreichischen Schulwesens
BLVG	Bundeslehrer-Lehrverpflichtungsgesetz
BM	Bundesminister/in
BMHS	Berufsbildende mittlere und höhere Schulen
BMBF	Bundesminister(ium) für Bildung und Frauen
BMBWK	Bundesminister(ium) für Bildung, Wissenschaft und Kultur
BMUK(S)	Bundesminister(ium) für Unterricht (und) Kunst (und) Sport
BMUukA	Bundesminister(ium) für Unterricht und kulturelle Angelegenheiten
BMUKK	Bundesministerium für Unterricht, Kunst und Kultur
B-PVG	Bundes-Personalvertretungsgesetz
B-SChAufsG	Bundes-Schulaufsichtsgesetz
B-VG	Bundes-Verfassungsgesetz
bzw.	beziehungsweise
DVG	Dienstrechtsverfahrensgesetz
DVV	Dienstrechtsverfahrensordnung
dzt.	derzeit

Erk.	Erkenntnis
Erl.	Erlass
EU	Europäische Union
EWR	Europäischer Wirtschaftsraum
f. (ff)	und folgende(r)
FG	Fachgruppe
GZ	Geschäftszahl
i. d. F.	in der Fassung
i. d. g. F.	in der geltenden Fassung
JWG	Jugendwohlfahrtsgesetz 1989
LBV	Verordnung über die Leistungsbeurteilung
LDG	Landeslehrer-Dienstrechtsgesetz
lit.	littera(ae) (= Buchstabe[n])
LReg	Landesregierung
LSR	Landesschulrat
LVG	Landesvertragslehrpersonengesetz
MVBl.	Ministerialverordnungsblatt (des Bundesministeriums für Unterricht bzw. für Unterricht und Kunst bzw. für Unterricht, Kunst und Sport bzw. für Unterricht und kulturelle Angelegenheiten bzw. für Bildung, Wissenschaft und Kultur bzw. für Unterricht, Kunst und Kultur bzw. für Bildung und Frauen)
Nr.	Nummer
OGH	Oberster Gerichtshof
PädHS	Pädagogische Hochschule
PflSchErh-GG	Pflichtschulerhaltungs-Grundsatzgesetz
PG	Pensionsgesetz
PrivSchG	Privatschulgesetz
PVG	Bundes-Personalverrechnungsgesetz
RelUntG	Religunsunterrichtsgesetz
RS	Rundschreiben
S.	Seite
SchOG	Schulorganisationsgesetz
SchPflG	Schulpflichtgesetz
SchUG	Schulunterrichtsgesetz
SGA	Schulgemeinschaftsausschuss
SSRfW	Schulrat für Wien
StGB	Stafgesetzbuch
StGG	Staatsgrundgesetz
u. a.	unter anderem; und andere(s)
u. Ä.	und Ähnliches
UStG	Universitätsstudiengesetz

V	Verordnung
VBG	Vertragsbedienstetengesetz
VerfGH	Verfassungsgerichtshof
vgl.	vergleiche
VerwGH	Verwaltungsgerichtshof
VerwVO	Verwaltungsverordnung
Z.	Zahl(en), Ziffer(n)
z. B.	zum Beispiel
Zl.	(Erlass-)zahl, Zahl (eines Geschäftsstückes)

Verfassungsrechtliche Grundlagen des Schulwesens

1 Rechtsgrundlagen

Die verfassungsrechtlichen Grundlagen des österreichischen Schulwesens finden sich sowohl im **Bundes-Verfassungsgesetz** (B-VG) selbst (insbesondere in den Art. 14, 14a, 81a und 81b) als auch in anderen verfassungsrechtlichen Materien (u. a. in Art. 17 Staatsgrundgesetz über die allgemeinen Rechte der Staatsbürger, Art. 68 des Staatsvertrages von Saint-Germain, Art. 7 des Staatsvertrages betreffend die Wiederherstellung eines unabhängigen und demokratischen Österreichs).

2 Kompetenzverteilung zwischen Bund und Ländern

Dem Grundsatz der **Bundesstaatlichkeit** entsprechend sieht die österreichische Bundesverfassung (Bundes-Verfassungsgesetz in der Fassung 1929) eine **Verteilung der Zuständigkeit** (Kompetenz) zwischen Bund und Ländern vor. Diese Kompetenzverteilung bezieht sich auf die Gesetzgebung und die Vollziehung[1] und ist, nach Rechtsgebieten gegliedert, in den Art. 10 bis 15 B-VG festgelegt.

Kompetenzverteilung im Schulwesen

Auf dem Gebiet des **Schulwesens** und des Erziehungswesens[2] wird die Kompetenzverteilung zwischen Bund und Ländern durch die Art. 14 und 14a B-VG bestimmt.[3]

---

[1] Unter diesen Begriff fällt insbesondere die Erlassung von Verordnungen, aber auch von Entscheidungen im Einzelfall (Bescheide, Urteile u. a.).

[2] Auf dem Gebiet des Erziehungswesens fallen die Angelegenheiten der Schüler- und Studentenheime unter diese Bestimmungen.

[3] In ihrer heutigen Form bestehen diese Kompetenzregelungen erst seit dem Jahre 1962 (Art. 14 B-VG) bzw. 1975 (Art. 14a B-VG). – Art. 14a betrifft ausschließlich das land- und forstwirtschaftliche Schul- und Erziehungswesen (auf dieses wird in der Folge nicht gesondert eingegangen).

Folgende wichtige Regelungen sind zu nennen:

- Generalkompetenz des **Bundes:**

  Gemäß Art. 14 B-VG kommt in diesem Bereich (ausgenommen das land- und forstwirtschaftliche Schul- und Erziehungswesen)[1] die grundsätzliche **Zuständigkeit (Generalkompetenz)** sowohl in der Gesetzgebung als auch in der Vollziehung dem **Bund** zu, soweit nicht ausdrücklich anderes bestimmt ist.

  Diese Generalkompetenz erstreckt sich insbesondere auf **folgende Angelegenheiten**:

  - Hochschulwesen[2]
  - Schulerrichtung und Schulerhaltung
  - Schulpflicht
  - Schulunterricht
  - Religionsunterricht
  - Privatschulwesen
  - Schulaufsicht

- Kompetenzen der **Länder**:

  Unter Ausnahme von der obgenannten Generalkompetenz des Bundes besitzen die **Länder** insbesondere in folgenden Angelegenheiten **Zuständigkeit**:

  - **Dienstrecht** und Personalvertretungsrecht[3] der Lehrer an öffentlichen **Pflichtschulen:**[4,5]

    Den Ländern kommt die **Vollziehung**[6] **zu.**
  - Zusammensetzung und Gliederung der **Kollegien** der Landesschulräte sowie äußere **Organisation**[7] der öffentlichen **Pflichtschulen:**

    Den Ländern kommt die **Ausführungsgesetzgebung**[8] und die **Vollziehung** zu.

---

[1] Im land- und forstwirtschaftlichen Schul- und Erziehungswesen besitzen gemäß Art. 14a B-VG die Länder die Generalkompetenz.

[2] Die Angelegenheiten des Hochschulwesens sind – ausgenommen die Pädagogischen Hochschulen gem. Hochschulgesetz 2005, BGBl. I Nr. 30/2006 i. d. g. F. – nicht Gegenstand dieses Buches.

[3] Zum Dienstrecht und Personalvertretungsrecht siehe S. 169 ff.

[4] Zum Begriff der öffentlichen Pflichtschulen siehe S. 5, 25 ff. und 156 ff.

[5] Das Dienstrecht und das Personalvertretungsrecht der Lehrer an den einer PädHS eingegliederten öffentlichen Praxisschulen (siehe zu diesen Schulen S. 42) ist jedoch auch hinsichtlich der Vollziehung Bundessache.

[6] Hierunter fällt nur die verwaltungsbehördliche Besorgung der Angelegenheiten ohne gesetzgeberische Befugnisse (z. B. die Anstellung von Lehrern).

[7] Diese betrifft die Errichtung, Erhaltung und Auflassung der Schulen sowie die Festsetzung der Organisationsform, der Schulsprengel, der Klassenschülerzahl und der Unterrichtszeit (vgl. hiezu auch S. 156 ff.).

[8] Die Grundsatzgesetzgebung in diesen Angelegenheiten steht dem Bund zu.

– Behördenzuständigkeit zur Ausübung der **Diensthoheit**[1] über die Lehrer an öffentlichen **Pflichtschulen,** ferner Kindergarten- und Hortwesen:

  Den Ländern kommt die (gesamte) **Gesetzgebung** und die **Vollziehung** zu.[2]

Dem Bund steht die Befugnis zu, sich in jenen Angelegenheiten, die in die Vollziehung der Länder fallen, **Kenntnis** von der Einhaltung der erlassenen Gesetze und Verordnungen zu verschaffen. Zu diesem Zweck können auch Organe (z. B. Beamte des Bundesministeriums) in die Schulen und Schülerheime entsandt werden.[3]

3 Grundwerte und Ziele der österreichischen Schule[4]

Die österreichische Schule hat unter Ausrichtung auf die **Grundsätze** von

- Demokratie, Humanität und Solidarität,
- Frieden und Gerechtigkeit sowie
- Offenheit und Toleranz

der gesamten Bevölkerung, unabhängig von Herkunft, sozialer Lage und finanziellem Hintergrund, ein den jeweils aktuellen Qualitätsstandards entsprechendes **höchstmögliches Bildungsniveau** zu sichern.

Dabei ist den Kindern und Jugendlichen in partnerschaftlichem Zusammenwirken von Schülern, Eltern und Lehrern die bestmögliche geistige, seelische und körperliche **Entwicklung** zu gewährleisten, damit sie

- zu gesunden, selbstbewussten, glücklichen, leistungsorientierten, pflichttreuen, musischen und kreativen Menschen heranwachsen und gleichzeitig **befähigt** werden,

[1] Dies bedeutet, dass die Landesgesetzgebung festzulegen hat, welche Behörde (z. B. Landesschulrat, Landesregierung) als Dienstbehörde für die betreffenden Lehrer zuständig ist.

[2] Hinsichtlich der „fachlichen Anstellungserfordernisse" (das sind die ausbildungsmäßigen Qualifikationen) der Kindergärtner/-innen und Horterzieher/-innen kommt den Ländern jedoch nur die Ausführungsgesetzgebung (und die Vollziehung) zu.

[3] Die an dieser Stelle genannte Überprüfungsmöglichkeit bezieht sich nur auf jene Angelegenheiten, in welchen dem Bund zwar die Gesetzgebung oder Grundsatzgesetzgebung, den Ländern jedoch die Vollziehung zusteht. Wahrgenommene Mängel können mittels Weisung dem betreffenden Landeshauptmann zur Abstellung aufgetragen werden. – Zur Schulaufsicht im Allgemeinen siehe S. 13 ff.

[4] Die Inhalte der Unterkapitel 3 bis 5 wurden erst mit 10. Juni 2005 (als Abs. 5a, 6a und 7a) in den Art. 14 B-VG eingefügt. In den neuen Bestimmungen werden sowohl der Begriff „Schule" als auch deren Grundwerte und Ziele erstmals verfassungsrechtlich definiert. – Bis dahin fand sich eine Begriffsdefinition nur in § 2 PrivSchG, eine Umschreibung der Aufgaben in § 2 SchOG. Siehe auch S. 163 und 19 f.

- unter Orientierung an sozialen, religiösen und moralischen Werten Verantwortung für sich selbst, für Mitmenschen und Umwelt sowie für nachfolgende Generationen zu übernehmen.

Schließlich soll jeder Jugendliche, seiner Entwicklung und seinem Bildungsweg entsprechend,

- zu selbstständigem Urteil und sozialem Verständnis geführt,
- dem politischen, religiösen und weltanschaulichen Denken anderer aufgeschlossen und
- zur Teilnahme am Kultur- und Wirtschaftsleben Österreichs, Europas und der Welt sowie zur Mitwirkung an den gemeinsamen Aufgaben der Menschheit in Freiheits- und Friedensliebe befähigt werden.

4 Begriff der Schule

Schulen sind Einrichtungen, in denen Schüler **gemeinsam** nach einem umfassenden, festen **Lehrplan** unterrichtet werden, wobei im Zusammenhang mit der Vermittlung von allgemeinen oder allgemeinen und beruflichen Kenntnissen und Fertigkeiten ein umfassendes **erzieherisches Ziel**[1] angestrebt wird.

5 Schulpflicht und Differenzierung des Schulsystems

Die (allgemeine) Schulpflicht beträgt **zumindest neun** Jahre, für bestimmte berufliche Ausbildungen besteht die entsprechende Berufsschulpflicht (zur Schulpflicht siehe S. 47 ff.).

Die Gesetzgebung hat für ein **differenziertes** Schulsystem zu sorgen, das zumindest nach Bildungsinhalten in allgemeinbildende und berufsbildende Schulen und nach Bildungshöhe in Primar- und Sekundarschulbereiche gegliedert ist, wobei bei den Sekundarschulen eine weitere angemessene Differenzierung[2] vorzusehen ist.

---

1 Dieses Ziel wird an dieser Stelle zwar nicht näher definiert, es wird aber in den oben stehenden Grundwerten und Zielen zu finden sein. – Vgl. hiezu auch § 2 Abs. 2 PrivSchG (S. 163).

2 Da der Verfassungsgesetzgeber über die Art der Differenzierung im Bereich der Sekundarschule keine näheren Anordnungen trifft, erscheint es denkbar, etwa im Bereich der 5. bis 9. Schulstufe durch „einfache" (= nicht den besonderen Beschlusserfordernissen des Art. 14 Abs. 10 B-VG unterliegende) Gesetzgebung eine „Gesamtschule" bzw. „Mittelschule" mit bloß innerer Differenzierung zu schaffen.

6 Grundlegende Bestimmungen über öffentliche Schulen und Privatschulen

Die Unterscheidung zwischen öffentlichen Schulen und Privatschulen ist bereits in der Bundesverfassung grundgelegt.

Danach sind **öffentliche Schulen** jene, die vom **gesetzlichen Schulerhalter** errichtet und erhalten werden.

Gesetzlicher Schulerhalter ist

- der **Bund,** soweit Gesetzgebung und Vollziehung in den Angelegenheiten der Errichtung, Erhaltung und Auflassung öffentlicher Schulen in dessen Kompetenz fallen;[1]
- das **Land** oder (nach Maßgabe der landesgesetzlichen Vorschriften) die Gemeinde oder ein Gemeindeverband, soweit Gesetzgebung und Vollziehung in den genannten Angelegenheiten in die Kompetenz des Landes fallen.[2]

Öffentliche Schulen sind **allgemein** ohne Unterschied der Geburt, des Geschlechtes, der Rasse, des Standes, der Klasse und des Bekenntnisses **zugänglich.**

Privatschulen sind jene, die von einem **anderen** als dem gesetzlichen Schulerhalter[3] errichtet und erhalten werden. Diesen Schulen ist das Öffentlichkeitsrecht zu verleihen, sofern die gesetzlichen Voraussetzungen hiefür erfüllt werden.

---

[1] Dies ist hinsichtlich der öffentlichen mittleren und höheren Schulen und der den öffentlichen Pädagogischen Hochschulen eingegliederten Praxisschulen (zu letzterem Begriff siehe S. 42) der Fall.

[2] Dies ist hinsichtlich der öffentlichen Pflichtschulen (ausgenommen die den PädHS eingegliederten Praxisschulen) der Fall (siehe S. 25 ff.).

[3] Privatschulerhalter kann z. B. nicht nur eine Privatperson oder ein privater Schulverein, sondern auch eine Kirche oder Religionsgesellschaft, eine Gemeinde, ein Gemeindeverband oder ein Bundesland (rechtstheoretisch sogar der Bund) sein. – Zum Privatschulrecht siehe S. 163 ff.

7 Besondere Beschlusserfordernisse für Schulgesetze[1]

Für die Beschlussfassung des Nationalrates in den Angelegenheiten der **Schulgeldfreiheit** sowie des Verhältnisses zwischen Schule und Kirchen (Religionsgesellschaften) einschließlich des **Religionsunterrichts** in der Schule sieht die Bundesverfassung (Art. 14 Abs. 10) die Anwesenheit von mindestens der Hälfte der Mitglieder und eine Mehrheit von mindestens **zwei Dritteln** der abgegebenen Stimmen vor.

Das Gleiche gilt, wenn die Grundsätze betreffend die Differenzierung[2] des Schulsystems verlassen werden sollen, ferner für die Ratifikation von Staatsverträgen in allen Angelegenheiten mit besonderen Beschlusserfordernissen.

8 Schulbehörden des Bundes

Die verfassungsrechtlichen Grundlagen für die Schulbehörden des Bundes stellen die Art. 81a und 81b B-VG dar.[3]

Auf dem Gebiet des Schulwesens und des Erziehungswesens ist die Verwaltung des Bundes vom zuständigen **Bundesminister**[4] und den ihm unterstehenden Schulbehörden des Bundes zu besorgen.

Die dem zuständigen Bundesminister unterstehenden **Schulbehörden des Bundes**[5] sind:

- die Landesschulräte (der Stadtschulrat für Wien).

---

1 Die hier dargestellte Regelung gilt erst seit 10. Juni 2005 und schränkt den (bereits seit der grundlegenden Schulgesetzgebung des Jahres 1962 bestehenden) Geltungsbereich der „besonderen Beschlusserfordernisse" stark ein. Dadurch fällt der Großteil der bisher dieser „qualifizierten" Gesetzgebung vorbehaltenen Schulgesetze (insbesondere auch jener der Schulorganisation) nunmehr in die Zuständigkeit der „einfachen" Gesetzgebung.

2 Siehe S. 4.

3 Beide Artikel wurden erst im Jahre 1962 in das B-VG eingefügt.

4 Der „zuständige Bundesminister" ist dem jeweils geltenden **Bundesministeriengesetz** zu entnehmen (derzeit Bundesministerin für Bildung und Frauen).

5 Das Bundesministerium ist verfassungsrechtlich nur der administrative Hilfsapparat des Bundesministers (sogenannte „monokratische" Behördenorganisation). Da somit alle im Bundesministerium getroffenen Rechtshandlungen unmittelbar dem Bundesminister zugerechnet werden, ist das „Bundesministerium" in diesem Textzusammenhang nicht als eigene Behörde angeführt.

Die im B-VG grundgelegten Bestimmungen über Organisation und Wirkungsbereich der Schulbehörden des Bundes werden aus Gründen der Übersichtlichkeit zusammen mit dem Bundes-Schulaufsichtsgesetz im folgenden Kapitel (S. 9 ff.) besprochen.[1]

9 Weisungsrecht

Das für die gesamte Hoheitsverwaltung des Bundes und der Länder geltende (relativ strenge) **Weisungsrecht** hat seine Grundlage in Art. 20 Abs. 1 B-VG. Ebenso ist die Verpflichtung zur **Amtsverschwiegenheit** in der **Bundesverfassung** (Art. 20 Abs. 3 B-VG) grundgelegt.

Da sowohl das Weisungsrecht als auch die Pflicht zur Wahrung der Amtsverschwiegenheit besonders im Dienstrecht wirksam werden, sind diese im Kapitel „Grundzüge des Dienst- und Besoldungsrechtes“ (S. 169 ff.) näher ausgeführt.

10 Weitere verfassungsrechtliche Grundlagen des Schulwesens

- Gemäß Art. 17 des **Staatsgrundgesetzes** vom 21. Dezember 1867 über die allgemeinen Rechte der Staatsbürger hat jeder Staatsbürger, der seine Befähigung in gesetzlicher Weise[2] nachweist, das Recht zur Gründung von Unterrichts- und Erziehungsanstalten (der häusliche Unterricht unterliegt keiner solchen Beschränkung).[3]
- Der **Staatsvertrag von Saint-Germain** vom 10. September 1919 enthält u. a. Minderheitenrechte für anderssprachige Staatsangehörige (insbesondere das Recht auf Errichtung privater Schulen mit Unterricht in der Sprache der Minderheit sowie auf Unterricht in ihrer eigenen Sprache an öffentlichen Volksschulen, sofern „eine verhältnismäßig beträchtliche Zahl“ anderssprachiger Staatsangehöriger in einem Gebiet wohnt).
- Im **Staatsvertrag vom 15. Mai 1955,** betreffend die Wiederherstellung eines unabhängigen und demokratischen Österreich, findet sich in Art. 7 Z. 2 der Anspruch

[1] Im land- und forstwirtschaftlichen Schulwesen besitzen die LSR keine Zuständigkeit. Ferner wird die Schulerhaltung der Bundesschulen durch den Bundesminister für Land- und Forstwirtschaft, Umwelt und Wasserwirtschaft besorgt.

[2] Siehe hiezu die Bestimmungen des Privatschulgesetzes (S. 163 ff.).

[3] Ferner wird durch Art. 17 StGG den (gesetzlich anerkannten) Kirchen und Religionsgesellschaften das Recht auf Besorgung des Religionsunterrichtes in den Schulen übertragen. – Zum Religionsunterrichtsrecht siehe S. 159 ff.

der slowenischen und kroatischen Minderheiten in Kärnten, im Burgenland und in der Steiermark auf Elementarunterricht in slowenischer oder kroatischer Sprache und auf eine verhältnismäßige Anzahl eigener Mittelschulen.[1]

- Schließlich wird auch im Rahmen der **Konvention zum Schutz der Menschenrechte und Grundfreiheiten** (Art. 2 des Zusatzprotokolls vom 20. März 1952)[2] das Recht des Einzelnen auf Bildung geschützt, wobei der Staat auch das Recht der Eltern zu achten hat, Erziehung und Unterricht ihrer Kinder gemäß der eigenen religiösen und weltanschaulichen Überzeugung sicherzustellen.

[1] Vgl. das Minderheiten-Schulgesetz für Kärnten, BGBl. Nr. 101/1959 i. d. g. F., sowie das Minderheiten-Schulgesetz für das Burgenland, BGBl. Nr. 641/1994 i. d. g. F.

[2] Konvention und Zusatzprotokoll gelten gemäß Bundesverfassungsgesetz vom 4. März 1964, BGBl. Nr. 59, als Verfassungsbestimmungen.

Schulverwaltung und Schulaufsicht

1 Rechtsgrundlagen

Die wichtigsten Rechtsgrundlagen für Schulverwaltung und Schulaufsicht[1] stellen das Bundes-Schulaufsichtsgesetz sowie die einschlägigen Ausführungsgesetze der Länder[2] dar.

2 Das Bundes-Schulaufsichtsgesetz[3]

2.1 Geltungsbereich

Das Bundes-Schulaufsichtsgesetz regelt – ausgenommen das land- und forstwirtschaftliche Schulwesen – die Zuständigkeit der (zur Wahrnehmung der Schulverwaltung und Schulaufsicht eingerichteten) **Schulbehörden des Bundes** sowie deren Organisation in den Ländern.

2.2 Sachliche Zuständigkeit der Schulbehörden des Bundes

Schulverwaltung und Schulaufsicht des Bundes werden vom jeweils zuständigen Bundesminister[4] und den ihm unterstehenden Landesschulräten besorgt.[5]

---

1 Bestimmungen zu diesen Rechtsgebieten finden sich, abgesehen von den verfassungsrechtlichen Grundlagen (vgl. das vorstehende Kapitel), auch in anderen Rechtsvorschriften (z. B. Bundesministeriengesetz, Privatschulgesetz sowie die Minderheiten-Schulgesetze).

2 Auf diese kann im Rahmen dieses Buches nicht detailliert eingegangen werden.

3 Bundesgesetz vom 25. Juli 1962, BGBl. Nr. 240, über die Organisation der Schulverwaltung und Schulaufsicht des Bundes, i. d. F. BGBl. I Nr. 48/2014.
Auf Grundlage des Schulbehörden-Verwaltungsreformgesetzes 2013, BGBl. I Nr. 164, wurden die Bezirksschulräte mit Wirksamkeit vom 1. August 2014 aufgelöst und ihre Aufgaben gingen in weiterer Folge auf die Landesschulräte über.

4 Vgl. S. 6, Fußnoten 4 bis 5 und S. 7, Fußnote 1.

5 In Wien führt der Landesschulrat die Bezeichnung „Stadtschulrat für Wien" (die hier bestehenden „Inspektionsbezirke" sind nur administrative Ausgliederungen des Stadtschulrates).

Hiebei sind **sachlich zuständig:**

- der **Landesschulrat**[1]
  - für alle Schulen ausgenommen die Zentrallehranstalten[2]
- der **Bundesminister**[3]
  - für die Zentrallehranstalten[4]
  - er ist sachlich in Beracht kommende **Oberbehörde** der Landesschulräte

2.3 Örtliche Zuständigkeit der Schulbehörden des Bundes

Die örtliche Zuständigkeit des **Landesschulrates** erstreckt sich auf das Gebiet eines **Bundeslandes** (jene des Stadtschulrates für Wien auf das Gebiet der Bundeshauptstadt Wien).

Der Sitz des Landesschulrates richtet sich nach jenem der Landesregierung. Nach regionalen Erfordernissen kann der Landesschulrat auch Außenstellen (Bildungsregionen) einrichten.[5]

2.4 Organisation und Aufgaben des Landesschulrates

2.4.1 Organisation

Der Landesschulrat besteht aus dem **Präsidenten,** dem **Kollegium** und dem **Amt** des Landesschulrates.[6]

Präsident des Landesschulrates ist der Landeshauptmann,[7] wobei die Ausführungsgesetzgebung des Landes vorsehen kann, dass der Präsident auf Vorschlag des Kollegiums einen Amtsführenden Präsidenten[8] zu bestellen hat.

---

1 Dies bedeutet die **unmittelbare** Zuständigkeit.

2 Zentrallehranstalten sind z. B. das Technologische Gewerbemuseum, Technische Bundeslehr- und Versuchsanstalt in Wien XX. Auch die Höheren land- und forstwirtschaftlichen Lehranstalten sowie die Forstfachschule zählen dazu.

3 Vgl. S. 6, Fußnoten 4 und 5.

4 Hiezu gehören auch die einen Bestandteil der Pädagogischen Hochschulen bildenden Praxisschulen (Teilzuständigkeit des LSR besteht jedoch nach dem Schulpflichtgesetz).

5 Darüber entscheidet das Kollegium des Landesschulrates.

6 Ferner sind bei jedem LSR Leistungsfeststellungs- und Disziplinarkommissionen für Schulleiter, Lehrer und Erzieher einzurichten (siehe hiezu S. 186 ff.).

7 In Wien der Bürgermeister (dieser ist gleichzeitig Landeshauptmann).

8 Derzeit ist in allen Bundesländern ein Amtsführender Präsident bestellt. Dieser tritt in allen Angelegenheiten, die sich der Präsident nicht selbst vorbehält, an dessen Stelle. – Hingegen besitzt der (in den Bundesländern Burgenland, Kärnten, Niederösterreich, Oberösterreich, Salzburg, Steiermark, Wien bestellte) Vizepräsident keine solche Befugnis.

Das **Kollegium** setzt sich aus Mitgliedern mit beschließender Stimme (stimmberechtigte Mitglieder) und aus solchen mit beratender Stimme zusammen.

- Mitglieder mit **beschließender** Stimme sind der Präsident des Landesschulrates als Vorsitzender sowie vom Land zu bestellende Mitglieder,[1] unter denen sich Väter und Mütter schulbesuchender Kinder und Vertreter der Lehrerschaft befinden müssen;
- Mitglieder mit **beratender** Stimme sind Vertreter gesetzlich anerkannter Kirchen und Religionsgesellschaften, der Landesschulratsdirektor, die Landesschulinspektoren, der schulärztliche Referent des Landesschulrates (Landesschularzt) sowie Vertreter gesetzlicher Interessenvertretungen.[2]

Die **stimmberechtigten** Mitglieder sind nach dem Stärkeverhältnis der **Parteien** im Landtag zu bestellen.

Das Kollegium ist erforderlichenfalls in Sektionen und Untersektionen zu gliedern.[3]

Das **Amt** des Landesschulrates stellt den behördlichen Verwaltungsapparat dar. Zur Leitung des inneren Dienstes ist ein rechtskundiger Verwaltungsbeamter als Amtsdirektor bestellt (dieser führt die Verwendungsbezeichnung „Landesschulratsdirektor").[4]

Der im Rahmen des Amtes des LSR eingerichtete Schulpsychologische und Schulärztliche Dienst wird in den Unterkapiteln 2.6 und 2.7 gesondert behandelt.

2.4.2 Aufgaben

Der **Präsident** hat die Aufgabe, den Vorsitz im Kollegium zu führen sowie dessen Beschlüsse vorzubereiten und durchzuführen.[5] Ferner fällt die Erledigung all jener Angelegenheiten, die nicht der Beschlussfassung des Kollegiums vorbehalten sind, in seinen Aufgabenbereich.

---

1 Die Festsetzung der Art und Dauer der Bestellung sowie der Anzahl dieser Personen und ihrer Ersatzleute obliegt der Ausführungsgesetzgebung des Landes.

2 Welche Kirchen oder Religionsgesellschaften bzw. Interessenvertretungen in welchem Umfang zur Entsendung berechtigt sind, obliegt der Ausführungsgesetzgebung des Landes. Dieser ist die Zahl der Angehörigen des betreffenden Bekenntnisses im Land bzw. die berufsmäßige Struktur des Landes zugrunde zu legen.

3 Dies obliegt ebenfalls der Ausführungsgesetzgebung des Landes (in der Praxis meist Gliederung nach Schularten).

4 In Wien „Stadtschulratsdirektor".

5 Hält er jedoch einen Beschluss des Kollegiums für gesetzwidrig, hat er vor dessen Durchführung die Weisung des Bundesministers einzuholen. – Vgl. auch S. 12, Fußnote 6.

In dringenden Fällen, die einen Aufschub bis zur nächsten Sitzung nicht zulassen, hat der Präsident auch in den dem Wirkungsbereich des Kollegiums zugewiesenen Angelegenheiten Entscheidungen zu treffen (er hat hierüber dem Kollegium jedoch unverzüglich zu berichten).[1]

Dem **Kollegium** als dem wesentlichen Organ der Willensbildung kommt insbesondere die Erlassung von Verordnungen und allgemeinen Weisungen, die Bestellung von Funktionären,[2] die Erstattung von gereihten Dreiervorschlägen zur Besetzung von Planstellen für Lehrer und Direktoren[3] sowie die Erstattung von Gutachten zu Gesetz- und Verordnungsentwürfen[4] zur Beratung und Beschlussfassung[5] zu. In diesen Angelegenheiten darf der Bundesminister keine Weisungen erteilen.[6]

Die näheren Bestimmungen über die Beratung, die Beschlussfassung, das Zusammentreten, die Geschäftsbehandlung u. a. sind durch eine vom Kollegium selbst zu beschließende Verordnung über die Geschäftsordnung zu regeln.

Das **Amt** des Landesschulrates hat unter der Leitung des Präsidenten und nach einem vom Kollegium zu beschließenden Geschäftsverteilungsplan[7] die Geschäfte des Landesschulrates zu besorgen.

Erforderlichenfalls kann das Amt des Landesschulrates auch in Abteilungen und Unterabteilungen gegliedert werden.[8]

---

1 Wenn das Kollegium durch mehr als zwei Monate beschlussunfähig ist, gehen dessen Aufgaben für die Dauer der Beschlussunfähigkeit auf den Präsidenten über.

2 Z. B. Vorsitzende und Mitglieder von Kommissionen, die vom Landesschulrat zu bestellen sind (etwa Vorsitzende von Reifeprüfungskommissionen).

3 Vgl. S. 172 f.

4 In der Mehrzahl kommen solche des für das Schulwesen zuständigen Bundesministers in Betracht.

5 Zur Beschlussfassung ist die Anwesenheit von mindestens der Hälfte der stimmberechtigten Mitglieder und die absolute Stimmenmehrheit erforderlich.

6 Der Bundesminister darf also z. B. keine Weisung erteilen, welche Personen in einen Dreiervorschlag aufzunehmen sind. – Wohl aber darf er die Durchführung eines gesetzwidrigen Beschlusses (durch Weisung) untersagen (vgl. Art. 81a Abs. 4 B-VG). – Ebensowenig wird durch dieses Weisungsverbot das Recht des Bundesministers, sich persönlich oder durch Organe seines Ministeriums vom Zustand und den Leistungen jener Schulen zu überzeugen, die ihm im Wege der Landesschulräte unterstehen, berührt.

7 Darin sind die Geschäfte nach ihrem Gegenstand und ihrem sachlichen Zusammenhang aufzuteilen.

8 Mit deren Leitung sind vom Präsidenten des Landesschulrates je nach dem Gegenstand insbesondere Beamte des Schulaufsichtsdienstes, rechtskundige Beamte, der schulärztliche Referent oder Beamte der Schulpsychologie (siehe hiezu S. 15 f.) zu betrauen. – Der Landesschulratsdirektor wird hingegen vom Bundespräsidenten aufgrund eines Dreiervorschlages des Kollegiums bestellt.

2.5 Schulaufsicht

Die Schulaufsicht (Schulinspektion) wird durch Organe der Landesschulräte im Rahmen der örtlichen und sachlichen Zuständigkeit dieser Schulbehörden ausgeübt.

Die **Organe** der **Schulaufsicht** sind

- die **Schulinspektoren** (das sind die Landesschulinspektoren, Pflichtschulinspektoren und die Berufsschulinspektoren) und
- **Beamte,** die ausschließlich als **Fachinspektoren**[1] verwendet werden.[2]

Andere Organe der Landesschulräte – ausgenommen der Präsident des Landesschulrates – dürfen dem Unterricht an einer Schule nur in Anwesenheit eines Organes der Schulaufsicht beiwohnen.[3]

Zur Gewährleistung der Qualität ist durch den Bundesminister[4] ein Qualitätsmanagement einzurichten, das auf Landesebene durch die Organe der Schulaufsicht auszuüben ist. Der nach wissenschaftlichen Kriterien zu erstellende nationale Qualitätsrahmen hat insbesondere u. a. die Verpflichtung zu einem periodischen Planungs- und Berichtswesen auf allen Ebenen der Schulverwaltung und der Schulen einschließlich Entwicklungspläne sowie die Verpflichtung zu periodischen Zielvereinbarungen zu enthalten. Die Umsetzung an den Schulen hat seit 1. September 2013 zu erfolgen.

Nähere Bestimmungen über die **Durchführung** der **Schulinspektion** („Aufgabenprofil der Schulaufsicht“) finden sich in einer allgemeinen Weisung des Bundesministers für Unterricht und kulturelle Angelegenheiten.[5] In dieser Rechtsvorschrift werden insbesondere folgende wichtige **Grundsätze** erlassen:

- Das **Aufgabenprofil** der Schulaufsicht umfasst **schulübergreifende** Aufgaben und solche, welche die **einzelne Schule** betreffen. Neben der unmittelbaren Schulaufsicht

---

[1] Für einzelne Unterrichtsgegenstände oder Gegenstandsgruppen.

[2] Mit Schulaufsichtsfunktionen können auch Lehrer betraut werden (z. B. mit einer Fachinspektion oder mit der Vertretung oder sonstigen Wahrnehmung der Geschäfte eines Schulinspektors).

[3] Hiedurch wird jedoch das Recht des zuständigen Bundesministers, sich persönlich oder durch von ihm entsandte Organe (z. B. Beamte des Bundesministeriums) vom Zustand und den Leistungen der Schulen zu überzeugen (Art. 81a Abs. 5 B-VG), nicht berührt.

[4] Vgl. S. 6 Fußnoten 4 und 5.

[5] Nach den erläuternden Bemerkungen der Novelle zur Einführung des Qualitätsmangement-Systems sollte dieses an die Stelle der „Allgemeinen Weisung betreffend das Aufgabenprofil der Schulaufsicht“ treten. Das diesbezügliche Rundschreiben vom 17. Dezember 1999, RS Nr. 64/1999 (MVBl. Nr. 20/2000) betreffend das Aufgabenprofil der Schulaufsicht wurde nicht aufgehoben und kann bei der weiterhin möglichen Schulinspektion Hinweise liefern. Daher scheint es hier nach wie vor auf.

haben die Schulaufsichtsorgane auch pädagogisch-administrative Aufgaben im Amt der Schulbehörde wahrzunehmen.

- Der **schulübergreifende** Aufgabenbereich beinhaltet insbesondere:
  - die Mitwirkung bei der regionalen Bildungsplanung
  - eine vielfältige und weitreichende Koordinationstätigkeit zwischen den Schulen des Inspektionsbereiches, den Schulerhaltern und außerschulischen Institutionen
  - die Mitwirkung bei der Fort- und Weiterbildung der Lehrer und bei der Personalentwicklung
  - die Förderung einer umfassenden Qualitätssicherung unter Wahrung der Vielfalt und Vergleichbarkeit des Bildungsangebotes
  - die Beratung der Lehrer und der Schulleitungen, aber auch von Schülern, Erziehungsberechtigten und Lehrberechtigten, sowie die Entwicklung eines schulübergreifenden Konfliktmanagements
- Der Aufgabenbereich **innerhalb** der **einzelnen Schulen** beinhaltet insbesondere die Gewährleistung der Qualität und des pädagogischen Auftrages der Schule, wobei zu beachten ist:
  - Im Vordergrund der Inspektion haben neben einer effizienten Aufsicht, vor allem Beratung, Hilfestellung und Konfliktmanagement zu stehen.[1]
  - Die Schulinspektion hat jene Zeit zu beanspruchen, die zur Erzielung einer gesicherten Kenntnis über die zu beobachtenden Bereiche erforderlich ist.
  - Über das Ergebnis einer Schulinspektion ist mit dem Leiter der Schule und dem betroffenen Personenkreis eine Dienstbesprechung abzuhalten.
  - Das Ergebnis einer solchen Besprechung ist jedenfalls hinsichtlich seiner Konsequenzen und Perspektiven festzuhalten,[2] wobei auch die erforderlichen Weisungen zu erteilen sind.
  - Werden Mängel festgestellt, die das Einschreiten der Schulbehörde oder der Dienstbehörde erforderlich erscheinen lassen, ist dem zuständigen Organ[3] der Schulbehörde zu berichten.
  - Die bei den Schulinspektionen gemachten Erfahrungen und Erkenntnisse sind bei Dienstbesprechungen der Schulaufsicht zu beraten und der Ausbildung und Fortbildung der Lehrer nutzbar zu machen.

---

1 Erforderlichenfalls können auch mehrere Schulaufsichtsorgane an einer Inspektion teilnehmen.
2 Zur Sicherstellung der Verbindlichkeit und Nachhaltigkeit wohl in schriftlicher Form.
3 Z. B. dem nach der Geschäftsverteilung zuständigen Abteilungsleiter des Landesschulrates.

2.6 Schulpsychologie – Bildungsberatung

Diese (die gesetzliche Bezeichnung lautet: Schulpsychologischer Dienst) ist im Rahmen des Amtes des Landesschulrates eingerichtet, wobei in der Regel auch **Beratungsstellen** außerhalb des Sitzes des Landesschulrates bestehen.

Ihre wichtigsten **Aufgaben**[1] sind:

- Durchführung pädagogisch-psychologischer Untersuchungen im Zusammenhang mit Fragen der Einschulung sowie bei Lern- und Entwicklungsstörungen;
- Mithilfe bei Entscheidungen über Schuleintritt und Schulübertritt
- berufskundliche Information der Schüler und Zusammenarbeit in allen Fragen der Vorbereitung zur Berufswahl
- Mitwirkung bei der fachlichen Weiterbildung der Lehrer

Die fachliche Aufsicht über die innerhalb eines Bundeslandes bestehenden Einrichtungen (Beratungsstellen) obliegt einem (im Amt des Landesschulrates bestellten) **Landesreferenten.**[2]

Die näheren Bestimmungen über Aufgaben und Struktur der Schulpsychologie enthält eine Verwaltungsverordnung des Bundesministers für Unterricht und Kunst.[3]

2.7 Schulärztlicher Dienst

Die Schulverwaltung und Schulaufsicht der Landesschulräte umfasst auch die **schulmedizinischen Angelegenheiten** der ihnen unterstehenden Schulen, wobei in diesem Zusammenhang insbesondere folgende Aufgaben zu besorgen sind:

- Leitung und Koordination der Schulgesundheitspflege[4]
- Fachaufsicht über die Tätigkeit der Schulärzte
- Pflege des Einvernehmens mit der Schulaufsicht, insbesondere mit den Fachinspektoren für Leibeserziehung

---

1 Konkrete Aufgabenbereiche finden sich u. a. auch im Schulpflichtgesetz und im Schulunterrichtsgesetz.

2 Die oberste Aufsicht für das gesamte Bundesgebiet steht dem Bundesminister zu.

3 Erlass vom 2. November 1994, RS Nr. 101/1994, MVBl. Nr. 21/1995.

4 Zum Begriff der Schulgesundheitspflege vgl. § 66 SchUG (S. 139 f.).

Die **Leitung** des schulärztlichen Dienstes obliegt dem **schulärztlichen Referenten** des Landesschulrates.[1]

Nähere Bestimmungen über den Schulärztlichen Dienst enthält ein Erlass des Bundesministers für Unterricht und Kunst.[2]

2.8 Bundesinstitut für Bildungsforschung[3]

Das „Bundesinstitut für Bildungsforschung, Innovation und Entwicklung des österreichischen Schulwesens" (im Folgenden: BIFIE) wurde neu geschaffen und nahm im Jänner 2008 seine Tätigkeit in einem weitgestreckten Aufgabenbereich auf:

- Durchführung von Untersuchungen im Bereich der angewandten Bildungsforschung
- Monitoring[4] des Schulsystems
- Bereitstellung von Informationen für bildungspolitische Entscheidungen
- Begleitung und Implementierung bildungspolitischer Maßnahmen und deren Evaluation

Im Rahmen seines Aufgabenbereichs hat das BIFIE auch die Entwicklung, Implementierung, Auswertung und begleitende Evaluierung der standardisierten Reifeprüfungen an höheren Schulen durchzuführen.[5]

Das BIFIE stellt eine juristische Person des öffentlichen Rechts dar und unterliegt der Aufsicht[6] des zuständigen Bundesministers. Es hat seinen Sitz in Salzburg.

Das BIFIE kann vom zuständigen Bundesminister mit der Abwicklung von Aufträgen (z. B. von Projekten oder Erhebungen) betraut werden. Bei Forschungsprojekten zur Qualitätssicherung im Schulwesen (z. B. Überprüfungen der Bildungsstandards,

---

1 In der Regel als Leiter einer schulmedizinischen Abteilung oder Unterabteilung im Amt des Landesschulrates (vgl. auch S. 10, Fußnote 5).

2 Erlass v. 12. Juli 1993, RS Nr. 91/1993 (Wiederverlautbarung des Erlasses MVBl. Nr. 16/1980).

3 Die Rechtsgrundlage bildet das Bundesgesetz über die Einrichtung eines Bundesinstitutes für Bildungsforschung, Innovation und Entwicklung des österreichischen Schulwesens, BGBl. I Nr. 25/2008 i. d. F. BGBl. I Nr. 113/2009.

4 Dieses beinhaltet Maßnahmen zur Qualitätssicherung.

5 Somit hat das BIFIE die Aufgaben für die standardisierten schriftlichen Teilprüfungen der Reife- bzw. Reife- und Diplomprüfungen an AHS, BHS und den höheren Lehranstalten der Lehrer- und Erzieherbildung zu erstellen.

6 Diese umfasst die Einhaltung der Gesetze und Verordnungen, die Erfüllung seiner Aufgaben und seine Gebarung.

nationale und internationale Surveys oder Assessments)[1] und anderen im Rahmen der Jahrespläne genehmigten Erhebungen untersteht es bei Erhebungen an Schulen den Anordnungen des zuständigen Bundesministers. Die Mitwirkung von Schülern an derartigen Erhebungen ist verpflichtend und befreit von der Teilnahme am Unterricht im unbedingt erforderlichen Ausmaß. Das BIFIE hat bei der Durchführung seiner Aufgaben die Grundsätze des Datenschutzes zu beachten.

[1] Hier handelt es sich um Maßnahmen der internationalen Bildungsforschung.

Schulorganisationsrecht

1 Rechtsgrundlagen

Die wichtigsten Rechtsgrundlagen des Schulorganisationsrechtes sind das Bundesgesetz über die Schulorganisation (**Schulorganisationsgesetz,**[1] Abkürzung meist SchOG) sowie die hiezu ergangenen Ausführungsgesetze der Länder.[2,3]

Im **Folgenden** kann (schon aus Gründen des Umfanges) nur auf das **Schulorganisationsgesetz** eingegangen werden.

Da die Berufspädagogischen Akademien, die Pädagogischen Akademien und die Pädagogischen Institute mit 1. Oktober 2007 in den neu geschaffenen Pädagogischen Hochschulen aufgegangen sind, folgt im Anschluss an das SchOG eine kurze Darstellung dieser Situation **(Hochschulgesetz 2005).**

2 Schulorganisationsgesetz: allgemeine Bestimmungen

2.1 Geltungsbereich des Schulorganisationsgesetzes

Das Schulorganisationsgesetz gilt für die allgemeinbildenden und die berufsbildenden **Pflichtschulen,** die **mittleren** und **höheren** Schulen sowie für die Anstalten der **Lehrer- und Erzieherbildung.**[4] Ausgenommen vom Geltungsbereich sind die land- und forstwirtschaftlichen Schulen.

---

1 Bundesgesetz vom 25. Juli 1962, BGBl. Nr. 242, zuletzt geändert durch BGBl. I Nr. 48/2014.

2 Die Ausführungsgesetze der Länder enthalten insbesondere die Konkretisierung der im SchOG festgelegten Grundsatzbestimmungen hinsichtlich der äußeren Organisation der öffentlichen Pflichtschulen (ausgenommen die einer PädHS eingegliederten Praxisschulen). – Siehe hiezu S. 25 ff.

3 Schulorganisationsrechtliche Bestimmungen finden sich aber auch in anderen Rechtsvorschriften (z. B. Bundesgesetz über Schulen zur Ausbildung von Leibeserziehern und Sportlehrern, BGBl. Nr. 140/1974 i. d. g. F.; Minderheiten-Schulgesetz für Kärnten, BGBl. Nr. 101/1959 i. d. g. F.; Minderheiten-Schulgesetz für das Burgenland, BGBl. Nr. 641/1994 i. d. g. F.; Land- und forstwirtschaftliches Bundesschulgesetz, BGBl. Nr. 175/1966 i. d. g. F.).

4 Hierzu zählen die jeweils als höhere Schulen eingerichteten Bildungsanstalten für Kindergartenpädagogik und die Bildungsanstalten für Sozialpädagogik.

2.2 Gliederung der Schulen

Die **Gliederung** des österreichischen Schulwesens wird durch die **Alters- und Reifestufen,** die verschiedenen Begabungen und durch die **Berufsziele** bestimmt.

Im Einzelnen gliedert das Schulorganisationsgesetz

- nach dem **Bildungsinhalt** in
  - allgemeinbildende Schulen,
  - berufsbildende Schulen,
  - Anstalten der Lehrerbildung und der Erzieherbildung;
- nach der **Bildungshöhe** in
  - Primarschulen (das sind die Volksschule bis einschließlich zur 4. Schulstufe sowie die entsprechenden Stufen der Sonderschule),
  - Sekundarschulen (das sind die Oberstufe der Volksschule, die Hauptschule, die Neue Mittelschule, die Polytechnische Schule, die entsprechenden Stufen der Sonderschule, die Berufsschulen, die mittleren Schulen und die höheren Schulen).

Eine detaillierte Darstellung der einzelnen Schularten nach Bildungsinhalt und Bildungshöhe enthält das folgende Unterkapitel „Schulorganisationsgesetz: besondere Bestimmungen“ (S. 25 ff.).

Im Hinblick auf die Tatsache, dass das österreichische Schulwesen in seinem Aufbau eine Einheit darstellt, wird auch der Grundsatz der **Durchlässigkeit** statuiert und festgelegt, dass allen geeigneten Schülern der Erwerb höherer Bildung und der Übertritt von einer Schulart in eine andere zu ermöglichen ist.

2.3 Aufgabe der österreichischen Schule[1]

Gemäß **§ 2 SchOG** (dieser wird oftmals als „Zielparagraf“ bezeichnet) hat die österreichische Schule die Aufgabe, an der Entwicklung der Anlagen der Jugend nach den sittlichen, religiösen und sozialen **Werten** sowie nach den Werten des Wahren, Guten und Schönen durch einen ihrer Entwicklungsstufe und ihrem Bildungsweg entsprechenden Unterricht mitzuwirken. Sie hat die Jugend auch mit dem für das Leben und den künftigen Beruf erforderlichen **Wissen** und **Können** auszustatten und zum selbstständigen Bildungserweb zu erziehen.

1 Die im § 2 SchOG genannte Aufgabe stimmt im Wesentlichen mit den Grundwerten und Zielen gemäß dem (erst mit 10. Juni 2005 eingefügten) Art. 14 Abs. 5a B-VG überein. Dennoch erscheint nunmehr eine (auch sprachliche) Modifikation des § 2 SchOG erforderlich.

Weiters hat die Schule die jungen Menschen zu gesunden, arbeitstüchtigen, pflichttreuen und verantwortungsbewussten Gliedern der Gesellschaft und Bürgern der demokratischen und bundesstaatlichen Republik Österreich heranzubilden und sie zu selbstständigem Urteil, sozialem Verständnis, Aufgeschlossenheit gegenüber dem politischen und weltanschaulichen Denken anderer sowie zur Freiheits- und Friedensliebe zu befähigen.

2.4 Allgemeine Zugänglichkeit der Schulen

Die **öffentlichen** Schulen sind **allgemein** ohne Unterschied der Geburt, des Geschlechtes, der Rasse, des Standes, der Klasse, der Sprache und des Bekenntnisses **zugänglich**. Aus organisatorischen oder lehrplanmäßigen Gründen können jedoch Schulen und Klassen eingerichtet werden, die nur für Knaben oder nur für Mädchen bestimmt sind. Hiedurch darf aber keine Minderung der Organisation[1] eintreten.

Die Aufnahme eines Schülers in eine öffentliche Schule darf nur dann **abgelehnt** werden, wenn

- der Schüler die schulrechtlichen Aufnahmsbedingungen[2,3] nicht erfüllt,
- der Schüler dem für die Schule vorgesehenen Schulsprengel[4] nicht angehört,
- für die betreffende Schule kein Schulsprengel vorgesehen und die Schule überfüllt ist.[5]

An **Privatschulen** ist eine **Auswahl** der Schüler nach dem Bekenntnis oder der Sprache sowie die Geschlechtertrennung **zulässig**, sofern diese Schulen von gesetzlich anerkannten Kirchen[6] oder Religionsgesellschaften, von Privatpersonen oder von juristischen Personen des privaten Rechtes (z. B. privaten Schulvereinen) erhalten werden.[7]

---

1 Dies wäre z. B. der Fall, wenn aus dem Grund der Geschlechtertrennung an einer Volksschule mehrere Schulstufen in einer Klasse geführt werden müssten.

2 Diese finden sich in den die einzelnen Schularten betreffenden besonderen Bestimmungen des SchOG (vgl. z. B. §§ 17, 40, 55), ferner im Schulpflichtgesetz (z. B. §§ 2, 6, 8) und im Schulunterrichtsgesetz (z. B. §§ 3 ff., 28, 29).

3 Die schulrechtlichen Aufnahmsbedingungen müssen auch bei der Aufnahme in eine Privatschule eingehalten werden.

4 Schulsprengel sind nur für Pflichtschulen vorgesehen (vgl. S. 157 f.).

5 Auch bei Überfüllung ist keine willkürliche Ablehnung vorgesehen (vgl. § 5 Abs. 3 bis 5 Schulunterrichtsgesetz).

6 Dies gilt auch für die nach kirchlichem Recht bestehenden sonstigen Einrichtungen (z. B. Ordensgemeinschaften).

7 An Privatschulen von Gebietskörperschaften (Bund, Länder, Gemeinden, Gemeindeverbände) sowie von sonstigen Rechtsträgern des **öffentlichen** Rechtes (z. B. Kammern) darf eine solche Auswahl jedoch nicht getroffen werden.

Öffentliche Schulen im Sinne des Schulorganisationsgesetzes sind jene, die von den **gesetzlichen Schulerhaltern** errichtet und erhalten werden, **Privatschulen** solche, die von **anderen** als den gesetzlichen Schulerhaltern errichtet und erhalten werden und gemäß den Bestimmungen des Privatschulgesetzes zur Führung einer gesetzlich geregelten Schulartbezeichnung (z. B. Gymnasium, Handelsakademie) berechtigt sind.

2.5 Schulgeldfreiheit[1]

Der Besuch der **öffentlichen** Schulen ist **unentgeltlich.** Beiträge dürfen nur für Lern- und Arbeitsmittel[2] sowie (in kostendeckender Höhe) für die Unterbringung, Verpflegung und Betreuung in öffentlichen Schülerheimen eingehoben werden.[3,4] Dies gilt auch für den Betreuungsteil ganztägiger Schulformen.[5]

2.6 Lehrpläne

Für die im Schulorganisationsgesetz geregelten Schularten hat der zuständige Bundesminister Lehrpläne (einschließlich der Betreuungspläne für ganztägige Schulformen) durch **Verordnung** zu erlassen. Die Landesschulräte sind vor der Erlassung zu hören. Bei der Erlassung der Lehrpläne für den Religionsunterricht ist auf die Bestimmungen des Religionsunterrichtsgesetzes Bedacht zu nehmen.[6]

Die **Lehrpläne** haben zu **enthalten:**

- die allgemeinen **Bildungsziele** (der betreffenden Schulart), die **Bildungs-** und **Lehraufgaben** der einzelnen Unterrichtsgegenstände sowie **didaktische Grundsätze**
- den **Lehrstoff**
- die Aufteilung des Lehrstoffes auf die einzelnen Schulstufen, soweit dies bei den einzelnen Schularten im Hinblick auf die Bildungsaufgabe und die Übertrittsmöglichkeiten erforderlich ist

---

1 Die Rechtsgrundlage für die Schulgeldfreiheit an den öffentlichen Pflichtschulen bildet das Pflichtschulerhaltungs-Grundsatzgesetz (samt den hiezu erlassenen Ausführungsgesetzen der Länder). – Siehe hiezu S. 158. – Für die Änderung des Grundsatzes der Schulgeldfreiheit sieht Art. 14 Abs. 10 B-VG besondere Beschlusserfordernisse in der Gesetzgebung vor (vgl. S. 5).

2 Das sind z. B. Hefte und Schreibmaterial, aber auch Kochbeiträge u. Ä.

3 Auch für Schulveranstaltungen und schulbezogene Veranstaltungen dürfen kostendeckende Beiträge (z. B. für Fahrtkosten) eingehoben werden.

4 Gem. § 80 SchUG sind Zeugnisse, Bestätigungen und Bescheide sowie die diesbezüglichen Ansuchen von allen Stempelgebühren des Bundes befreit (ausgenommen sind bestimmte Teilbereiche, z. B. Externistenprüfungen).

5 Siehe S. 23 f.

6 Siehe hiezu S. 159 ff.

- die **Gesamtstundenzahl** und das Stundenausmaß der einzelnen Unterrichtsgegenstände **(Stundentafel)**

In den Lehrplanverordnungen sind die einzelnen Schulen zu ermächtigen, in einem vorgegebenen Rahmen **schulautonome Lehrplanbestimmungen** entsprechend den örtlichen Erfordernissen sowie im Rahmen von Schulkooperationen[1] zu erlassen, soweit dies unter Bedachtnahme auf die Bildungsaufgabe, die zu vermittelnden Berechtigungen und die Erhaltung der Übertrittsmöglichkeiten vertretbar ist.[2,3,4]

Die zuständige Schulbehörde kann Änderungen vornehmen, sofern die über die einzelne Schule hinausgehenden Interessen der Schüler und Erziehungsberechtigten nicht ausreichend berücksichtigt wurden.

Zuständig für die Erlassung schulautonomer Lehrplanbestimmungen ist der **Schulgemeinschaftsausschuss** bzw. das **Schulforum.** An den Pädagogischen Hochschulen sind anstelle von Lehrplänen Studienpläne durch **Studienkommissionen** zu erlassen (siehe S. 43).

Welche Unterrichtsgegenstände in den jeweiligen Lehrplanverordnungen vorzusehen sind, ist den besonderen Bestimmungen des Schulorganisationsgesetzes, welche die einzelnen Schularten betreffen, zu entnehmen.[5]

Auf weitere Bestimmungen, insbesondere auf die Lehrpläne selbst, kann im Rahmen dieses Buches nicht eingegangen werden.

2.7 Arten der Unterrichtsgegenstände

Im Zusammenhang mit den Rechtsgrundlagen für die Lehrplanverordnungen legt das SchOG folgende Begriffsbestimmungen für die Arten der Unterrichtsgegenstände und Unterrichtsveranstaltungen fest:

- **Pflichtgegenstände:** Unterrichtsgegenstände, deren Besuch für alle Schüler der betreffenden Schulart verbindlich ist;[6] Beurteilung ist vorgesehen

---

1 Siehe S. 139.

2 Soweit erforderlich, sind Kernanliegen bzw. Kernbereiche in die Lehrplanverordnung aufzunehmen, die schulautonom nicht abgeändert werden dürfen.

3 An Schulen für Berufstätige kann auch Fernunterricht in den Lehrplan einbezogen werden.

4 Auf Schwerpunkte, die sich aus den schulautonomen Lehrplanbestimmungen ergeben („Schulprofil"), kann durch einen Zusatz zur gesetzlich geregelten Schulartbezeichnung hingewiesen werden (z. B. „Informatikhauptschule").

5 Vgl. z. B. §§ 10, 16, 23, 29, 39, 47 SchOG.

6 Sonderbestimmungen gelten für den Pflichtgegenstand Religion (vgl. S. 159).

- **alternative Pflichtgegenstände:** Unterrichtsgegenstände, aus denen einer oder mehrere zum verbindlichen Besuch auszuwählen sind; sodann Wertung wie Pflichtgegenstände[1]
- **verbindliche Übungen:**[2] Unterrichtsveranstaltungen, deren Besuch für alle Schüler der betreffenden Schulart verbindlich ist; Beurteilung nicht vorgesehen
- **Förderunterricht:** Unterrichtsveranstaltungen im Rahmen eines zusätzlichen Lernangebotes[3], wobei die Teilnahme nur in bestimmten Fällen verpflichtend[4] ist; Beurteilung nicht vorgesehen
- **Freigegenstände:** Unterrichtsgegenstände, deren Besuch aufgrund freiwilliger (für jedes Unterrichtsjahr erforderlicher) Anmeldung erfolgt; Beurteilung ist vorgesehen
- **unverbindliche Übungen:** Unterrichtsveranstaltungen, deren Besuch auf Grund freiwilliger (für jedes Unterrichtsjahr erforderlicher) Anmeldung erfolgt; Beurteilung nicht vorgesehen

Bei welcher Mindestzahl von Anmeldungen die einzelnen alternativ oder freiwillig zu besuchenden Unterrichtsgegenstände und Lehrveranstaltungen jeweils zu führen sind und unter welchen Bedingungen Gruppen geteilt oder zusammengelegt werden müssen, ist für den Bereich der Pflichtschulen in den Ausführungsgesetzen[5] der Bundesländer, für den Bereich der mittleren und höheren Schulen in einer Verordnung des Bundesministers für Unterricht und Kunst festgelegt.[6]

Soweit einzelnen Schulen ein Rahmen von Lehrerwochenstunden eingeräumt wird, besteht ein Mitentscheidungsrecht des Schulforums bzw. des SGA.

2.8 Ganztägige Schulformen (Schulen mit Tagesbetreuung)

Ganztägige Schulformen sind in einen **Unterrichts-** und einen **Betreuungsteil** gegliedert. Diese Teile können **getrennt** oder in **Verbindung** (gesetzliche Bezeichnung „getrennte Abfolge bzw. verschränkte Form von Unterricht und Tagesbetreuung") geführt werden.

---

1 Ihrem rechtlichen Charakter nach sind auch die an den Oberstufen der AHS geführten Wahlpflichtgegenstände hier einzuordnen.

2 Sind an Volksschulen und bestimmten Sonderschulen vorgesehen.

3 Hierzu zählen auch die Sprachförderkurse gemäß § 8e SchOG, die für Schüler von Volksschulen, Hauptschulen, Neuen Mittelschulen, Polytechnischen Schulen und der Unterstufe der AHS, die wegen mangelnder Kenntnis der Unterrichtssprache nur zum außerordentlichen Schulbesuch aufgenommen werden konnten, eingerichtet werden können (dzt. befristet bis einschließlich Schuljahr 2015/16).

4 Im Zusammenhang mit der Ein- und Umstufung in Leistungsgruppen (vgl. S. 93 f.).

5 Zur Grundsatzbestimmung des § 8a Abs. 3 SchOG.

6 BGBl. Nr. 86/1981 i. d. g. F.

Der Betreuungsteil besteht aus gegenstandsbezogener Lernzeit, individueller Lernzeit und aus Freizeit (einschließlich Verpflegung).

Die Einrichtung ganztägiger Schulformen erfolgt im Bereich der öffentlichen Schulen, entsprechend dem festgestellten Bedarf, durch die nach den Vorschriften für die Schulerhaltung zuständige Behörde.[1] Der Bedarf ist durch rechtzeitige Information der Erziehungsberechtigten zu ermitteln.

Bei ausreichender Zahl[2] von Anmeldungen ist eine Tagesbetreuung einzurichten.

2.9 Zweckgebundene Gebarung, Teilrechtsfähigkeit

Zur Erweiterung der finanziellen Autonomie der **vom Bund** erhaltenen Schulen sind folgende Möglichkeiten vorgesehen, wenn dadurch **weder** die Erfüllung der Aufgaben der österreichischen Schule (§ 2 SchOG) **noch** jene des Lehrplanes der betreffenden Schulart **beeinträchtigt** wird:

- **Zweckgebundene Gebarung:**[3] Die Schulleiter sind ermächtigt, jene Mittel, die sie durch entgeltliche Überlassung von Schulräumlichkeiten oder sonstigen Einrichtungen der Schule an Dritte[4] oder durch sonstige Zuwendungen von dritter Seite (z. B. Schenkungen) einnehmen, zweckgebunden für die eigene Schule zu verwenden.
- **Teilrechtsfähigkeit:**[5] In diesem Rahmen können Einrichtungen mit eigener Rechtspersönlichkeit geschaffen werden, für die entweder der Schulleiter oder eine andere geeignete Person als Geschäftsführer zu bestellen ist. Diese Einrichtungen können u. a. Vermögen und Rechte erwerben, außerschulische Veranstaltungen durchführen sowie Verträge (z. B. Sponsor- oder Werkverträge) abschließen und über die Verwendung der erworbenen Mittel und Rechte für Zwecke der betreffenden Schule verfügen.[6,7]

---

1 Im Bereich der Bundesschulen (Unterstufe der AHS) ist dies der örtlich zuständige LSR, im Pflichtschulbereich (ausgenommen die einer PädHS eingegliederten Praxisschulen) ist die Zuständigkeit gem. Art. 14 Abs. 3 lit. b B-VG durch Landes(ausführungs)gesetze geregelt.

2 Für die „getrennte Abfolge“ genügen 15 Schüler (auch klassen-, schulstufen-, schul- oder schulartenübergreifend), 12 Schüler genügen, wenn die Tagesbetreuung auch bei schulartenübergreifender Führung sonst nicht zustande kommt); für die „verschränkte Form“ ist eine Klasse erforderlich, wobei alle Schüler für diese Form angemeldet sein und ferner zwei Drittel der betroffenen Lehrer und die Erziehungsberechtigten von zwei Dritteln der in Betracht kommenden Schüler zustimmen müssen.

3 Siehe §§ 128a und 128b SchOG.

4 Überlassungen u. a. für Zwecke der Erwachsenenbildung sowie für sportliche und künstlerische Zwecke haben Vorrang.

5 Siehe § 128c SchOG.

6 Das Tätigkeitsfeld dieser Einrichtungen ist in § 128c Abs. 5 SchOG erschöpfend aufgezählt. In bestimmten Fällen ist eine Genehmigung der Schulbehörde erforderlich.

7 Alle Aktitvitäten sind nach den Grundsätzen der Sparsamkeit, Wirtschaftlichkeit und Zweckmäßigkeit auszurichten und unterliegen der Kontrolle der Schulbehörde und des Rechnungshofes.

2.10 Schulversuche

Im Schulorganisationsgesetz selbst sowie in anderen Schulgesetzen ist die Möglichkeit zur Durchführung von Schulversuchen vorgesehen.

Schulversuche dienen der Erprobung besonderer pädagogischer oder schulorganisatorischer Maßnahmen.

Viele der in das **Regelschulwesen** aufgenommenen Neuerungen gehen auf langjährige Erprobungen in **Schulversuchen** zurück (z. B. Leistungsgruppen im Bereich der Hauptschulen und der Polytechnischen Schulen, Kollegs an den berufsbildenden höheren Schulen, ganztägige Schulformen).

3 Schulorganisationsgesetz: besondere Bestimmungen

Die im Schulorganisationsgesetz enthaltenen besonderen Bestimmungen zur Schulorganisation sind nur hinsichtlich der mittleren und höheren Schulen zur Gänze unmittelbar anzuwenden.

Hinsichtlich der **Pflichtschulen** ist zwischen **unmittelbar** anzuwendendem **Bundesrecht** (z. B. Bestimmungen über die Aufgabe und über den Lehrplan der betreffenden Schulart) und grundsatzgesetzlichen Bestimmungen, die durch die **Ausführungsgesetzgebung** der Länder zu konkretisieren sind (z. B. Organisationsform, Klassenschülerzahl, Teilungsziffern)[1], zu unterscheiden.

3.1 Allgemeinbildende Schulen

Zu den allgemeinbildenden Schulen zählen die allgemeinbildenden Pflichtschulen sowie die allgemeinbildenden höheren Schulen.

3.1.1 Allgemeinbildende Pflichtschulen

- **Volksschule**
  Sie dient unter Berücksichtigung der sozialen Integration behinderter Kinder

[1] Hiebei handelt es sich um Bereiche der „äußeren Organisation".

- in der **Vorschulstufe** der **Förderung**[1] der Schulreife jener Kinder, die zwar bereits schulpflichtig[2], aber noch nicht schulreif[3] sind, sowie jener Kinder, deren vorzeitige Aufnahme in die Volksschule widerrufen wurde;
- in der **Grundschule** (1. bis 4. Schulstufe) einer für alle Schüler gemeinsamen **Elementarbildung**;[4]
- in der **Oberstufe** (5. bis 8. Schulstufe)[5] einer grundlegenden **Allgemeinbildung** sowie der **Vorbereitung** auf das Berufsleben und auf den Übertritt in mittlere und höhere Schulen.

Organisatorisch hat die Volksschule jedenfalls die **Grundstufe I** und die **Grundstufe II,** bei Bedarf auch die Oberstufe zu umfassen.[6] Die **Grundstufe I** umfasst die **1. und 2. Schulstufe** (bei Bedarf auch die Vorschulstufe),[7] die **Grundstufe II** die **3. und 4. Schulstufe.**

Bei ausreichender[8] Schülerzahl hat jeder Schulstufe (ausgenommen die gemeinsame Führung in der Grundstufe I) eine Klasse zu entsprechen. Bei zu geringer Schülerzahl können mehrere Schulstufen in einer Klasse zusammengefasst[9] werden.

Der Unterricht ist in allen Stufen durch **Klassenlehrer** zu erteilen, wobei einzelne Gegenstände (z. B. Religion, Werkerziehung) auch durch andere Lehrer unterrichtet werden können.

---

1 Der Lehrplan sieht keine der Beurteilung unterliegenden Gegenstände, sondern nur (verbindliche) Übungen vor.

2 Zu diesem Begriff siehe S. 49.

3 Zu diesem Begriff siehe S. 49.

4 Dazu gehört auch die verbindliche Übung in einer lebenden Fremdsprache.

5 Die Oberstufe besteht nur mehr in ganz geringem Umfang.

6 Die Entscheidung über die Organisationsformen an den einzelnen Schulstandorten hat die nach dem Ausführungsgesetz des betreffenden Bundeslandes zuständige Behörde (z. B. die Landesregierung) entsprechend den örtlichen Gegebenheiten und nach Anhörung des Schulforums, des Schulerhalters und des LSR zu treffen.

7 Da die Vorschulstufe gemeinsam mit der 1. und 2. Schulstufe geführt werden kann, ergibt sich die Möglichkeit zu einer übergreifenden dreistufigen Schuleingangsphase. – Darüber hinaus sind die Schüler innerhalb der Grundstufe I der Volksschule zum Wechsel in die nächsthöhere oder nächstniedrigere Schulstufe berechtigt, sofern dadurch ihrer Lernsituation eher entsprochen wird und weder eine Überforderung noch eine Unterforderung zu befürchten ist (Entscheidung durch Schulkonferenz auf Antrag des Klassenlehrers).

8 In Vorschulklassen 10 bis 20 Schüler, in den Klassen der Volksschule 10 bis 25 Schüler (Abweichungen aus besonderen Gründen möglich).

9 Solche Klassen sind in Abteilungen zu gliedern.

Für noch nicht schulreife Kinder (bei gemeinsamer Führung von Schulstufen der Grundstufe I), für Kinder mit sonderpädagogischem Förderbedarf[1] sowie für Kinder mit nichtdeutscher Muttersprache[2], welche die Unterrichtssprache nicht ausreichend beherrschen, kann ein entsprechend ausgebildeter Lehrer **zusätzlich** eingesetzt werden. Ferner sind an ganztägigen Schulformen die für den Betreuungsteil erforderlichen Lehrer, Erzieher und Freizeitpädagogen zu bestellen.

- **Neue Mittelschule**

Sie schließt an die 4. Stufe der Volksschule an und dient in einem vierjährigen Bildungsgang je nach Interesse, Neigung, Begabung und Fähigkeit der **Befähigung** der Schüler zum **Übertritt** in mittlere und höhere Schulen und der **Vorbereitung** für das **Berufsleben.**

Schülern mit sonderpädagogischem Förderbedarf ist unter Beachtung des Prinzips der inklusiven Pädagogik eine der Aufgabe der Sonderschule entsprechende Bildung zu vermitteln, wobei unter Berücksichtigung der Lernvoraussetzungen der Schüler die Unterrichtsziele der Neuen Mittelschule anzustreben sind.

Die Neue Mittelschule zählt zu den Sekundarschulen.

Jeder Schulstufe hat eine Klasse zu entsprechen.[3]

In den Pflichtgegenständen Deutsch, Lebende Fremdsprache und Mathematik ist im Lehrplan für die 7. und 8. Schulstufe eine **Unterscheidung** nach **grundlegender** und **vertiefter Allgemeinbildung** vorzusehen, wobei die Anforderungen der Vertiefung jenen der Unterstufe der allgemeinbildenden höheren Schule (AHS) zu entsprechen haben.

Im **Lehrplan** der Neuen Mittelschule sind **förderdidaktische Maßnahmen** vorzusehen, um die Schüler nach Möglichkeit zum Bildungsziel der vertieften Allgemeinbildung zu führen.[4]

---

1 Zur Verbesserung der Integration können Volksschulklassen außerdem zeitweise gemeinsam mit Sonderschulklassen unterrichtet werden.

2 Vgl. auch die Sprachförderkurse für außerordentliche Schüler (S. 23).

3 Bei zu geringer Schülerzahl können mehrere Schulstufen in einer Klasse zusammengefasst werden, wobei eine (innere) Differenzierung innerhalb der Klasse stattzufinden hat.

4 Diese sind Maßnahmen der **inneren Differenzierung** (z. B. Individualisierung des Unterrichts, differenzierter Unterricht, Teamteaching) sowie der **Begabungs- und Begabtenförderung** (z. B. Förder- und Leistungskurse, temporär gebildete Schülergruppen). Diese Maßnahmen sind von den Lehrern im Zusammenwirken mit dem Schulleiter auszuwählen.

Für Schüler mit sonderpädagogischem **Förderbedarf** findet der Lehrplan der Neuen Mittelschule nur insoweit Anwendung, als die Bildungs- und Lehraufgabe der Unterrichtsgegenstände ohne Überforderung der betreffenden Schüler erreicht wird. Andernfalls ist der Lehrplan der entsprechenden Sonderschule heranzuziehen.

Zur Erleichterung der Integration können Regelklassen zeitweise gemeinsam mit Sonderschulklassen geführt werden.

Der Unterricht ist durch Fachlehrer zu erteilen, bei Einrichtung einer ganztägigen Schulform sind auch für den Betreuungsteil die erforderlichen Lehrer, Erzieher und Freizeitpädagogen zu bestellen. Darüber hinaus sind für den Unterricht von Schülern mit sonderpädagogischem **Förderbedarf** entsprechend ausgebildete Lehrer **zusätzlich** einzusetzen.

Die Aufnahme in die Neue Mittelschule setzt den erfolgreichen Abschluss der 4. Stufe der Volksschule oder bei sonderpädagogischem Förderbedarf den Besuch der 4. Klasse der Volksschule oder der entsprechenden Stufe der Sonderschule voraus.[1]

Als **Sonderformen** der Neuen Mittelschule können solche mit besonderer Berücksichtigung der musischen oder sportlichen Ausbildung geführt werden.

- **Hauptschule**

  Sie schließt an die 4. Stufe der Volksschule an und dient in einem vierjährigen Bildungsgang der Vermittlung einer grundlegenden **Allgemeinbildung,** der **Vorbereitung** für das **Berufsleben** sowie der Befähigung der Schüler zum **Übertritt** in mittlere und höhere Schulen.

  Schülern mit sonderpädagogischem Förderbedarf ist unter Bedachtnahme auf den Grundsatz der sozialen Integration eine der Aufgabe der Sonderschule entsprechende Bildung zu vermitteln, wobei unter Berücksichtigung der Lernvoraussetzungen der Schüler die Unterrichtsziele der Hauptschule anzustreben sind.

  Die Hauptschule zählt zu den Sekundarschulen.

  Jeder Schulstufe hat eine Klasse zu entsprechen.

  In den Pflichtgegenständen Deutsch, Lebende Fremdsprache und Mathematik sind die Schüler durch Einrichtung von **Leistungsgruppen** zu fördern, wobei die

1 Bei den Sonderformen mit musischem oder sportlichem Schwerpunkt zusätzlich Eignungsprüfung.

Anforderungen der höchsten Leistungsgruppe jenen der Unterstufe der allgemein bildenden höheren Schule (AHS) zu entsprechen haben.

Im **Lehrplan** der Hauptschule sind jedenfalls **drei Leistungsgruppen** vorzusehen, die Zahl der diesen entsprechenden Schülergruppen ist jeweils durch die Ausführungsgesetzgebung des Landes festzulegen.[1,2]

Für Schüler mit sonderpädagogischem **Förderbedarf** findet der Lehrplan der Hauptschule nur insoweit Anwendung, als die Bildungs- und Lehraufgabe der Unterrichtsgegenstände ohne Überforderung der betreffenden Schüler erreicht wird. Andernfalls ist der Lehrplan der entsprechenden Sonderschule heranzuziehen.

Zur Erleichterung der Integration können Regelklassen zeitweise gemeinsam mit Sonderschulklassen geführt werden.

Der Unterricht ist durch Fachlehrer zu erteilen, bei Einrichtung einer ganztägigen Schulform sind auch für den Betreuungsteil die erforderlichen Lehrer, Erzieher und Freizeitpädagogen zu bestellen. Darüber hinaus sind für den Unterricht von Schülern mit sonderpädagogischem **Förderbedarf** entsprechend ausgebildete Lehrer **zusätzlich** einzusetzen.

Die Aufnahme in die Hauptschule setzt den erfolgreichen Abschluss der 4. Stufe der Volksschule oder bei sonderpädagogischem Förderbedarf den Besuch der 4. Stufe der Volksschule oder der entsprechenden Stufe der Sonderschule voraus.[3]

Als **Sonderformen** der Hauptschule können solche mit besonderer Berücksichtigung der musischen oder sportlichen Ausbildung geführt werden.

- **Sonderschule**

  Sie dient der **Förderung** physisch oder psychisch **behinderter** Kinder in einer ihrer Behinderung entsprechenden Weise, wobei nach Möglichkeit die Vermittlung einer der Volksschule, der Hauptschule, der Neuen Mittelschule oder der Polytechnischen Schule entsprechenden **Bildung** und die Vorbereitung für die **Eingliederung** der Schüler in das Arbeits- und Berufsleben erreicht werden soll.

---

1 Der Begriff **„Leistungsgruppe"** beinhaltet daher die Unterscheidung nach leistungsmäßigen Anforderungen (**innere** Differenzierung), jener der **„Schülergruppe"** die Unterscheidung nach den für die Leistungsgruppen einzurichtenden Organisationseinheiten (**äußere** Differenzierung).

2 Soweit wegen zu geringer Schülerzahl nicht ausreichend Schülergruppen eingerichtet werden können, hat eine (innere) Differenzierung innerhalb der Klasse stattzufinden.

3 Bei den Sonderformen mit musischem oder sportlichem Schwerpunkt zusätzlich Eignungsprüfung.

Die Lehrpläne der Sonderschule nehmen daher auf die Bildungsfähigkeit und die speziellen Bedürfnisse der Schüler besonders Bedacht (auch durch eigene, der Behinderung entsprechende Unterrichtsgegenstände und durch therapeutische und funktionelle Übungen).

Die Sonderschule ist nach den örtlichen Erfordernissen selbstständig oder in Form von Sonderschulklassen zu führen, die einer Volks- oder Hauptschule, einer Neuen Mittelschule oder einer Polytechnischen Schule oder einer Sonderschule anderer Art angeschlossen sind.[1,2]

Die Sonderschule umfasst **acht** (unter Einbeziehung der **Polytechnischen Schule** oder eines Berufsvorbereitungsjahres **neun**) Schulstufen; die Einteilung nach Klassen ist nach dem Alter und der Bildungsfähigkeit der Schüler auszurichten. Dementsprechend sind die einzelnen Schulstufen den Primarschulen oder den Sekundarschulen zuzuordnen.

Als **Arten** der Sonderschule sind u. a. die Allgemeine Sonderschule, die Sonderschule für körperbehinderte Kinder, die Sonderschule für sinnesbehinderte Kinder und die Sonderschule für schwerstbehinderte Kinder zu nennen.[3,4]

Der Unterricht ist (entsprechend der Organisationsform der Sonderschule) durch Klassenlehrer oder durch Fachlehrer zu erteilen.

Sonderschulen können auch als ganztägige Schulformen geführt werden, wobei für den Betreuungsteil die erforderlichen Lehrer, Erzieher und Freizeitpädagogen zu bestellen sind.

Das Aufnahms- und Entlassungsverfahren ist im Schulpflichtgesetz (§§ 8 und 8a) geregelt (siehe S. 49 ff.).

- **Polytechnische Schule**

  Diese schließt an die 8. Schulstufe[5] an und umfasst **eine** Schulstufe (9. Schulstufe der allgemeinen Schulpflicht). Sie hat durch angemessene Erweiterung und Ver-

---

1 Allenfalls können in einer Sonderschulklasse auch Abteilungen, die verschiedenen Sonderschularten entsprechen, eingerichtet werden.

2 Zur Festsetzung der Organisationsform im Einzelnen vgl. Seite 26, Fußnote 6.

3 Daneben bestehen auch weiterhin Schulversuche zur Integration behinderter Kinder.

4 Zur Bereitstellung und Koordination sonderpädagogischer Maßnahmen können einzelne Sonderschulen durch den Landesschulrat als „Sonderpädagogische Zentren" bestimmt werden. Von diesen sind insbesondere jene Landeslehrer zu betreuen, die in den Regelklassen der allgemeinbildenden Schulen für den Unterricht von Kindern mit sonderpädagogischem Förderbedarf zusätzlich eingesetzt sind.

5 Es können aber auch Schüler ohne erfolgreichen Abschluss der 8. Schulstufe aufgenommen werden. – Vgl. auch S. 57 f.

tiefung der Allgemeinbildung sowie durch **Berufsorientierung** auf die Berufsentscheidung vorzubereiten und eine Berufsgrundbildung zu vermitteln. Die Schüler sind je nach Interesse, Neigung, Begabung und Fähigkeit auf den Übertritt in Lehre und Berufsschule oder in weiterführende Schulen zu befähigen.

Hinsichtlich der Bildungshöhe zählt die Polytechnische Schule zu den Sekundarschulen.

In den Pflichtgegenständen Deutsch, Lebende Fremdsprache und Mathematik können die Schüler durch **Differenzierungsmaßnahmen** (Leistungsgruppen, Interessengruppen) und darüber hinaus durch einen nach eigener Wahl erweiterten Unterricht im technischen oder im wirtschaftlichen/sozialen/kommunikativen Bereich besonders **gefördert** werden.[1,2]

Die Polytechnische Schule ist grundsätzlich als selbstständige Schule[3] zu führen, bei zu geringer Schülerzahl in organisatorischem Zusammenhang mit einer sonstigen allgemeinbildenden Pflichtschule. Sie kann auch als ganztägige Schulform geführt werden.

Der Unterricht ist durch Fachlehrer zu erteilen.

3.1.2 Allgemeinbildende höhere Schulen

Die allgemeinbildenden höheren Schulen haben den Schülern eine **umfassende** und **vertiefte Allgemeinbildung** zu vermitteln und sie zugleich zur **Universitätsreife** zu führen.[4]

Schülern mit sonderpädagogischem **Förderbedarf,** die in die Unterstufe der allgemeinbildenden höheren Schule aufgenommen wurden, ist unter Bedachtnahme auf die soziale Integration eine der Aufgabe der Sonderschule entsprechende Bildung zu

---

1 Für körper- bzw. sinnesbehinderte Schüler hat die Schulbehörde (in der Regel der LSR) unter Bedachtnahme auf die Behinderungen und die Fördermöglichkeiten Abweichungen vom Lehrplan festzulegen, wobei die grundsätzliche Erfüllung der Bildungsaufgaben zu gewährleisten ist. Die Integration von Schülern mit sonderpädagogischem Förderbedarf ist nunmehr auch an der Polytechnischen Schule möglich. Die dafür anzuwendenden Bestimmungen sind mit denen für die Neue Mittelschule vergleichbar.

2 Besonders zu fördern und zu einem bestmöglichen Bildungsabschluss zu führen sind auch Schüler ohne erfolgreichen Abschluss der 8. Schulstufe.

3 Es können auch Expositurklassen geführt werden.

4 Die genauen Studienberechtigungen enthält – für alle Arten der höheren Schulen – die Universitätsberechtigungsverordnung, BGBl. II Nr. 44/1998 i. d. g. F.

vermitteln, wobei unter Berücksichtigung der Lernvoraussetzungen der Schüler die Unterrichtsziele der allgemeinbildenden höheren Schule anzustreben sind. Für diese Schüler findet der Lehrplan der Unterstufe der AHS nur insoweit Anwendung, als die Bildungs- und Lehraufgabe der Unterrichtsgegenstände ohne Überforderung der betreffenden Schüler grundsätzlich erreicht wird. Andernfalls ist der Lehrplan der entsprechenden Sonderschule heranzuziehen.

Für körper- und sinnesbehinderte Schüler hat die zuständige Schulbehörde Abweichungen vom Lehrplan festzulegen, wobei die grundsätzliche Erfüllung der Bildungsaufgabe unter Bedachtnahme auf die Behinderung und die Fördermöglichkeiten zu gewährleisten ist.

Zur Erleichterung der Integration besteht ferner die Möglichkeit, Klassen der Unterstufe der allgemeinbildenden höheren Schule zeitweise gemeinsam mit Klassen der Sonderschule zu führen.

Als **Regelformen** bestehen[1]

- mit Unter- und Oberstufe:
  - das **Gymnasium** (besondere Berücksichtigung finden sprachliche, humanistische und geisteswissenschaftliche Bildungsinhalte),
  - das **Realgymnasium** (besondere Berücksichtigung finden naturwissenschaftliche und mathematische Bildungsinhalte),
  - das **Wirtschaftskundliche Realgymnasium** (besondere Berücksichtigung finden ökonomische und lebenskundliche – einschließlich praxisbezogener – Bildungsinhalte);
- nur mit Oberstufe:
  - das **Oberstufenrealgymnasium** (besondere Berücksichtigung finden sprachliche, naturwissenschaftliche und musisch-kreative Bildungsinhalte).

Der **Bildungsgang** umfasst sowohl in der Unterstufe (5. bis 8. Schulstufe) als auch in der Oberstufe (9. bis 12. Schulstufe) jeweils **vier** Schulstufen. Jeder Schulstufe hat eine Klasse zu entsprechen. Die Unterstufe kann auch als ganztägige Schulform geführt werden.

[1] Eine weitere (innere) Differenzierung wird durch ein umfangreiches Angebot alternativer Pflichtgegenstände (in § 39 SchOG als „Wahlpflichtgegenstände" bezeichnet) und Freigegenstände (darunter auch solche für besonders begabte und interessierte Schüler) erreicht.

Als **Sonderformen** der allgemeinbildenden höheren Schule sind insbesondere das Gymnasium und das Realgymnasium für Berufstätige sowie Formen mit musischem oder sportlichem Schwerpunkt zu nennen.

Alle Formen der allgemeinbildenden höheren Schulen (einschließlich der Unterstufe) zählen zu den Sekundarschulen.

Aufnahmsvoraussetzung in die 1. Klasse der AHS ist der erfolgreiche Abschluss der 4. Stufe der Volksschule, wobei die Beurteilung in Deutsch, Lesen, Schreiben und Mathematik über diese Schulstufe auf „Sehr gut" oder „Gut" lauten oder – bei „Befriedigend" in diesen Gegenständen – die Feststellung der Schulkonferenz[1] vorliegen muss, dass der Schüler aufgrund seiner sonstigen Leistungen den Anforderungen der AHS mit großer Wahrscheinlichkeit genügen wird. Andernfalls ist eine Aufnahmsprüfung[2] an der AHS abzulegen.[3,4]

Der Unterricht an der AHS ist durch Fachlehrer zu erteilen. Für Schüler mit sonderpädagogischem Förderbedarf sind entsprechend ausgebildete Lehrer zusätzlich einzusetzen.

Der Bildungsgang an den allgemeinbildenden höheren Schulen schließt mit der **Reifeprüfung** ab.[5]

3.2 Berufsbildende Schulen

Zu den berufsbildenden Schulen zählen die berufsbildenden **Pflichtschulen** (Berufsschulen) und die berufsbildenden **mittleren und höheren Schulen.**[6]

1 Diese Feststellung ist bereits bei einem „Befriedigend" erforderlich.

2 Nur in dem (den) mit „Befriedigend" beurteilten Gegenstand (Gegenständen). – Die näheren Bestimmungen über die Durchführung der Prüfung enthält die Verordnung BGBl. Nr. 291/1975 i. d. g. F.

3 Die genauen Aufnahmsvoraussetzungen (auch jene für die 5. Klasse) sowie die Übertrittsbestimmungen von der Hauptschule und der Neuen Mittelschule in die AHS enthält § 40 SchOG. – Zum Übertritt von der Hauptschule, der Neuen Mittelschule bzw. von der Polytechnischen Schule in die 5. Klasse vgl. auch die Übertrittsvoraussetzungen in die BHS (S. 38 f.).

4 Für Schüler mit sonderpädagogischem Förderbedarf genügt der Besuch der 4. Klasse der Volksschule oder der entsprechenden Stufe der Sonderschule als Aufnahmsvoraussetzung.

5 Siehe hiezu S. 95 ff. bzw S. 101 ff.

6 Die Berufsschulen sowie die berufsbildenden mittleren und höheren Schulen zählen zu den Sekundarschulen.

3.2.1 Berufsschulen (berufsbildende Pflichtschulen)

Sie dienen einem **berufsbegleitenden oder ein Ausbildungsverhältnis im Sinne des Berufsausbildungsgesetzes begleitenden facheinschlägigen Unterricht,** der berufsschulpflichtigen oder zum Besuch der Berufsschule berechtigten Personen die grundlegenden theoretischen Kenntnisse zu vermitteln, ihre betriebliche oder berufspraktische Ausbildung zu fördern und zu ergänzen sowie ihre Allgemeinbildung zu erweitern hat.

Durch Einrichtung von **zwei Leistungsgruppen**[1] in einem bis drei der Pflichtgegenstände des betriebswirtschaftlichen und des fachtheoretischen Unterrichtes sind die Schüler zu fördern.[2]

Wie hinsichtlich der allgemeinbildenden Pflichtschulen enthält das SchOG auch hinsichtlich der Berufsschulen für den Bereich der äußeren Organisation[3] nur Grundsatzbestimmungen,[4] die durch die Ausführungsgesetzgebung der Länder zu konkretisieren sind.

Die Grundsatzbestimmungen sehen vor, dass die Berufsschule so viele **Schulstufen** (Schuljahre) zu umfassen hat, **wie** es der Dauer des **Lehrverhältnisses**[5] entspricht, und dass bei Vorhandensein einer entsprechenden Schülerzahl für jede Schulstufe eine Klasse[6] einzurichten ist.[7]

---

[1] Hievon hat eine die zur Erfüllung der Aufgabe der Berufsschule notwendigen Erfordernisse, die andere ein erweitertes oder vertieftes Bildungsangebot zu vermitteln.

[2] Außerdem sind interessierte Schüler nach Möglichkeit durch Differenzierungsmaßnahmen und Freigegenstände auf die Berufsreifeprüfung vorzubereiten. Diese ist als Externistenprüfung an einer einschlägigen berufsbildenden höheren Schule abzulegen und vermittelt alle Berechtigungen einer Reifeprüfung (insbesondere die Universitätsberechtigung). – Die genauen Regelungen über die Berufsreifeprüfung enthält das Bundesgesetz BGBl. I Nr. 68/1997 i. d. g. F.; ferner sind die Durchführungserlässe des BMUKK RS Nr. 18/2011 und 8/2014 zu beachten.

[3] Zu diesem Begriff siehe S. 2, Fußnote 7.

[4] Eine Ausnahme bildet die Bundes-Berufsschule für Uhrmacher in Karlstein (NÖ), die der Gesetzgebung des Bundes unterliegt.

[5] Ausbildungsverhältnis im Sinne des Berufsausbildungsgesetzes, BGBl. Nr. 142/1969 i. d. g. F. Siehe hiezu S. 199 ff.

[6] Andernfalls sind mehrere Schulstufen in einer Klasse zusammenzufassen (die Klasse ist in Abteilungen zu gliedern).

[7] Zur Verbesserung der Eingliederung in das Berufsleben können Jugendliche mit persönlichen Vermittlungshindernissen auch Angebote der integrativen Berufsausbildung nützen (§ 8b Berufsausbildungsgesetz). – Siehe hiezu S. 205.

Als **Organisationsformen** sind grundsatzgesetzlich vorgesehen:

- **ganzjährige** Berufsschulen mit mindestens einem vollen oder mindestens zwei halben Schultagen in der Woche[1]
- **lehrgangsmäßige** Berufsschulen mit einem in jeder Schulstufe mindestens acht (in Schulstufen, die einem halben Jahr des Lehrverhältnisses entsprechen, mindestens vier) zusammenhängende Wochen dauernden Unterricht
- **saisonmäßige** Berufsschulen mit einem auf eine bestimmte Jahreszeit zusammengezogenen Unterricht[2]

Ebenso hat die Ausführungsgesetzgebung zu bestimmen, bei welcher Schülerzahl die zur Führung von Leistungsgruppen[3] erforderlichen Schülergruppen einzurichten sind.

Ferner sieht das Schulorganisationsgesetz für bestimmte Unterrichtsgegenstände (z. B. praktischer Unterricht, Verkaufskunde, berufsbezogene Fremdsprache) Rahmenbestimmungen für Klassenteilungen (Teilungsziffern) vor, die ebenfalls durch die Ausführungsgesetzgebung zu konkretisieren sind.

Bei Erreichen des Lehrzieles der letzten Klasse der Berufsschule entfällt die Verpflichtung zur Ablegung des theoretischen Teils der Lehrabschlussprüfung (vgl. auch S. 203).

Der Unterricht ist in allen Klassen durch Fachlehrer zu erteilen.

3.2.2 Berufsbildende mittlere Schulen

Die berufsbildenden mittleren Schulen schließen an die 8. Schulstufe an und haben die Aufgabe, jenes grundlegende **fachliche Wissen und Können** zu vermitteln, das unmittelbar zur **Ausübung** eines **Berufes** auf gewerblichem, technischem, kunstgewerblichem, kaufmännischem, hauswirtschaftlichem und sonstigem wirtschaftlichem oder auf sozialem Gebiet befähigt.

Zugleich haben sie die erworbene **Allgemeinbildung** in einer der künftigen Berufstätigkeit des Schülers angemessenen Weise zu erweitern und zu vertiefen.

---

1 Durch Ausdehnung des Fachunterrichtes und Einführung der fachbezogenen Fremdsprache wird dieses Mindestmaß beim Großteil der Lehrberufe überschritten.

2 Die saisonmäßige Organisationsform (mit einem auf eine bestimmte Jahreszeit zusammengezogenen Unterricht) besteht nur in einigen wenigen Lehrberufen (z. B. Binnenschiffer).

3 Leistungsgruppen sind nur dann einzurichten, wenn diesen auch Schülergruppen entsprechen (eine „innere Differenzierung“ innerhalb einer Klasse wie in der Hauptschule und in der Polytechnischen Schule ist in der Berufsschule – ausgenommen zur Vorbereitung auf die Berufsreifeprüfung – nicht zulässig).

Für köperbehinderte und sinnesbehinderte Schüler hat die zuständige Schulbehörde unter Bedachtnahme auf die Behinderung und die Fördermöglichkeiten Abweichungen von den Lehrplänen festzulegen, wobei die grundsätzliche Erfüllung der Aufgabe der betreffenden Schulart zu gewährleisten ist. Die Integration von Schülern mit sonderpädagogischem Förderbedarf ist nunmehr auch an der einjährigen Haushaltungsschule möglich. Die dafür anzuwendenden Bestimmungen sind mit denen für die Hauptschule vergleichbar.

Der Bildungsgang umfasst **eine bis vier** Schulstufen,[1] wobei jeder Stufe eine Klasse zu entsprechen hat. In vielen Schularten ist auch die Ablegung einer Abschlussprüfung vorgesehen.

Die **Arten** der berufsbildenden mittleren Schulen sind:

- **gewerbliche, technische** und **kunstgewerbliche Fachschulen**[2] mit drei- bis vierjährigem Bildungsgang (z. B. Hotelfachschule, Fachschule für Elektrotechnik, Fachschule für Kunsthandwerk) und als Sonderformen Meisterschulen und Meisterklassen, Werkmeisterschulen und Bauhandwerkerschulen
- **Handelsschulen** (mit dreijährigem Bildungsgang)
- **Fachschulen für wirtschaftliche Berufe** (diese sind die einjährige Haushaltungsschule, die zweijährige Hauswirtschaftsschule[3] und die dreijährige Fachschule für wirtschaftliche Berufe)
- **Fachschulen für Sozialberufe** mit ein- bis dreijährigem Bildungsgang

Der größte Teil der berufsbildenden mittleren Schulen kann jeweils auch als **Sonderform** für **Berufstätige** mit modularer Unterrichtsorganisation und Gliederung in Semester geführt werden.

Weiters ist an einigen Schularten die Führung von **Vorbereitungslehrgängen** zum Eintritt in den III. Jahrgang oder in den **Aufbaulehrgang**[4] einer entsprechenden berufsbildenden höheren Schule möglich (Aufnahmsvoraussetzung in einen solchen Lehrgang ist der Abschluss einer einschlägigen Berufsausbildung). Vorbereitungslehrgänge sind ebenfalls in Semester zu gliedern und mit modularer Unterrichtsorganisation zu führen.

---

[1] Die genaue Bildungsdauer ist entweder im SchOG selbst oder in der betreffenden Lehrplanverordnung festgelegt.

[2] Fachschulen, die mehrere Fachrichtungen umfassen, sind in Fachabteilungen zu gliedern. Ferner können technischen oder gewerblichen Fachschulen Versuchsanstalten angeschlossen werden (die Schule führt dann die Bezeichnung „Lehr- und Versuchsanstalt").

[3] Die größere Zahl dieser Schulen wird als Schulversuch „einjährige Wirtschaftsschule" bzw. „zweijährige Wirtschaftsschule" geführt.

[4] Siehe S. 38.

Aufnahmsvoraussetzung in eine berufsbildende mittlere Schule ist der erfolgreiche Abschluss der ersten acht Jahre der allgemeinen Schulpflicht – in einigen wenigen Fällen der 8. Schulstufe.[1,2,3]

Auf Grundlage des erfolgreichen Besuches einer berufsbildenden mittleren Schule kann ab der 10. Schulstufe die **individuelle[4] Verkürzung** der Lehrzeit in Lehrberufen stattfinden, die der schwerpunktmäßigen Ausbildung der betreffenden Schule entsprechen. Darüber hinaus sind Zugangserleichterungen zur selbstständigen Berufsausübung bzw. Anrechnungen auf die hiefür erforderlichen Beschäftigungszeiten („Verwendungszeiten") vorgesehen.[5]

Nach erfolgreichem Abschluss einer mindestens dreijährigen mittleren Schule kann (an einer berufsbildenden höheren Schule) zusätzlich eine Berufsreifeprüfung abgelegt werden, mit der die Universitätsberechtigung verbunden ist.[6]

Außerdem gilt ein solcher Abschluss für den Bereich der beruflichen Qualifikationen im Arbeitsrecht als Nachweis einer mit einer facheinschlägigen Lehrabschlussprüfung absolvierten beruflichen Ausbildung (vgl. § 34a BAG).

---

1 Eine Aufnahmsprüfung haben nur jene Bewerber für eine mindestens dreijährige Schulart abzulegen, die in einem leistungsdifferenzierten Pflichtgegenstand der Hauptschule zum Abschluss der 4. Klasse in der niedrigsten Leistungsstufe eingestuft waren oder die in einem oder mehreren differenzierten Pflichtgegenständen der Neuen Mittelschule zum Abschluss der 4. Klasse in der grundlegenden Allgemeinbildung nur mit „Genügend" beurteilt wurden. Bei einem „Genügend" kann die Klassenkonferenz die Berechtigung zur Aufnahme erteilen, wenn der Schüler mit großer Wahrscheinlichkeit den Anforderungen der berufsbildenden mittleren Schule genügen wird. Nach positivem Abschluss der 1. Klasse einer berufsbildenden mittleren Schule oder der Polytechnischen Schule auf der 9. Schulstufe entfällt auch diese Aufnahmsprüfung. – Für die Aufnahme in die Sonderformen ist keine Aufnahmsprüfung vorgesehen.

2 Die Aufgabenstellung bei der Aufnahmsprüfung erfolgt durch den Prüfer (also nicht mehr nach standardisierten Untersuchungsverfahren).

3 Für die Aufnahme in kunstgewerbliche Fachschulen ist eine Eignungsprüfung (zur Überprüfung der künstlerischen Eignung) erfolgreich abzulegen.

4 Grundlage hiefür ist § 28 des Berufsausbildungsgesetzes, BGBl. Nr. 142/1969 i. d. g. F. – Die generelle verordnungsmäßige Anrechnung bzw. Lehrzeitverkürzung ist nicht mehr vorgesehen (die Verordnung BGBl. Nr. 356/1985 ist seit dem Jahre 1992 nicht mehr novelliert worden).

5 Diese Erleichterungen und Verwendungszeitenersätze beruhen insbesondere auf der Gewerbeordnung, BGBl. Nr. 194/1994 i. d. g. F., und den auf ihrer Grundlage erlassenen Verordnungen.

6 Zur Vorbereitung auf die Berufsreifeprüfung sind interessierte Schüler durch Differenzierungsmaßnahmen im Unterricht und durch Freigegenstände zu fördern. – Vgl. auch S. 34, Fußnote 2.

3.2.3 Berufsbildende höhere Schulen

Die berufsbildenden höheren Schulen schließen an die 8. Schulstufe an und haben die Aufgabe, eine **höhere allgemeine und fachliche Bildung** zu vermitteln, die zur Ausübung eines **gehobenen Berufes** auf technischem, gewerblichem, kunstgewerblichem, kaufmännischem, hauswirtschaftlichem oder sonstigem wirtschaftlichem Gebiet befähigt; zugleich haben sie zur **Universitätsreife**[1] zu führen.

Der Bildungsgang umfasst fünf Schulstufen und schließt mit der **Reife- und Diplomprüfung** ab.

Die **Arten** der berufsbildenden höheren Schulen sind:

- **Höhere technische und gewerbliche Lehranstalten** (z. B. Höhere Lehranstalt für Bautechnik, Höhere Lehranstalt für Mode und Bekleidungstechnik, Höhere Lehranstalt für Tourismus)
- **Handelsakademien**
- **Höhere Lehranstalten für wirtschaftliche Berufe**

Als **Sonderformen** können Lehranstalten für Berufstätige (mit vierjährigem Bildungsgang), Kollegs (mit viersemestrigem Bildungsgang), Kollegs für Berufstätige (mit vier- bis sechssemestrigem Bildungsgang) sowie Aufbaulehrgänge (mit zwei- bis dreijährigem Bildungsgang) und Aufbaulehrgänge für Berufstätige (wenn erforderlich mit verlängerter Ausbildungsdauer) eingerichtet werden. Die Sonderformen sind in Semester gegliedert und werden mit modularer Unterrichtsorganisation geführt.

Kollegs haben die Aufgabe, Absolventen (anderer) höherer Schulen ergänzend das Bildungsgut jener berufsbildenden höheren Schule zu vermitteln, deren Kolleg sie besuchen. Sie schließen mit einer **Diplomprüfung** ab.

Aufbaulehrgänge haben die Aufgabe, Absolventen einschlägiger Fachschulen oder Vorbereitungslehrgänge das Bildungsgut einer berufsbildenden höheren Schule zu vermitteln. Sie schließen mit der **Reife- und Diplomprüfung** ab.

Aufnahmsvoraussetzung in die berufsbildende **höhere** Schule ist der erfolgreiche Abschluss der 4. Klasse der Hauptschule, der Neuen Mittelschule oder der AHS, wobei das Jahreszeugnis der Hauptschule für diese Klasse in den leistungsdifferenzierten Pflichtgegenständen in der höchsten Leistungsgruppe eine positive Beurteilung, in der mittleren mindestens eine solche auf „Gut" aufweisen muss. Die Beurteilung mit „Befriedigend" in der mittleren Leistungsgruppe steht der Aufnahme nicht entge-

[1] Zur Studienberechtigung siehe S. 31, Fußnote 4.

gen, sofern die Klassenkonferenz feststellt, dass der Schüler aufgrund seiner sonstigen Leistungen mit großer Wahrscheinlichkeit den Anforderungen der berufsbildenden höheren Schule genügen wird. Aufnahmsbewerber mit erfolgreichem Abschluss der 4. Klasse der Neuen Mittelschule erfüllen die Aufnahmsvoraussetzung, wenn sie in allen differenzierten Pflichtgegenständen das Bildungsziel der Vertiefung erreicht haben oder – wenn dieses Ziel in einem differenzierten Pflichtgegenstand nicht erreicht wurde – die Klassenkonferenz feststellt, dass der Schüler aufgrund seiner sonstigen Leistungen mit großer Wahrscheinlichkeit den Anforderungen der höheren Schule genügen wird.[1] Andernfalls ist in den betreffenden Gegenständen eine Aufnahmsprüfung abzulegen.[2,3]

Hinsichtlich der Unterrichtserteilung durch Fachlehrer, der Gliederung in Fachabteilungen (einschließlich Versuchsanstalten) sowie der Verkürzung von Lehrzeiten[4] und Verwendungszeiten gelten gleichartige Bestimmungen wie für die mittleren Schulen.

3.3 Anstalten der Lehrerbildung und der Erzieherbildung[5]

Anstalten der Lehrerbildung und der Erzieherbildung sind die Bildungsanstalten für Kindergartenpädagogik und die Bildungsanstalten für Sozialpädagogik.

- **Bildungsanstalten für Kindergartenpädagogik**

  Diese schließen an die 8. Schulstufe an und haben die Aufgabe, jene Berufsgesinnung sowie jenes Berufswissen und Berufskönnen zu vermitteln, das für die Erfüllung der **Erziehungs- und Bildungsaufgaben** in den **Kindergärten** erforderlich ist. Ferner haben sie zur **Universitätsreife**[6] zu führen.

  Aufnahmsvoraussetzung ist der erfolgreiche Abschluss der ersten acht Jahre der allgemeinen Schulpflicht und die Ablegung einer Eignungsprüfung.[7]

---

[1] Der erfolgreiche Abschluss der Polytechnischen Schule (unabhängig von der Leistungsgruppe) auf der 9. Schulstufe, der 1. Klasse einer mittleren Schule oder der 4. oder einer höheren Klasse der AHS berechtigt zur Aufnahme.

[2] Zur Durchführung der Aufnahmsprüfung siehe S. 36, Fußnote 2.

[3] Die Ablegung einer Aufnahmsprüfung entfällt bei den Sonderformen für Berufstätige sowie bei Kollegs und Aufbaulehrgängen.

[4] Diese Berechtigungen (vgl. S. 37, Fußnoten 4 und 5) sind nicht an die Ablegung der Reife- und Diplomprüfung gebunden.

[5] Diese sind jeweils höhere Schulen und zählen daher zu den Sekundarschulen.

[6] Zur Studienberechtigung siehe S. 31, Fußnote 4.

[7] Bei Vorliegen der Berechtigung zum Übertritt in eine höhere Schule entfallen die Prüfungen in Deutsch, Lebende Fremdsprache und Mathematik. Genaue Bestimmungen enthält die Verordnung BGBl. Nr. 291/1975 i. d. g. F.

Der Bildungsgang umfasst **fünf** Schulstufen, denen jeweils eine Klasse zu entsprechen hat.

Der Unterricht ist durch Fachlehrer zu erteilen.

An den Bildungsanstalten für Kindergartenpädagogik können auch Horterzieher[1] ausgebildet sowie bei Bedarf auch Lehrgänge für Sonderkindergartenpädagogik (die Aufnahme setzt die Berufsbefähigung für Kindergärten voraus) sowie Kollegs eingerichtet werden. Lehrgänge für Sonderkindergartenpädagogik und Kollegs sind in Semester zu gliedern und in Modulen zu organisieren.

Jeder Bildungsanstalt ist ein **Übungskindergarten** (allenfalls auch ein Übungshort) einzugliedern. Ferner sind geeignete Kindergärten (Horte) als **Besuchskindergärten** (Besuchshorte) vorzusehen.[2]

Der Bildungsgang wird durch die **Reife- und Diplomprüfung** abgeschlossen.[3]

- **Bildungsanstalten für Sozialpädagogik**

  Diese schließen an die 8. Schulstufe an und haben die Aufgabe, Erzieher heranzubilden, die nach Berufsgesinnung, Berufswissen und Berufskönnen zur Erfüllung der **Erziehungsaufgaben** in Horten, Heimen, Tagesheimstätten und im Betreuungsteil ganztägiger Schulformen sowie in der außerschulischen Jugendarbeit geeignet sind. Ferner haben sie die Schüler zur **Universitätsreife**[4] zu führen.

  Sie umfassen einen fünfjährigen Bildungsgang, der mit der **Reife- und Diplomprüfung** abschließt.

  Die Aufnahmsvoraussetzungen entsprechen jenen der Bildungsanstalt für Kindergartenpädagogik.

  Bei Bedarf können an den Bildungsanstalten für Sozialpädagogik auch Kollegs sowie Lehrgänge zur Ausbildung von Erziehern zu Sondererziehern, erforderlichen-

---

[1] Horte sind (Ganztages- oder Halbtages-)heime, die von Kindern allgemeinbildender Pflichtschulen (außerhalb der Schulzeit) besucht werden.

[2] Zum Unterschied von Übungskindergärten und Übungshorten sind Besuchskindergärten und Besuchshorte keine Bestandteile der Bildungsanstalten. Beide Einrichtungen dienen praktischen Übungen in der Kindergarten- bzw. Hortpädagogik.

[3] Kollegs schließen mit der Diplomprüfung ab, die Lehrgänge für Sonderkindergartenpädagogik mit der Diplomprüfung für Sonderkindergärten und Frühförderung.

[4] Zur Studienberechtigung siehe S. 31, Fußnote 4.

falls auch als Schulen für Berufstätige, eingerichtet werden.[1] Diese Bildungsgänge sind in Modulen zu organisieren.

Zur Gewährleistung der praktischen Ausbildung sind geeignete Übungs- und Besuchseinrichtungen **(Übungsheime** und **Besuchsheime)** vorzusehen.

4 Pädagogische Hochschulen

Durch das Bundesgesetz über die Pädagogischen Hochschulen und ihre Studien **(Hochschulgesetz 2005)**[2] sind die Aufgaben der im SchOG geregelten lehrerbildenden Akademien (Pädagogische Akademien, Berufspädagogische Akademien und Pädagogische Institute), ferner jene der Agrarpädagogischen Akademie sowie der Religionspädagogischen Akademien und Institute[3] mit 1. Oktober 2007 auf Pädagogische Hochschulen übergegangen.

Diese Institutionen sind postsekundäre Bildungseinrichtungen im Sinne des Universitätsgesetzes 2002.[4]

Die öffentlichen Pädagogischen Hochschulen sind Einrichtungen des Bundes;[5] darüber hinaus können auch andere Rechtsträger (z. B. Kirchen und Religionsgesellschaften) private Bildungsangebote[6] begründen.

---

1 Kollegs schließen mit der Diplomprüfung ab, die Lehrgänge mit der Diplomprüfung für Sondererzieher.

2 BGBl. I Nr. 30/2006 i. d. g. F. – Zur Ergänzung der Ausführungen dieses Buches wird die Beschäftigung mit dem Gesetz dringend empfohlen.

3 Diese waren Privatschulen mit eigenem Statut. – Siehe hiezu S. 163 ff.

4 BGBl. I Nr. 120/2002.

5 Der Bund errichtet in jedem Bundesland (ausgenommen im Burgenland) eine Pädagogische Hochschule, in Wien außerdem die Hochschule für Agrar- und Umweltpädagogik. Im Burgenland ist eine Stiftung der Rechtsträger der (privaten) Pädagogischen Hochschule.

6 Diese können in einer eigenen Pädagogischen Hochschule, aber auch in einzelnen Studiengängen, Hochschullehrgängen oder Lehrgängen bestehen. In jedem Fall ist eine Anerkennung durch den zuständigen Bundesminister erforderlich. – Zu diesen Begriffen siehe S. 43 f.

4.1 Aufgaben

Die Pädagogische Hochschule hat wissenschaftlich fundierte berufsbezogene Bildungsangebote in pädagogischen Berufsfeldern, insbesondere in Lehrberufen,[1] zu erstellen und umzusetzen.[2]

Jede öffentliche Pädagogische Hochschule hat Studiengänge für die Lehrämter an Volksschulen und an Neuen Mittelschulen anzubieten, bei Bedarf auch solche für Sonderschulen und Polytechnische Schulen sowie für Lehrämter im Bereich der Berufsbildung.[3]

Außerdem sind in allen pädagogischen[4] Berufsfeldern Fortbildungsangebote[5] für Lehrerinnen und Lehrer sowie weitere Fort- und Weiterbildungsangebote, auch in allgemeinen pädagogischen Angelegenheiten der Betreuung von Kindern und Jugendlichen, anzubieten.

Private Bildungsangebote sind in der beantragten (und anerkannten)[6] Form einzurichten und zu führen.

Die Lehre an allen Pädagogischen Hochschulen ist mit berufsfeldbezogener Forschung und Entwicklung zu verbinden.

Im Rahmen der Pädagogischen Hochschule kann eine Volksschule, Hauptschule oder Neue Mittelschule als **Praxisschule**[7] geführt werden. Bei Bedarf können weitere Praxisschulen bestimmt werden.[8]

---

[1] Dieser im Hochschulgesetz verwendete Begriff darf nicht mit „Lehrberuf" im Sinne des Berufsausbildungsgesetzes verwechselt werden.

[2] In jedem Fall ist eine humanwissenschaftliche, fachwissenschaftliche, fachdidaktische, pädagogische und schulpraktische Ausbildung zu gewährleisten.

[3] Die Angebote „im Bereich der Berufsbildung" entsprechen im Wesentlichen jenen der Berufspädagogischen Akademien, wobei die vier Standorte mit einem solchen Angebot (Wien, Linz, Graz, Innsbruck) erhalten blieben. Einzelne Studiengänge (etwa solche für das Lehramt an Berufsschulen) können aber an anderen Standorten zusätzlich eingerichtet werden.

[4] Einschließlich der berufspädagogischen.

[5] Hier sind inhaltliche Vorgaben des zuständigen Bundesministers bzw. des hiezu ermächtigten LSR zu berücksichtigen.

[6] Die Anerkennung ist nur zu erteilen, wenn die betreffende Einrichtung den jeweils in Betracht kommenden öffentlichen qualitativ voll entspricht.

[7] Diese bilden einen integralen Teil der Hochschule.

[8] Zustimmung des Schulerhalters erforderlich, die Schulen bleiben selbstständig.

4.2 Organe

Die Organe der Pädagogischen Hochschulen sind:

- **Hochschulrat** (drei vom zuständigen BM für fünf Jahre bestellte Personen; Amtsführender Präsident des LSR am Sitz der Hochschule): erstellt Dreiervorschlag für Bestellung von Rektor und Vizerektor(en), legt Ausbildungsinhalte für Curricula fest, beschließt Organisationsplan u. a.
- **Rektorat** (Mitglieder sind Rektor und Vizerektor[en]):[1] führt die Verwaltungsagenden einschließlich Genehmigung der Curricula, der Studienzulassung u. a.
- **Rektor** bzw. **Rektorin** (auf jeweils fünf Studienjahre durch zuständigen BM bestellt): Vorgesetzte/r des Lehr- und Verwaltungspersonals, koordiniert die Tätigkeit aller Organe u. a.
- **Studienkommission** (neun auf jeweils drei Studienjahre zu wählende Lehrende und drei von der Studentenvertretung zu entsendende Studierende): Erlassung der Curricula, Evaluation und Qualitätssicherung der Studien, letzte Entscheidungsinstanz in Studienangelegenheiten u. a.
- **Institutsleitung** (auf jeweils fünf Studienjahre durch das Rektorat bestellte Lehrpersonen): Leitung der im Organisationsplan vorgesehenen Institute
- **Verwaltungsdirektor** bzw. **-direktorin** (Bestellung nach den geltenden dienstrechtlichen Bestimmungen): Führung der Verwaltungsgeschäfte, zusammen mit dem sonstigen Verwaltungspersonal

4.3 Arten der Studien

- **Studiengänge:** sechssemestrige Studien zur Erlangung eines Lehramtes; sie umfassen mindestens 180 ECTS-Credits[2] und schließen mit dem akademischen Grad „Bachelor of Education" („BEd") ab
- **Hochschullehrgänge:** Bildungsangebote zur Fort- und Weiterbildung[3] und solche in allgemeinen pädagogischen Angelegenheiten der Betreuung von Kindern und Jugendlichen; sie umfassen mindestens 60 ECTS-Credits und schließen mit

---

[1] Entsprechend dem Aufgabenbereich der PädHS sind bis zu zwei Vizerektoren zu bestellen.

[2] ECTS: „European Credit Transfer System". – Mit ECTS-Credits wird das für die einzelnen Studienleistungen erforderliche gesamte Arbeitspensum (einschließlich der hiefür vorgesehenen Zeit an Lehrveranstaltungen) ausgedrückt. Ein ECTS-Credit steht für einen Gesamtaufwand von 25 Stunden. Die Zuteilung der Credits ist durch die Studienkommission im Rahmen des Curriculums vorzunehmen.

[3] Diese Lehrgänge ersetzen z. B. die seinerzeit an den Berufspädagogischen Akademien geführten Vorbereitungslehrgänge für Erweiterungsprüfungen.

der Bezeichnung „Akademischer bzw. Akademische ...“ mit einem den Inhalt des Lehrganges charakterisierenden Zusatz ab

- **Lehrgänge:** Bildungsangebote, die keine Hochschullehrgänge sind[1]
- **Gemeinsame Studienprogramme bzw. gemeinsam eingerichtete Studien:** werden in Kooperation mit anderen in- oder ausländischen Pädagogischen Hochschulen, Universitäten, Erhaltern von Fachhochschul-Studiengängen oder z. B. anerkannten postsekundären Bildungseinrichtungen geführt[2]
- Bildungsangebote im Rahmen der eigenen Rechtspersönlichkeit[3]

4.4 Studienzulassung und Studiengestaltung

Die **Zulassung** zu einem Lehramtsstudium ist an die allgemeine **Hochschulreife**[4,5] und die Eignung[6] zum betreffenden Studium gebunden. Für Lehrämter an berufsbildenden Schulen kann die Studienkommission zusätzliche Anforderungen (z. B. den Nachweis beruflicher Praxis)[7] festlegen. Bei erstmaliger Studienaufnahme erfolgt Immatrikulation und Inskription, danach (semesterweise) Inskription.

Die **Studiengestaltung** folgt einem von der Studienkommission zu erlassenden (und vom Rektorat zu genehmigenden) **Curriculum.**[8] Die Grundlagen für die Gestaltung der Curricula, insbesondere hinsichtlich der Bildungsziele, der verpflichtenden Studienfachbereiche, der Gliederung der Studienabschnitte sowie hinsichtlich der Bachelorprüfungen sind durch Verordnung des zuständigen Bundesministers festzulegen.[9]

---

1 Z. B. Seminarveranstaltungen im Rahmen der Lehrerfortbildung mit weniger als 60 ECTS-Credits.

2 Daran können mehrere Institutionen beteiligt sein, wobei deren Anteile durch Vereinbarung festzulegen sind. Bei gemeinsamen Studienprogrammen ist eine Mehrfachgraduierung der Absolventen möglich.

3 In diesem Rahmen können auch andere pädagogische Berufsfelder als jene der Studiengänge vorgesehen sein. – Vgl. §§ 3 und 39 Abs. 2 Hochschulgesetz 2005.

4 Reife- oder Berufsreifeprüfung; Studienberechtigungsprüfung; Abschluss eines mindestens dreijährigen Studiums, für welches Universitätsreife Voraussetzung war; Diplomgrad gemäß § 35 AHStG bzw. § 1 UnivStG; entsprechende ausländische Befähigung.

5 Im Bereich der Lehrämter für berufsbildende Schulen kann die Hochschulreife auch während des Studiums (bis zum Erlangen von 120 ECTS-Credits, also in der Regel bis zum Ende des 4. Semesters) nachgewiesen werden.

6 Die näheren Bestimmungen über die Feststellung der Eignung und das Aufnahmeverfahren finden sich in der Hochschul-Zulassungsverordnung, BGBl. II Nr. 112/2006 i. d. g. F.

7 Je nach Studiengang ist eine berufliche Praxis von bis zu sechs Jahren nachzuweisen; in einigen Fällen ist diese in den ersten Studienabschnitt integriert.

8 Ausgenommen sind Fortbildungsveranstaltungen mit weniger als 30 ECTS-Credits.

9 Hochschul-Curriculaverordnung, BGBl. II Nr. 495/2006 i. d. g. F.

Die Curricula der sechssemestrigen Studiengänge haben mit einer vierwöchigen Einführungsphase (mit das betreffende Studium charakterisierenden Lehrveranstaltungen und Anfängertutorien) zu beginnen.

Als **Arten** der Studienveranstaltungen kommen insbesondere Vorlesungen, Seminare, Übungen und Praktika in Betracht, wobei auch Elemente des Fernunterrichtes vorgesehen werden können.

4.5 Prüfungen

Die Prüfungen sind im Rahmen des Curriculums durch eine **Prüfungsverordnung** zu regeln. Darin sind Art und Umfang der Prüfungen und der wissenschaftlich-berufsbezogenen Arbeiten, die Bestellung der Prüfer sowie generelle Beurteilungskriterien festzulegen.

Die **Beurteilungsstufen** für Abschlussprüfungen lauten „mit Auszeichnung bestanden", „bestanden" und „nicht bestanden", für Einzelprüfungen „sehr gut", „gut", „befriedigend", „genügend" und „nicht genügend".[1,2]

Bei **negativer** Beurteilung[3] bestehen insgesamt drei Wiederholungsmöglichkeiten (die letzte davon kommissionell); ein Rechtsmittel steht nicht zu.[4]

Mündliche Prüfungen sind öffentlich abzuhalten.

4.6 Studienbeiträge

Studierende der Bachelorstudien und Masterstudien mit österreichischer Staatsbürgerschaft oder der eines EU-Landes[5] müssen keinen Studienbeitrag entrichten, wenn sie die vorgesehene Studienzeit pro Studienabschnitt um nicht mehr als ein Semester überschreiten.

---

1 Wenn dies bei einzelnen Lehrveranstaltungen zweckmäßiger ist, kann die Beurteilung auch „mit Erfolg bestanden" bzw. „ohne Erfolg bestanden" lauten.

2 Vgl. hiezu die im SchUG vorgesehenen Beurteilungsstufen und Beurteilungskriterien (S. 79 ff.).

3 Die Gründe für negative Beurteilungen sind zu erläutern.

4 Bei schweren Mängeln in der Durchführung kann aber beim zuständigen Organ (dies ist in der Regel die Studienkommission) binnen zwei Wochen die Aufhebung beantragt werden.

5 Auch Studierende, die in Österreich aufgrund eines völkerrechtlichen Vertrages die gleichen Rechte für den Berufszugang haben wie inländische Studierende, sind mit österreichischen Staatsbürgern gleichgestellt.

Studierende im Rahmen der Erstausbildung, auf die diese Voraussetzungen nicht zutreffen, haben einen Studienbeitrag von 363,36 Euro[1] zu entrichten (die im § 5 SchOG normierte Schulgeldfreiheit ist für den Bereich der Hochschulen nicht relevant). Unter bestimmten Voraussetzungen (z. B. für Semester, in denen die Studienzeit wegen Teilnahme an Mobilitätsprogrammen[2], mehr als zwei Monate dauernder Krankheit oder Schwangerschaft, überwiegender Kinderbetreuung oder Erwerbstätigkeit über der Geringfügigkeitsgrenze, bezogen auf das Kalenderjahr, überschritten wurde) ist der Studienbeitrag zu erlassen. Darüber entscheidet das Rektorat auf Antrag des Studierenden.[3]

Die einbezahlten Studienbeiträge verbleiben der betreffenden Pädagogischen Hochschule in der zweckgebundenen Gebarung im Sinne des § 36 Bundeshaushaltsgesetz, BGBl. I Nr. 139/2009.

Veranstaltungen (Lehrgänge) zur Fort- und Weiterbildung der Lehrer unterliegen dieser Kostenpflicht nicht.

[1] Dieser Betrag erhöht sich bei verspäteter Zahlung (innerhalb einer Nachfrist) um 10 %.

[2] Dabei muss es sich um transnationale EU-, staatliche oder universitäre Mobilitätsprogramme handeln.

[3] Gegen die Entscheidung des Rektorats ist die Beschwerde an das Bundesverwaltungsgericht zulässig. Die Beschwerde ist beim Rektorat einzubringen.

Schulpflicht-recht

1 Rechtsgrundlagen

Die Schulpflicht in Österreich (ausgenommen die land- und forstwirtschaftliche Berufsschulpflicht) wird durch das **Schulpflichtgesetz**, BGBl. Nr. 76/1985 i. d. g. F., geregelt. Dieses stellt die Wiederverlautbarung eines bereits im Jahre 1962 erlassenen und seither mehrmals novellierten Schulpflichtgesetzes dar.

Das Schulpflichtgesetz unterscheidet zwischen der jedermann betreffenden **allgemeinen** Schulpflicht und der nur bestimmte Personen betreffenden **Berufsschulpflicht**.

2 Allgemeine Schulpflicht

Die allgemeine Schulpflicht besteht für alle Kinder, die sich dauernd in Österreich aufhalten.[1] Sie beginnt mit dem auf die Vollendung des sechsten Lebensjahres folgenden 1. September und dauert **neun Schuljahre**.

2.1 Erfüllung der allgemeinen Schulpflicht

Die allgemeine Schulpflicht kann erfüllt werden

- durch Besuch von allgemeinbildenden Pflichtschulen sowie von mittleren oder höheren Schulen (einschließlich der mittleren und höheren land- und forstwirtschaftlichen Lehranstalten);

[1] Es genügt, wenn sich die betreffenden Kinder nicht nur vorübergehend in Österreich aufhalten (die Begründung eines Wohnsitzes ist hiefür nicht erforderlich). Die Mindestdauer dieses Aufenthaltes wird im Erlass des Bundesministers für Unterricht, MVBl. Nr. 104/1968, mit „mindestens einer Beurteilungsperiode" (also mit wenigstens einem Semester) festgelegt. – Bei nur vorübergehendem Aufenthalt besteht Berechtigung (aber keine Verpflichtung) zum Schulbesuch.

- durch Besuch einer Schule, die keiner gesetzlichen Schulart entspricht;[1]
- durch Teilnahme am Unterricht in einer Privatschule ohne Öffentlichkeitsrecht;
- durch Teilnahme an häuslichem Unterricht.[2,3]

Hinsichtlich der beiden letztgenannten Erfüllungsarten haben die Eltern oder sonstigen Erziehungsberechtigten[4] ihre Absicht dem zuständigen **Bezirksschulrat** vor Beginn des Schuljahres **anzuzeigen**. Dieser kann eine Untersagung aussprechen, wenn der beabsichtigte Unterricht jenem an einer öffentlichen oder einer entsprechenden mit dem Öffentlichkeitsrecht ausgestatteten Schule mit großer Wahrscheinlichkeit nicht gleichwertig ist.

Kinder, die an häuslichem Unterricht oder am Unterricht einer Privatschule ohne Öffentlichkeitsrecht teilgenommen haben, müssen den **zureichenden Schulerfolg** jährlich vor Schulschluss (im Wege einer Externistenprüfung) an einer öffentlichen oder einer entsprechenden mit dem Öffentlichkeitsrecht ausgestatteten privaten Schule **nachweisen**.

---

1 Diese Schulen müssen als zur Erfüllung der Schulpflicht geeignet anerkannt worden sein. Die Anerkennung erfolgt entweder durch zwischenstaatliche Vereinbarung (z. B. Lycée Français) oder auf Grundlage eines vom zuständigen BM erlassenen oder genehmigten Organisationsstatutes und Zuerkennung des Öffentlichkeitsrechtes (z. B. Rudolf Steiner-Schule). – Vgl. auch § 14 Abs. 2 PrivSchG (S. 165 f.). – Zum Übertritt von diesen Schulen in Schularten mit gesetzlich geregelter Schulartbezeichnung siehe den Erlass des BMBWK vom 26. 3. 2001, RS Nr. 18/2001.

2 Von der Erteilung des häuslichen Unterrichtes ist die Polytechnische Schule – nicht aber andere in Betracht kommende Schularten – ausgenommen (der Lehrplan wäre im Hinblick auf die zahlreichen berufspraktischen Unterrichtsveranstaltungen und Exkursionen im häuslichen Unterricht nur schwer zu verwirklichen).

3 Außerdem können Kinder, die nach österreichischem Recht schulpflichtig sind, unter bestimmten Voraussetzungen (§ 13 SchPflG) ihre Schulpflicht auch durch Besuch einer im Ausland gelegenen Schule erfüllen.

4 Zum Begriff der Erziehungsberechtigten siehe S. 131 f.

2.2 Aufnahme in die Volksschule zu Beginn der Schulpflicht

Die Aufnahme in die Volksschule erfolgt aufgrund der von den Erziehungsberechtigten vorzunehmenden **Anmeldung** der schulpflichtig gewordenen Kinder zur Schülereinschreibung.[1,2] Die Frist für diese Einschreibung ist jeweils vom zuständigen Landesschulrat durch Verordnung festzulegen (sie muss aber spätestens fünf Monate vor Beginn der Hauptferien enden). Als Voraussetzung zur Aufnahme in die erste Klasse der Volksschule ist ferner das Vorliegen der **Schulreife**[3] erforderlich.

Wenn sich anlässlich der Schülereinschreibung Zweifel an der Schulreife des Kindes ergeben oder die Erziehungsberechtigten eine Überprüfung der Schulreife verlangen, hat der Schulleiter zu entscheiden, ob das Kind die Schulreife besitzt. Er hat hiefür neben der persönlichen Vorstellung erforderlichenfalls ein schulärztliches, auf Verlangen oder mit Zustimmung der Erziehungsberechtigten auch ein schulpsychologisches Gutachten einzuholen.[4]

Schulpflichtige, aber nicht schulreife Kinder sind in die Vorschulstufe aufzunehmen.[5]

2.3 Vorzeitiger Besuch der Volksschule (vor Erreichung der Schulpflicht)

Kinder, die bis zum 1. März des **folgenden** Kalenderjahres das sechste Lebensjahr vollenden, sind (vorzeitig) in die erste Schulstufe aufzunehmen, wenn sie **schulreif** sind und über die für den Schulbesuch erforderliche **soziale Kompetenz** verfügen.

Die Erziehungsberechtigten müssen die **vorzeitige Aufnahme** schriftlich beim Schulleiter **beantragen** und das Kind persönlich bei diesem vorstellen. Der **Schulleiter** hat nach Einholung eines schulärztlichen (mit Zustimmung der Erziehungsberechtigten

---

1 Zur Erfassung aller Schulpflichtigen werden von den Ortsgemeinden (im sogenannten „übertragenen Wirkungsbereich") Schulpflichtmatriken geführt, wobei die Schulleitungen den Schuleintritt und Schulaustritt schulpflichtiger Kinder der die Matrik führenden Ortsgemeinde anzuzeigen haben. Der Landesschulrat, der ein Aufsichtsrecht über die Matrikenführung hat, muss dafür sorgen, dass alle schulpflichtigen Kinder erfasst werden und ihre Schulpflicht erfüllen. – In Wien wird die Schulpflichtmatrik durch den Stadtschulrat für Wien geführt.

2 Verstöße gegen die Anmeldepflicht werden (wie auch alle anderen Verstöße gegen die Schulpflicht) von der Bezirksverwaltungsbehörde als Verwaltungsübertretung bestraft.

3 Es muss die begründete Aussicht bestehen, dass das Kind dem Unterricht der ersten Schulstufe wird folgen können, ohne körperlich oder geistig überfordert zu werden. – Im Übrigen bedeutet mangelnde Schulreife noch kein Vorliegen von Behinderungen.

4 Die Entscheidung ist den Erziehungsberechtigten schriftlich unter Angabe der Gründe und Beifügung einer Belehrung über die Widerspruchsmöglichkeit bekannt zu geben. Dagegen ist binnen zwei Wochen der Widerspruch an die zuständige Schulbehörde zulässig.

5 Der Besuch der Vorschulstufe ist in die Dauer der allgemeinen Schulpflicht einzurechnen.

auch eines schulpsychologischen) **Gutachtens** unverzüglich über das Ansuchen zu **entscheiden**.[1]

Sofern sich der **Mangel** an Schulreife oder sozialer Kompetenz erst nach dem Schuleintritt des Kindes **herausstellt**, ist die vorzeitige Aufnahme zu widerrufen bzw. können die Erziehungsberechtigten das Kind vom Besuch der ersten Schulstufe abmelden. In beiden Fällen können die Erziehungsberechtigten das Kind zum Besuch der Vorschulstufe anmelden.[2]

2.4 Schulbesuch bei sonderpädagogischem Förderbedarf

Sofern ein schulpflichtiges Kind infolge physischer oder psychischer **Behinderung** dem Unterricht der Volksschule, Hauptschule, Neuen Mittelschule oder der Polytechnischen Schule ohne sonderpädagogische Förderung nicht zu folgen vermag, aber dennoch schulfähig ist, hat der Landesschulrat dessen **sonderpädagogischen Förderbedarf** festzustellen.[3]

Als **Grundlage** für diese **Feststellung** ist ein sonderpädagogisches, erforderlichenfalls auch ein schul- oder amtsärztliches Gutachten (mit Zustimmung der Erziehungsberechtigten auch ein schulpsychologisches Gutachten), einzuholen. Auch kann der Schüler (für höchstens 5 Monate) in die Volksschule, Hauptschule oder Neue Mittelschule bzw. in die Sonderschule zur Beobachtung aufgenommen werden. Sobald auf die sonderpädagogische Förderung **verzichtet** werden kann, hat der Bezirksschulrat eine diesbezügliche **Feststellung** zu treffen.[4]

Gegen die Entscheidung des Landesschulrates ist die Beschwerde an das Bundesverwaltungsgericht zulässig.

Bei Feststellung des **sonderpädagogischen** Förderbedarfes können die betreffenden Kinder die allgemeine Schulpflicht in einer für sie geeigneten Sonderschule oder

---

[1] Die Entscheidung ist den Erziehungsberechtigten schriftlich bekannt zu geben, bei Ablehnung unter Angabe der Gründe und Beifügung einer Belehrung über die Widerspruchsmöglichkeit. Dagegen ist binnen zwei Wochen der Widerspruch an die zuständige Schulbehörde zulässig.

[2] Der Besuch der Vorschulstufe ist in diesen Fällen nur dann in die Dauer der allgemeinen Schulpflicht einzurechnen, wenn während der Erfüllung der allgemeinen Schulpflicht die 9. Schulstufe erfolgreich abgeschlossen wird.

[3] Diese Feststellung kann über Antrag der Erziehungsberechtigten oder des Leiters der Schule, dem das Kind vorgestellt wurde oder dessen Schule es besucht, aber auch amtswegig, vorgenommen werden.

[4] Bei körperbehinderten und sinnesbehinderten Schülern, die in eine Sekundarschule (ausgenommen eine Sonderschule) aufgenommen wurden, ist diese Feststellung jedenfalls zu treffen, sofern die allgemeinen Aufnahmsvoraussetzungen erfüllt werden.

Sonderschulklasse[1] oder[2] in einer dem Förderbedarf entsprechenden Volks-, Haupt- oder Neuen Mittelschule oder Unterstufe der AHS erfüllen, soweit solche Schulen (Klassen) bei zumutbarem Schulweg vorhanden sind oder die Unterbringung in einem geeigneten Schülerheim möglich ist.[3,4]

Der Landesschulrat hat die Erziehungsberechtigten über die bestehenden Fördermöglichkeiten und den zweckmäßigsten Schulbesuch zu **beraten,** erforderlichenfalls auch Maßnahmen bei anderen Stellen (z. B. Landesregierung) zu beantragen, um den gewünschten Schulbesuch zu ermöglichen.

2.5 Befreiung schulpflichtiger Kinder vom Schulbesuch[5]

Sofern **medizinische Gründe** dem Schulbesuch entgegenstehen oder dieser dadurch zu einer für den Schüler unzumutbaren Belastung würde, ist der Schüler für die unumgänglich notwendige Dauer[6] vom Besuch der Schule **zu befreien.** Zuständig zur Entscheidung ist der **Landesschulrat,** in dessen Bereich das Kind wohnt; auf das Verfahren finden die oben dargestellten Grundsätze Anwendung.[7]

2.6 Schulbesuch und Fernbleiben vom Unterricht

Für den **regelmäßigen** und **pünktlichen Schulbesuch** sind die Erziehungsberechtigten der Kinder, ab dem 14. Lebensjahr auch diese selbst, verantwortlich. Verstöße (insbesondere ungerechtfertigtes Fernbleiben von der Schule nach dem Erfolglosbleiben von Maßnahmen zur Erfüllung der Schulpflicht[8]) können durch die Bezirks-

---

[1] Sonderschulklassen sind einer Volks-, Haupt- oder Neuen Mittelschule oder einer Polytechnischen Schule organisatorisch angeschlossen (vgl. S. 29 f.).

[2] Grundsätzlich besteht eine diesbezügliche Wahlmöglichkeit der Erziehungsberechtigten.

[3] Sofern keine dem Förderbedarf entsprechende Volksschule, Hauptschule, Neue Mittelschule oder Polytechnische Schule oder Unterstufe der AHS besucht wird, ist die allgemeine Schulpflicht in einer geeigneten Sonderschule oder Sonderschulklasse zu erfüllen.

[4] Im 9. Schuljahr besteht das Recht, nach dem Lehrplan des Berufsvorbereitungsjahres der Sonderschule unterrichtet zu werden, wenn dies für den Schüler die insgesamt bessere Entwicklungsmöglichkeit bietet (Entscheidung hierüber durch die Klassenkonferenz gemäß § 20 Abs. 6 SchUG).

[5] Bis zur Novelle 2006 enthielt § 15 SchPflG die Formulierung „Befreiung von der Schulpflicht wegen Schulunfähigkeit".

[6] Es muss sich bei diesem Hindernis um keinen dauerhaften Zustand handeln.

[7] Besonders zu beachten ist die Beratungspflicht des LSR. Siehe hiezu § 15 SchPflG.

[8] Dies sind Vereinbarungen mit dem Schüler und den Erziehungsberechtigten über Maßnahmen zur Vermeidung weiterer Schulpflichtverletzungen, erforderlichenfalls auch unter Einbeziehung z. B. von Beratungslehrern, Schulsozialarbeitern, Schulpsychologen und der Schulaufsicht).

verwaltungsbehörde als Verwaltungsübertretung (mit Geld-, allenfalls auch mit Freiheitsstrafen) geahndet werden, beharrliche Pflichtverletzungen können auch Maßnahmen im Sinne des Bundes-Kinder- und Jugendhilfegesetzes (siehe hiezu S. 197) nach sich ziehen.

Das **Fernbleiben** ist den Schülern nur bei gerechtfertigter **Verhinderung** sowie bei erteilter **Erlaubnis** gestattet.

Als **Rechtfertigungsgründe** für die **Verhinderung** können geltend gemacht werden:

- Erkrankung des Schülers
- mit der Gefahr der Übertragung verbundene Erkrankung von Hausangehörigen des Schülers
- Erkrankung der Eltern oder naher Angehöriger, wenn diese der Hilfe des Schülers bedürfen
- außergewöhnliche Ereignisse[1] im Leben oder in der Familie des Schülers
- Ungangbarkeit des Schulweges oder schlechte Witterung, wenn die Gesundheit des Schülers dadurch gefährdet wird[2]
- Teilnahme an Veranstaltungen der „individuellen Berufs(bildungs)orientierung“[3]

Die Erziehungsberechtigten haben die Schule (Schulleiter, Klassenvorstand oder Klassenlehrer) von jeder **Verhinderung** des Schülers (unter Angabe des Grundes) **unverzüglich** zu benachrichtigen. Diese Benachrichtigung hat auf Verlangen des Schulleiters schriftlich, bei länger als eine Woche dauernder Krankheit oder Erholungsbedürftigkeit auch unter Vorlage einer ärztlichen Bestätigung,[4] zu erfolgen.

Die **Erlaubnis** zum Fernbleiben aus begründetem Anlass[5] kann für einzelne Stunden bis zu einem Tag der **Klassenlehrer** (Klassenvorstand), für mehrere Tage bis zu einer

---

1 Alljährlich wiederkehrende Familienjubiläen u. Ä., ebenso die Verwendung des Schülers zu häuslichen, gewerblichen oder sonstigen Arbeiten, fallen nicht unter diesen Rechtfertigungsgrund.

2 Auch das Vorliegen der Alarmstufen nach dem Smogalarmgesetz, BGBl. Nr. 38/1989 i. d. g. F., ist ein Rechtfertigungsgrund in diesem Sinne.

3 Siehe § 13 b SchUG und S. 64.

4 Eine solche Bestätigung (das Zeugnis eines Privatarztes ist ausreichend) ist nur zu verlangen, sofern Zweifel an der Erkrankung oder Erholungsbedürftigkeit des Schülers bestehen (vgl. Erlass des BMUK v. 2. 12. 1983, GZ. 21.056/5-30C/83).

5 Die einzelnen Gründe sind im Gesetz nicht aufgezählt, sie unterliegen daher dem sorgfältigen pädagogischen Ermessen des Schulleiters bzw. des Klassenlehrers (Klassenvorstandes).

Woche der **Schulleiter**, für die darüber hinausgehende Zeit die zuständige **Schulbehörde** erteilen.[1]

Das Fernbleiben nicht mehr schulpflichtiger Schüler ist (in ähnlicher Weise) im Schulunterrichtsgesetz (§ 45) geregelt (siehe hiezu S. 111 f.).

2.7 Weiterbesuch der allgemeinbildenden Pflichtschule im 9. und in einem freiwilligen 10. und 11. Schuljahr

Schüler, die das Lehrziel der Volks-, Haupt-, Neuen Mittelschule oder Sonderschule im 8. Jahr ihrer allgemeinen Schulpflicht nicht erreicht haben,[2] sind im 9. und in einem freiwilligen 10. Schuljahr zum Weiterbesuch der besuchten Schule berechtigt.[3]

Wenn nach dem Weiterbesuch im freiwilligen 10. Schuljahr das Lehrziel der Hauptschule, der Neuen Mittelschule oder der Polytechnischen Schule nicht erreicht wurde, kann – mit Zustimmung des Schulerhalters und Bewilligung der zuständigen Schulbehörde – die Polytechnische Schule[4] auch in einem 11. Schuljahr besucht werden.[5]

2. 8 Pflichtschulabschluss-Prüfung

Zur Ablegung dieser Prüfung sind Personen ohne erfolgreichen Pflichtschulabschluss, d. h. all jene, die weder die 4. Klasse der Haupt- oder der Neuen Mittelschule, die 4. oder eine höhere Klasse der allgemeinbildenden höheren Schule oder die Polytechnische Schule erfolgreich abgeschlossen haben, berechtigt.[6]

---

1 Im neunten Schuljahr (jedoch nur bei Schülern der Polytechnischen Schule und der Volksschule) kann außerdem eine volle oder teilweise Befreiung vom Schulbesuch gewährt werden, wenn die Mitarbeit des Schülers im landwirtschaftlichen Betrieb der Familie unumgänglich notwendig ist (Höchstdauer der Befreiung sechs Wochen, zuständig ist der Landesschulrat).

2 Das Lehrziel wurde in Folge der Wiederholung einer oder mehrerer Schulstufen nicht erreicht.

3 Außerdem können diese Schüler auch in die Polytechnische Schule aufgenommen werden.

4 Es können auch die Haupt- oder die Neue Mittelschule weiter besucht werden.

5 Vgl. auch § 32 Abs. 2a SchUG. – Voraussetzung für diesen verlängerten freiwilligen Schulbesuch ist ein Alter unter 18 Jahren.

6 Vgl. Pflichtschulabschluss-Prüfungs-Gesetz, BGBl. I Nr. 72/2012 i. d. g. F. – Voraussetzung ist die Vollendung des 16. Lebensjahres.

3 Berufsschulpflicht

Der **Berufsschulpflicht** unterliegen alle Personen, die in einem Lehr- oder sonstigen **Ausbildungsverhältnis** im Sinne des Berufsausbildungsgesetzes[1] stehen. Sie erstreckt sich über die gesamte Dauer[2] des Lehr- oder Ausbildungsverhältnisses und ist durch Besuch einer dem Lehrberuf entsprechenden öffentlichen oder mit dem Öffentlichkeitsrecht ausgestatteten **Berufsschule** zu erfüllen.[3]

Für die Einschreibung sowie für die Erfüllung der **Berufsschulpflicht** ist neben den **Erziehungsberechtigten** und dem Berufsschulpflichtigen der jeweilige **Ausbildungsberechtigte** (Lehrberechtigter, Leiter des Ausbildungsbetriebes) **verantwortlich** (im Fall der Volljährigkeit tritt an die Stelle der Erziehungsberechtigten der Berufsschulpflichtige selbst).[4]

Hinsichtlich des Besuches einer Privatschule ohne Öffentlichkeitsrecht oder einer anderen in- oder ausländischen beruflichen Bildungseinrichtung sowie hinsichtlich des Fernbleibens gelten die einschlägigen Bestimmungen wie für die allgemeinbildenden Pflichtschulen in sinngemäßer Weise. Der Landesschulrat hat von der Prüfung über den Jahreslehrstoff am Ende eines jeden Schuljahres abzusehen, wenn der zureichende Unterrichtserfolg glaubhaft gemacht wird.

Unter bestimmten Voraussetzungen kann durch den zuständigen Landesschulrat oder den Leiter der Berufsschule auch eine Befreiung von der Berufsschulpflicht gewährt werden.[5]

---

1 Siehe hiezu S. 199 ff.

2 Endet das Lehr- oder Ausbildungsverhältnis während eines Unterrichtsjahres, kann die Berufsschule bis zum Ende dieses Unterrichtsjahres weiterbesucht werden. Darüber hinaus können Berufsschüler, die wenigstens die Hälfte der Lehrzeit in einem Lehrberuf zurückgelegt haben, die Berufsschule auch ohne Lehrverhältnis bis zum Ende der für den betreffenden Lehrberuf vorgesehenen Lehrzeit weiterbesuchen, wenn sie glaubhaft machen, dass sie keinen Lehrvertrag über die volle Ausbildungszeit abschließen konnten.

3 Unter bestimmten Bedingungen besteht auch im Bereich der Land- und Forstwirtschaft eine Berufsschulpflicht (Vgl. § 2 des Bundesgesetzes BGBl. Nr. 319/1979).

4 Die Berufsschulpflicht besteht grundsätzlich auch im Rahmen der integrativen Berufsausbildung (§ 8b BAG) sowie im Zusammenhang mit Maßnahmen (z. B. Lehrgängen) nach dem Jugendausbildungs-Sicherungsgesetz, BGBl. I Nr. 91/1998 i. d. g. F. – Vgl. hiezu auch S. 203.

5 Dies kann vor allem dann der Fall sein, wenn bereits ein gleichwertiger Unterricht besucht wurde.

Schulunterrichtsrecht

1 Vorbemerkung und Rechtsgrundlagen

Das **Schulunterrichtsrecht** betrifft die rechtliche Normierung von Unterricht und Erziehung in der Schule, also den sogenannten **„inneren“** Schulbereich.

Die gesetzliche Grundlage hiefür stellt das **Schulunterrichtsgesetz** – abgekürzt **SchUG** – dar, das erstmals am 1. September 1974 (damals unter der BGBl. Nr. 139/1974) in Kraft getreten ist und nach vier (teilweise umfangreichen) Novellierungen am 25. August 1986 unter BGBl. Nr. 472/1986 wiederverlautbart wurde.[1,2,3]

Auf Grundlage dieses Gesetzes ist eine große Zahl von **Verordnungen** ergangen, welche jeweils wichtige Teilbereiche des inneren Schulbetriebes detailliert regeln. Unter ihnen seien insbesondere die Verordnung über die **Leistungsbeurteilung**, die Verordnung über die Durchführung von **Schulveranstaltungen**, die Verordnung über die **Schulordnung**, die Verordnung über die Wahl der **Schülervertreter**, die Verordnung über die Wahl des **Schulgemeinschaftsausschusses**, die Verordnung über die Durchführung von **Aufnahms- und Eignungsprüfungen** sowie die Verordnungen über

---

[1] Bundesgesetz über die Ordnung von Unterricht und Erziehung in den im Schulorganisationsgesetz geregelten Schulen (Schulunterrichtsgesetz – SchUG), BGBl. Nr. 472/1986, i. d. F. der Novellen BGBl. Nr. 229/1988, 327/1988, 255/1989, 233/1990, 455/1992, 324/1993, 514/1993, 643/1994, 468/1995, 767/1996, BGBl. I Nr. 22/1998, 133/1998, 53/2000, 78/2001, 56/2003, 91/2005, 20/2006, 113/2006, 27/2008, 28/2008, 117/2008, 112/2009, 52/2010, 29/2011, 73/2011, 9/2012, 36/2012, 73/2012, 74/2013, 75/2013, 76/2013 und 48/2014.

[2] Auf Abweichungen, die das Schulunterrichtsgesetz für Berufstätige, Kollegs und Vorbereitungslehrgänge (BGBl. I Nr. 33/1997 i. d. g. F.) vorsieht, wird nicht Bezug genommen. Dieses gilt ausschließlich für die im SchOG geregelten öffentlichen oder mit dem Öffentlichkeitsrecht ausgestatteten in Semester gegliederten Sonderformen, insbesondere für Schulen für Berufstätige, Kollegs und Vorbereitungslehrgänge.

[3] Auf andere Quellen des Schulunterrichtsrechtes (z. B. Bundesgesetz über Schulen zur Ausbildung von Leibeserziehern und Sportlehrern, Landesgesetze betreffend land- und forstwirtschaftliche Fachschulen) kann hier nicht eingegangen werden. Diese entsprechen jedoch in weiten Teilen den Regelungen des Schulunterrichtsgesetzes.

die Durchführung der **Reifeprüfungen,** der **Reife-** und **Diplomprüfungen** sowie der **Abschlussprüfungen** an den einzelnen Schularten genannt.

Die folgende Darstellung der wichtigsten Kapitel des Schulunterrichtsrechtes beruht in erster Linie auf den **gesetzlichen** Bestimmungen. Von den **Verordnungen** kann schon aus Gründen des Umfanges des vorliegenden Studienbuches nur auf jene über die **Leistungsbeurteilung** näher eingegangen werden.

Daher ist für das Verständnis und die richtige Anwendung dieses für den Schulalltag wohl bedeutsamsten Rechtsbereiches die unmittelbare Beschäftigung mit den einschlägigen Rechtsvorschriften besonders zu empfehlen.[1]

2 Geltungsbereich und allgemeine Bestimmungen des Schulunterrichtsgesetzes

Das Schulunterrichtsgesetz gilt für die öffentlichen und die mit dem Öffentlichkeitsrecht ausgestatteten privaten Schulen der im **Schulorganisationsgesetz** geregelten **Schularten**, ausgenommen die in Semester gegliederten Sonderformen dieser Schularten.[2]

Im Bereich des land- und forstwirtschaftlichen Schulwesens ist sein Geltungsbereich auf die öffentlichen und die mit dem Öffentlichkeitsrecht ausgestatteten höheren Lehranstalten, die Fachschulen des Bundes und die Forstfachschule beschränkt.

Das SchUG (§ 2) versteht die **innere Ordnung** des Schulwesens als **Zusammenwirken** von Lehrern, Schülern und Erziehungsberechtigten zur Erfüllung der Aufgabe der österreichischen Schule im Sinne des § 2 SchOG.[3]

[1] Siehe die Literaturhinweise auf S. 208.

[2] Für diese Sonderformen gilt das SchUG-BKV. – Vgl. auch S. 55, Fußnote 2.

[3] Siehe hiezu S. 19 f. – Vgl. auch S. 3 f.

3 Aufnahme in die Schule

3.1 Aufnahme zum Schulbesuch als ordentlicher Schüler

Die Aufnahme der Schüler hat grundsätzlich zu Beginn des Unterrichtsjahres zu erfolgen.

Als **ordentliche** Schüler sind jene aufzunehmen[1], welche

- die gesetzlichen Aufnahmsvoraussetzungen[2] für die betreffende Schulart und Schulstufe erfüllen,
- die Unterrichtssprache so weit beherrschen, dass sie dem Unterricht zu folgen vermögen[3] und
- die Eignung für die betreffende Schulart besitzen (im Zweifelsfall ist ein schulärztliches oder amtsärztliches Gutachten einzuholen).

Aufnahmsbewerber, die aufgrund ihres Zeugnisses nicht berechtigt sind, die angestrebte Schulstufe zu besuchen (z. B. nach dem Besuch von Privatschulen ohne Öffentlichkeitsrecht oder nach dem Besuch von Schulen im Ausland), sind vom Schulleiter zur Ablegung einer **Einstufungsprüfung**[4] zuzulassen.

3.2 Aufnahme zum Schulbesuch als außerordentlicher Schüler

Für die Aufnahme zum außerordentlichen Schulbesuch ist erforderlich, dass der Schüler nach **Alter** und geistiger **Reife** zur Teilnahme am Unterricht der betreffenden Schulstufe **geeignet** ist und wichtige in seiner Person liegende Gründe die Aufnahme rechtfertigen (z. B. kann bei mangelnder Beherrschung der Unterrichtssprache oder bis zur Ablegung der Einstufungsprüfung eine solche Zulassung ausgesprochen werden).

---

[1] Die Aufnahme in eine öffentliche Schule erfolgt durch Verwaltungsakt, jene in eine Privatschule (auch in eine solche mit Öffentlichkeitsrecht) durch privatrechtlichen Aufnahmevertrag. – Zum Privatschulrecht siehe S. 163 ff.

[2] Gesetzliche Aufnahmsvoraussetzungen sind z. B. der erfolgreiche Abschluss einer vorangehenden Schulart mit Mindestnoten in bestimmten Pflichtgegenständen oder allenfalls die erfolgreiche Ablegung einer Aufnahmsprüfung (vgl. die im Kapitel „Schulorganisationsrecht" bei den einzelnen Schularten angeführten Aufnahmsvoraussetzungen).

[3] Gilt nicht für den Bereich der Minderheitenschulen (vgl. S. 8, Fußnote 1).

[4] Die genauen Durchführungsbestimmungen für diese Prüfung sind durch Verordnungen geregelt (siehe insbesondere die Verordnung BGBl. Nr. 347/1976 i. d. g. F.). – Im Übrigen kann diese Prüfung durch Leistungsfeststellungen im Rahmen des Unterrichtes ersetzt werden (§ 3 Abs. 6 SchUG).

Schüler, die der allgemeinen Schulpflicht unterliegen, dürfen nur für die Dauer von höchstens zwölf Monaten zum außerordentlichen Schulbesuch zugelassen werden (wenn ein ausreichendes Erlernen der Unterrichtssprache nicht möglich war, kann eine Verlängerung bis zu weiteren zwölf Monaten bewilligt werden).[1]

3.3 Aufnahmsverfahren

Das Verfahren zur Aufnahme in die Schule ist durch § 5 SchUG und eine auf dessen Grundlage zu erlassende Verordnung[2] des zuständigen Bundesministers geregelt.

Über die **Aufnahme** selbst hat jeweils der **Schulleiter** zu entscheiden.

Die für bestimmte **Schularten** vorgesehenen **Aufnahms- und Eignungsprüfungen** sind von den Aufnahmsbewerbern vor der Schulaufnahme abzulegen.[3]

Sofern in Schulen, für die kein Schulsprengel besteht, nicht alle Aufnahmswerber aufgenommen werden können, sind einheitliche Reihungskriterien zu erlassen, wobei auf die bisherigen Leistungen, die Nähe des Wohnortes sowie den allfälligen Schulbesuch durch Geschwister Bedacht zu nehmen ist.[4]

Falls auch dann noch nicht alle Bewerber aufgenommen werden können, hat die zuständige Schulbehörde erster Instanz durch entsprechende Maßnahmen (z. B. Beratung über alternative Möglichkeiten) für weitere Unterbringungen zu sorgen.[5]

Für **Pflichtschulen** (hier bestehen **Schulsprengel**) gelten besondere Bestimmungen (Schulpflichtgesetz, Pflichtschulerhaltungs-Grundsatzgesetz, Schulerhaltungsgesetze der Länder u. a.), eine Abweisung der Sprengelberechtigten ist grundsätzlich nicht möglich.

---

1 Die der allgemeinen Schulpflicht unterliegenden Schüler dürfen nicht zum bloßen Besuch einzelner Pflichtgegenstände zugelassen werden; sie haben alle Pflichtgegenstände zu besuchen.

2 Aufnahmsverfahrensverordnung, BGBl. II Nr. 317/2006 in der Fassung BGBl. II Nr. 185/2012.

3 Eine Aufnahmsprüfung kann z. B. bei der Aufnahme in eine berufsbildende höhere Schule notwendig werden (siehe S. 38 f.). Die Durchführung der Aufnahmsprüfungen ist in der Verordnung BGBl. Nr. 291/1975, zuletzt geändert durch BGBl. II Nr. 185/2012, geregelt.

4 Hiefür kann auch der Schulgemeinschaftsausschuss unter Bedachtnahme auf die Aufgaben der betreffenden Schule („Schulprofil") sowie auf allfällige Schulkooperationen nähere Bestimmungen (schulautonome Reihungskriterien) erlassen.

5 Die Fristen für die Anmeldung sind (durch die zuständige Schulbehörde) so festzulegen, dass das Aufnahmeverfahren zu Beginn der Hauptferien beendet ist (ausgenommen zwingende Gründe, etwa die Ablegung von Prüfungen, stehen entgegen).

4 Unterrichtsordnung

4.1 Klassenbildung, Klassenzuweisung, Lehrfächerverteilung

Die **Bildung der Klassen** (diese tragen in den berufsbildenden höheren Schulen die Bezeichnung „Jahrgänge") hat der **Schulleiter** unter Beachtung der Vorschriften über die Schulorganisation (vor allem auch der Bestimmungen über die Höchst- und Mindestschülerzahlen) vorzunehmen.[1]

In Schulen mit Klassenlehrersystem hat der Schulleiter die einzelnen Klassen für jedes Unterrichtsjahr einem Klassenlehrer zuzuweisen **(Klassenzuweisung)**,[2] in Schulen mit Fachlehrersystem hat er nach Besprechung der allgemeinen Gesichtspunkte in der Schulkonferenz für jede Klasse einen Lehrer als Klassenvorstand sowie die weiteren Lehrer für die lehrplanmäßig vorgesehenen Unterrichtsgegenstände zu bestellen **(Lehrfächerverteilung)**.

Bei der Klassenzuweisung und Lehrfächerverteilung hat der Schulleiter nach pädagogischen und didaktischen Gesichtspunkten vorzugehen und hiebei die Vorschriften über die Lehrverpflichtung und die Lehrbefähigung zu beachten,[3] wobei die mit diesen Erfordernissen vereinbaren Wünsche der Lehrer zu berücksichtigen sind.

Bei ganztägigen Schulformen sind auch die Gruppen für den Betreuungsteil zu bilden und diesen die erforderlichen Lehrer, Erzieher und Freizeitpädagogen zuzuweisen.

Klassenzuweisung und Lehrfächerverteilung sind der zuständigen Schulbehörde schriftlich zur Kenntnis zu bringen.

4.2 Stundenplan

Der Schulleiter hat für jede Klasse innerhalb der **ersten beiden Tage** des Unterrichtsjahres einen Plan über die zweckmäßige Aufteilung der lehrplanmäßig vorgesehenen Unterrichtsgegenstände auf die einzelnen Unterrichtsstunden **(Stundenplan)** zu erstellen und in geeigneter Weise kundzumachen.

---

1 Bei Klassen, in denen auch Schüler mit sonderpädagogischem Förderbedarf unterrichtet werden, darf der Anteil dieser Schüler nur jenes Ausmaß erreichen, in dem die jeweils entsprechende Förderung gewährleistet werden kann.

2 Ein Wechsel des Klassenlehrers von einem Unterrichtsjahr zum anderen ist nur aus zwingenden Gründen zulässig.

3 Siehe hiezu S. 178 f.

Der Stundenplan (und jede nicht nur vorübergehende Änderung) ist der zuständigen Schulbehörde schriftlich zur Kenntnis zu bringen.

Bei Verhinderung eines Lehrers hat der Schulleiter für **Supplierung,** nach Möglichkeit für Fachsupplierung, zu sorgen.[1] Ebenso hat er aus didaktischen oder anderen wichtigen Gründen eine vorübergehende Änderung des Stundenplanes (Stundentausch, Supplierung u. a.) anzuordnen, wobei die Schüler rechtzeitig in Kenntnis zu setzen sind.

4.3 Pflichtgegenstände und verbindliche Übungen[2]

Soweit der Lehrplan **alternative** Pflichtgegenstände vorsieht, haben die Schüler zwischen diesen zu **wählen.** Die Wahl hat anlässlich der Schulaufnahme, in den folgenden Schulstufen innerhalb einer vom Schulleiter zu Beginn des 2. Semesters der vorangehenden Schulstufe vorzusehenden Frist von mindestens drei Tagen und längstens einer Woche zu erfolgen (sofern die Schüler keine Wahl treffen, sind die alternativen Pflichtgegenstände zuzuweisen).

Die Wahl (bzw. die Zuweisung) gilt für **alle Schulstufen,** in denen der Gegenstand lehrplanmäßig vorgesehen ist, ein späterer Wechsel ist nur unter bestimmten Bedingungen zulässig (besondere Regelungen hinsichtlich der Wahlfrist gelten für die Polytechnische Schule und hinsichtlich der Wahlfrist und des späteren Wechsels der Wahlpflichtgegenstände an allgemeinbildenden höheren Schulen).[3]

Dieselben Bestimmungen gelten sinngemäß für **verbindliche Übungen,** bei denen für die Schüler Wahlmöglichkeiten bestehen.

Von der Teilnahme an einzelnen Pflichtgegenständen und verbindlichen Übungen hat der Schulleiter einen Schüler (über dessen Ansuchen oder von Amts wegen) zu **befreien**, wenn dieser aus **gesundheitlichen** Gründen nicht daran teilnehmen kann (im Zweifelsfall ärztliches Zeugnis erforderlich).[4] In vielen Fällen wird nach Wiedereintritt

---

1 Wenn der Schulleiter den Entfall von Unterrichtsstunden anordnen muss, hat er für eine Beaufsichtigung der Schüler bis zum stundenplanmäßig vorgesehenen Unterrichtsende zu sorgen, soweit durch die vorzeitige Beendigung des Unterrichtes eine Gefährdung der Schüler zu befürchten wäre. – Zur Aufsichtspflicht siehe S. 116 ff.

2 Zu diesen Begriffen siehe S. 22 f.

3 Siehe § 11 Abs. 1, 3 und 3a SchUG.

4 Nähere Bestimmungen über Zulässigkeit und Folgen solcher Befreiungen in den einzelnen Schularten enthält die Verordnung BGBl. Nr. 368/1974, zuletzt novelliert durch die Verordnung BGBl. II Nr. 185/2012.

des Schülers in den betreffenden Gegenstand die Ablegung einer Feststellungsprüfung (allenfalls Nachtragsprüfung)[1] notwendig werden.

Die **Befreiung** eines Schülers vom Besuch jener Pflichtgegenstände, über deren erfolgreichen Abschluss er **Zeugnisse** einer (mit Erfolg absolvierten) öffentlichen oder mit dem Öffentlichkeitsrecht ausgestatteten Schule mindestens **gleicher** Bildungshöhe vorlegt,[2] hat der Schulleiter auf Ansuchen des Schülers (bei dessen Schuleintritt) auszusprechen.[3] Dies hat auch zu erfolgen, wenn der Schüler durch Zeugnisse nachweist, dass er das betreffende Bildungsziel bereits höherwertig (z. B. an einer postsekundären Bildungseinrichtung) erlangt hat.

Die Schüler sind auch verpflichtet, lehrplanmäßig vorgesehene **Praktika,** die außerhalb des schulischen Unterrichtes zu leisten sind, in der vorgeschriebenen Zeit zu absolvieren (bei unverschuldeten Verzögerungen Aufschub bis zur letzten Schulstufe möglich). Macht der Schüler jedoch glaubhaft, dass keine entsprechende Praxismöglichkeit bestand, oder weist er nach, dass er an der Zurücklegung aus unvorhersehbaren oder unabwendbaren Gründen verhindert war, entfällt diese Verpflichtung.[4]

4.4 Freigegenstände, unverbindliche Übungen, Förderunterricht

Die Schüler können sich zur Teilnahme an Freigegenständen und unverbindlichen Übungen anmelden, wobei dieselbe **Fristsetzung** zu beachten ist wie bei den alternativen Pflichtgegenständen und verbindlichen Übungen. Die Anmeldung gilt jeweils nur für ein Unterrichtsjahr. Im Falle der negativen Beurteilung in einem Freigegenstand ist die Ablegung einer Wiederholungsprüfung zulässig.

Zum Besuch des **Förderunterrichtes** können sich jene Schüler anmelden, bei denen durch den unterrichtenden Lehrer Förderungsbedürftigkeit in bestimmten Unterrichtsgegenständen festgestellt wurde. Die Anmeldung gilt jeweils für einen Kurs, bei Wegfall der Förderungsbedürftigkeit kann sich der Schüler wieder abmelden.

---

[1] Siehe hiezu S. 81 f.

[2] In berufsbildenden mittleren und höheren Schulen hat der Schulleiter einen Schüler auch von jenen Werkstätten zu befreien, deren Lehrstoff dieser durch die Ausbildung in einem Lehrberuf (erfolgreiche Ablegung der Lehrabschlussprüfung) nachweist.

[3] Bei Bedarf kann der Landesschulrat auf Grundlage von Lehrplanvergleichen eine entsprechende Verordnung erlassen.

[4] Zur Glaubhaftmachung genügt es, von der **Wahrscheinlichkeit** der Behauptungen zu überzeugen (für einen Beweis ist hingegen die Überzeugung von der **Richtigkeit** der Behauptungen erforderlich).

Eine **Verpflichtung** zum Besuch von Förderunterricht besteht **an Hauptschulen und an Berufsschulen,** und zwar in jenen Fällen, in denen der Schüler auf den Übertritt in eine höhere Leistungsgruppe vorbereitet bzw. ein Übertritt in eine niedrigere Leistungsgruppe verhindert werden soll oder in denen in der niedrigsten Leistungsgruppe die Anforderungen in wesentlichen Bereichen nur mangelhaft erfüllt werden. An **Neuen Mittelschulen** besteht diese Verpflichtung, wenn in der 5. und 6. Schulstufe der unterrichtende Lehrer in den Pflichtgegenständen Deutsch, Mathematik und Lebende Fremdsprache den Bedarf nach einer Förderung feststellt, in der 7. und 8. Schulstufe wenn die Anforderungen der grundlegenden Allgemeinbildung nur mangelhaft erfüllt werden. – Vgl. aber auch den Förderunterricht für außerordentliche Schüler der Volksschule gemäß § 14a SchOG (siehe S. 23, Fußnote 3).

4.5 Betreuungsteil an ganztägigen Schulformen[1]

Auch für den an ganztägigen Schulformen eingerichteten Betreuungsteil ist eine Anmeldung der Schüler erforderlich. Hiefür hat der Schulleiter ebenfalls eine Frist von mindestens drei Tagen und längstens einer Woche einzuräumen.[2]

4.6 Schulveranstaltungen und schulbezogene Veranstaltungen

4.6.1 Schulveranstaltungen

Diese dienen der **Ergänzung** des lehrplanmäßigen **Unterrichtes** durch unmittelbaren und anschaulichen Kontakt zum wirtschaftlichen, gesellschaftlichen und kulturellen Leben, durch die Förderung der musischen Anlagen der Schüler und durch körperliche Ertüchtigung.

Die Verordnung[3] des Bundesministers für Unterricht und kulturelle Angelgenheiten unterscheidet zwischen Veranstaltungen bis zu einem Tag sowie mehrtägigen Veranstaltungen und enthält eine (nur beispielsweise) Aufzählung der in Betracht kommenden Aktivitäten samt den erforderlichen Richtlinien für die Durchführung und die Gewährleistung der Sicherheit.[4] Eine **Verpflichtung** zur Durchführung bestimmter Schulveranstaltungen ist **nicht** mehr vorgesehen, es bestehen nur – nach Schulstufen

[1] Siehe hiezu S. 23 f.

[2] Hinsichtlich der Anmeldungs- und Abmeldungsmodalitäten unterscheidet § 12a SchUG, ob es sich um Schulformen mit getrennter oder verschränkter Abfolge des Unterrichts- und Betreuungsteiles handelt.

[3] BGBl. Nr. 498/1995 i. d. g. F.

[4] Zum Problem „Aufsichtsführung“ siehe S. 116 ff.

und teilweise nach Schularten etwas unterschiedliche – Höchstgrenzen für Dauer und Ausmaß.[1]

Der **Schüler** ist zur Teilnahme an Schulveranstaltungen **verpflichtet,** sofern nicht

- die Vorschriften über das Fernbleiben von der Schule anzuwenden sind[2] oder
- der Schulleiter nach Anhörung der Klassenkonferenz den Schüler von der Teilnahme an der Schulveranstaltung ausgeschlossen[3] hat oder
- mit der Veranstaltung eine Nächtigung außerhalb des Wohnortes des Schülers verbunden ist.

Schüler, die an einer Schulveranstaltung aus dem letztgenannten Grund nicht teilnehmen, sind vom Schulleiter nach Möglichkeit einer anderen Klasse zu einem ersatzweisen Schulbesuch zuzuweisen.

4.6.2 Schulbezogene Veranstaltungen

Zu schulbezogenen Veranstaltungen können solche **erklärt** werden, die den lehrplanmäßigen Unterricht zwar nicht unmittelbar ergänzen, jedoch auf diesem aufbauen, der Erfüllung der Aufgabe der österreichischen Schule dienen und eine Gefährdung der Schüler weder in körperlicher noch in sittlicher Hinsicht befürchten lassen.[4]

Die Erklärung zur schulbezogenen Veranstaltung obliegt der **Schulbehörde**. Sofern nur einzelne Schulen oder Klassen betroffen sind und wegen der Teilnahme der Unterricht an höchstens drei Tagen im Unterrichtsjahr entfällt, kann die Erklärung auch durch den **Schulgemeinschaftsausschuss** bzw. durch das **Klassen**- oder **Schulforum** erfolgen, falls die Finanzierung gesichert ist und das Einverständnis der zur Durchführung der Veranstaltung erforderlichen Lehrer vorliegt.

---

[1] Die Entscheidung über die Durchführung mehrtägiger Schulveranstaltungen ist vom Klassen- oder Schulforum bzw. vom Schulgemeinschaftsausschuss zu treffen. Über die Durchführung von Veranstaltungen bis zu einem Tag entscheidet der Schulleiter, die genannten Organe der Schulpartnerschaft haben ein Beratungsrecht.

[2] Siehe hiezu S. 51 ff. und S. 111 f.

[3] Ein solcher Ausschluss ist nur zulässig, wenn aufgrund des bisherigen Verhaltens des Schülers eine Gefährdung des Schülers selbst oder anderer Personen mit großer Wahrscheinlichkeit zu erwarten ist.

[4] Hinsichtlich der Rechtswirkungen (z. B. Aufsichtspflicht, Unfallversicherung) besteht kein grundsätzlicher Unterschied zu den Schulveranstaltungen, da auch die schulbezogenen Veranstaltungen unter der Autorität der Schule stattfinden. – Für Veranstaltungen auf völlig privater Basis trifft dies jedoch nicht zu.

Die Teilnahme an schulbezogenen Veranstaltungen bedarf der vorherigen Anmeldung durch den Schüler (danach besteht Teilnahmeverpflichtung).[1]

Als **Beispiele** für schulbezogene Veranstaltungen seien Wettbewerbe in einzelnen Gegenstandsbereichen (z. B. Sportwettkämpfe, Mathematikolympiaden) auf regionaler, aber auch überregionaler oder internationaler Ebene genannt.

4.7 Individuelle Berufs(bildungs)orientierung

Diese ist in der 8. Schulstufe, der 9. Klasse der Sonderschule und in der Polytechnischen Schule vorgesehen und hat – aufbauend auf lehrplanmäßigem Unterricht – der lebens- und berufsnahen Information über die Berufswelt und über schulische und außerschulische Angebote der Berufsbildung[2] zu dienen. Darüber hinaus ist die Reife der Schüler für die Berufswahl zu fördern.

Die Schüler sind nach Alter und Reife sowie den sonstigen Umständen entsprechend zu beaufsichtigen,[3,4] ihre Eingliederung in den Arbeitsprozess ist aber unzulässig.

4.8 Unterrichtsmittel

Unterrichtsmittel sind **Hilfsmittel** zur Unterstützung oder Bewältigung von Teilaufgaben des Unterrichtes oder zur Sicherung des Unterrichtsertrages.

Der Lehrer darf nur solche Unterrichtsmittel **einsetzen**, die nach dem Ergebnis seiner gewissenhaften **Prüfung** nach Inhalt und Form dem Lehrplan der betreffenden Schulstufe sowie der Kompetenzorientierung der Schulart entsprechen, nach Material, Darstellung und sonstiger Ausstattung zweckmäßig und für die Schüler der betreffenden Schulstufe geeignet sind[5] **oder** die durch den zuständigen Bundesminister als für den Unterrichtsgebrauch **geeignet erklärt** worden sind.

---

1 Untersagungsmöglichkeit wegen Gefährdung (siehe S. 63, Fußnote 3), wegen Nichterfüllung der Teilnahmevoraussetzungen oder wenn der erfolgreiche Abschluss der Schulstufe in Frage steht.

2 Diese können neben Angeboten der Wirtschaft (z. B. „Schnupperlehre") auch solche des berufsbildenden Schulwesens sein.

3 Die Beaufsichtigung ist nicht durch den unterrichtsführenden Lehrer, sondern durch andere geeignete Personen (z. B. Eltern, Unterrichtspraktikanten) gemäß § 44a SchUG wahrzunehmen. – Vgl. auch S. 63, Fußnote 4.

4 Einzelnen Schülern kann die Erlaubnis zum Fernbleiben vom Unterricht (im Ausmaß bis zu 5 Tagen) erteilt werden.

5 Die konkrete Entscheidung über den Einsatz eines bestimmten (nicht approbierten) Unterrichtsmittels hat der Lehrer also eigenverantwortlich zu treffen (allerdings kann diese Entscheidung nicht im weisungsfreien Raum stattfinden. – Siehe hiezu auch S. 7 und 177 f.).

Die Eignungserklärung (Approbation) erfolgt auf Antrag des Urhebers, Herausgebers, Verlegers oder Herstellers des betreffenden Unterrichtsmittels; der Bundesminister hat vor der Erlassung seiner Entscheidung die Expertise einer **Gutachterkommission**[1] einzuholen. Die Approbation darf sich nicht auf Lesestoffe (Originaltexte der Literatur) sowie auf Arbeitsmittel (z. B. Zeichen- und Rechenbehelfe) beziehen.[2]

Die Schulkonferenz[3] hat festzulegen, mit welchen Unterrichtsmitteln (ausgenommen Lesestoffe und Arbeitsmittel) die Schüler auszustatten sind.[4] Lesestoffe und Arbeitsmittel sind jeweils vom Lehrer nach den Erfordernissen des Lehrplanes zu bestimmen (hiebei kann er Richtlinien hinsichtlich der Art, Größe und Ausstattung der Arbeitsmittel geben).[5]

Das Schulforum bzw. der Schulgemeinschaftsausschuss kann Richtlinien zur Wiederverwendung von Schulbüchern in der Schule erstellen.

4.9 Unterrichtssprache

Unterrichtssprache ist die **deutsche** Sprache. **Besondere** Regelungen bestehen für jene Schulen, die vornehmlich für sprachliche **Minderheiten**[6] eingerichtet sind.

Ferner kann an **Privatschulen** eine andere als die deutsche Sprache als Unterrichtssprache vorgesehen werden (insbesondere auch aufgrund zwischenstaatlicher Vereinbarungen)[7]. Darüber hinaus kann die zuständige Schulbehörde auf Antrag des Schulleiters die Verwendung einer lebenden Fremdsprache als Unterrichtssprache auch an einer öffentlichen Schule anordnen (z. B., wenn dies zur besseren Ausbildung in der betreffenden Fremdsprache zweckmäßig erscheint). Diese Anordnung kann sich auch nur auf einzelne Klassen oder einzelne Unterrichtsgegenstände beziehen.

---

1 Der Bundesminister ist jedoch an das Gutachten der Kommission nicht gebunden.

2 Ebenso bedürfen Unterrichtsmittel für den Religionsunterricht keiner **staatlichen** Approbation.

3 An Volksschulen, Neuen Mittelschulen, Hauptschulen und Sonderschulen kommt diese Aufgabe dem Schulforum zu, an Schulen, die in Abteilungen gegliedert sind, der Abteilungskonferenz.

4 Dabei haben die Schülervertreter ein Mitentscheidungsrecht (S. 127).

5 Über den Einsatz von Lesestoffen und Arbeitsmitteln hat daher immer der Lehrer selbst zu entscheiden (siehe jedoch die Einschränkung S. 64, Fußnote 5).

6 Vgl. S. 8, Fußnote 1.

7 Eine solche zwischenstaatliche Vereinbarung ist z. B. das Regierungsübereinkommen betreffend die Verfassung des Lycée Français in Wien, BGBl. Nr. 44/1983.

5 Unterrichtsarbeit und Schülerbeurteilung

5.1 Unterrichtsarbeit

Das Schulunterrichtsgesetz[1] verpflichtet den Lehrer zu **eigenständiger**[2] und **verantwortlicher** Unterrichts- und Erziehungsarbeit bei der Erfüllung der Aufgabe der österreichischen Schule[3].

Dabei hat er entsprechend dem **Lehrplan** der betreffenden Schulart sowie unter Berücksichtigung der Entwicklung der Schüler und der äußeren Gegebenheiten[4]

- den Lehrstoff dem Stand der Wissenschaft gemäß zu vermitteln,[5]
- eine gemeinsame Bildungswirkung aller Unterrichtsgegenstände anzustreben,[6]
- den Unterricht anschaulich und gegenwartsbezogen zu gestalten,
- die Schüler zur Selbsttätigkeit und zur Mitarbeit in der Gemeinschaft anzuleiten,
- jeden Schüler zu den seinen Anlagen entsprechenden besten Leistungen zu führen und
- den Unterrichtsertrag durch geeignete Methoden[7] und durch zweckmäßigen Einsatz von Unterrichtsmitteln zu sichern und durch Übungen zu festigen.

Für Kinder mit sonderpädagogischem Förderbedarf hat der Landesschulrat (im Rahmen seiner sachlichen und örtlichen Zuständigkeit) zu entscheiden, ob und in welchem Ausmaß diese nach dem Lehrplan einer anderen Schulart zu unterrichten sind (die Entscheidung, ob und in welchen Gegenständen diese Schüler nach dem Lehrplan

---

[1] Siehe § 17 SchUG.

[2] Diese Eigenständigkeit beinhaltet jedoch keine prinzipielle Weisungsfreiheit (vgl. S. 177 f.). Ebenso wenig kann Art. 17 StGG („Die Wissenschaft und ihre Lehre ist frei") für den Unterricht an den im SchOG geregelten sowie an vergleichbaren Schularten in Anspruch genommen werden.

[3] Diese Aufgabe ist in § 2 SchOG definiert (siehe S. 19 f.). – Siehe aber auch Art. 14 Abs. 5a und 6 B-VG (S. 3).

[4] Darunter wird insbesondere die Bedachtnahme auf die Organisationsform der Schule, die Klassenschülerzahl sowie die materielle Ausstattung der Schule zu verstehen sein.

[5] Schon diese Aufgabe schließt wohl auch die Verpflichtung zur Fortbildung ein. – Vgl. in diesem Zusammenhang die dem Lehrer durch § 51 Abs. 2 SchUG auferlegte Pflicht zum Besuch der erforderlichen Fort- und Weiterbildung. Zu weiteren Aufgaben siehe auch S. 116.

[6] Hiefür ist die Abhaltung fächerübergreifender pädagogischer Konferenzen besonders empfehlenswert.

[7] Die Auswahl der konkreten Methode obliegt also dem Lehrer („Methodenfreiheit"). – Vgl. jedoch auch S. 64, Fußnote 5.

einer anderen als der ihrem Alter entsprechenden Schulstufe unterrichtet werden sollen, hat die Schulkonferenz zu treffen).[1]

5.1.1 Bildungsstandards

Bildungsstandards sind Lernergebnisse, die auf grundlegenden Kompetenzen entsprechend dem Lehrplan eines oder mehrerer Pflichtgegenstände basieren und über die Schüler zum Ende der 4. oder 8. Schulstufe verfügen sollen. Sie sollen Aufschlüsse über den Erfolg des Unterrichts geben, eine nachhaltige Ergebnisorientierung bei der Planung und Durchführung des Unterrichts bewirken, der Diagnostik als Grundlage der individuellen Förderung dienen, zur Qualitätsentwicklung der Schule und zur Weiterentwicklung des Schulwesens beitragen. Sie sind bei der Planung und Gestaltung des Unterrichts zu berücksichtigen.

Überprüfungen der Bildungsstandards sollen seit dem Schuljahr 2011/12 für die 8. Schulstufe in den Gegenständen Deutsch, Englisch und Mathematik und seit dem Schuljahr 2012/13 für die 4. Schulstufe in den Gegenständen Deutsch, Lesen, Schreiben und Mathematik in jeweils dreijährigem Abstand durchgeführt werden. Die Überprüfungen bestehen aus Tests mit schriftlich zu lösenden Aufgaben in mathematischen und mündlich zu lösenden Aufgaben in sprachlichen Unterrichtsgegenständen. Die Ergebnisse dürfen nicht auf den einzelnen Schüler zurückgeführt werden können und dürfen auch nicht in die Leistungsbeurteilung der Schüler einbezogen werden.[2]

5.2 Hausübungen

Zur Ergänzung der Unterrichtsarbeit können den Schülern auch **Hausübungen** aufgetragen werden, die jedoch so **vorzubereiten** sind, dass sie von den Schülern ohne Hilfe anderer durchgeführt werden können.[3]

Bei der Festsetzung des Ausmaßes der Hausübungen ist auf die Belastbarkeit der Schüler (insbesondere im Hinblick auf die Zahl der Unterrichtsstunden an den betref-

---

1 Innerhalb der Grundstufe I der Volksschule und der nach dem Lehrplan der Volksschule geführten Sonderschule sowie innerhalb der ersten drei Schulstufen der Allgemeinen Sonderschule können die Schüler während des Unterrichtsjahres in die nächsthöhere oder nächstniedrigere Schulstufe wechseln, wenn dies der Lernsituation besser entspricht und keine Unter- oder Überforderung zu befürchten ist (Entscheidung trifft Schulkonferenz auf Antrag des Klassenlehrers oder der Erziehungsberechtigten).

2 Bei diesen Erhebungen kann die Mitwirkung des BIFIE (S. 16) in Anspruch genommen werden.

3 Im Unterricht nicht bewältigter Lehrstoff darf also keinesfalls in den häuslichen Bereich „abgeschoben“ werden.

fenden Schultagen, auf Hausübungen in anderen Unterrichtsgegenständen sowie auf Schulveranstaltungen) Bedacht zu nehmen.

Die **Beurteilung** der Hausübungen erfolgt im Rahmen der **Beurteilung** der **Mitarbeit** des Schülers (siehe das folgende Kapitel).

Hausübungen, die an Samstagen, Sonn- und Feiertagen oder während der Weihnachts-, Semester-, Oster-, Pfingst- oder Hauptferien erarbeitet werden müssten, dürfen nicht aufgetragen werden.[1]

5.3 Leistungsfeststellung und Leistungsbeurteilung[2]

5.3.1 Grundsätze und Rechtsgrundlagen

Die Begriffe **Leistungsfeststellung** und **Leistungsbeurteilung** sind genau **auseinanderzuhalten**:

Während die Leistungsfeststellung die **Art** und **Weise** darstellt, **wie** eine Leistung ermittelt wird (durch Feststellung der Mitarbeit, durch Schularbeiten, durch mündliche Prüfungen u. a.), handelt es sich bei der Leistungsbeurteilung um die sachverständige **Qualifikation** der ermittelten Leistung durch Subsumption (= Einordnung) unter die gesetzlich vorgesehenen Beurteilungsstufen (Noten).[3]

Als wichtigste Rechtsgrundlage ist neben dem SchUG (insbesondere dessen §§ 18 bis 24) die **Leistungsbeurteilungsverordnung**[4] zu nennen.

---

1 Ausgenommen von diesem Verbot sind die lehrgangsmäßigen Berufsschulen.

2 Für eine ausführliche Darstellung dieser Themen mit pädagogischen Hilfestellungen für die Schulpraxis siehe auch: Neuweg, Georg Hans (2014). Schulische Leistungsbeurteilung (5. akt. u. erw. Aufl.). Linz: Trauner.

3 Mit der vom Lehrer vorgenommenen und in der Note zum Ausdruck kommenden Beurteilung der Leistung sind die entsprechenden Rechtsfolgen unmittelbar verbunden. Da der Lehrer damit auch eine rechtserhebliche Sachentscheidung selbst trifft, handelt es sich bei der Leistungsbeurteilung nicht allein um ein Sachverständigengutachten (ein solches würde – vgl. §§ 52 ff. AVG – nur eines der vorgesehenen Beweismittel darstellen, während die rechtserhebliche Sachentscheidung durch das zuständige behördliche Organ, jedoch nicht durch den Sachverständigen, zu treffen wäre).

4 Verordnung des Bundesministers für Unterricht und Kunst v. 24. Juni 1974, BGBl. Nr. 371 i. d. F. BGBl. Nr. 439/1977, 413/1982, 216/1984, 395/1989, 492/1992, BGBl. II Nr. 35/1997, Nr. 185/2012 und Nr. 255/2012, über die Leistungsbeurteilung in Pflichtschulen sowie mittleren und höheren Schulen (Leistungsbeurteilungsverordnung). – Da aus dieser Verordnung zahlreiche Detailregelungen für die einzelnen Schularten hervorgehen und es sich bei der Leistungsbeurteilung um einen besonders sensiblen Rechtsbereich handelt, der nicht selten Gegenstand von Beschwerden und Rechtsmittelverfahren ist, darf die Beschäftigung mit dieser Rechtsquelle (siehe auch die Literaturhinweise auf S. 208) besonders angeraten werden.

5.3.2 Allgemeines zur Leistungsfeststellung

- Alle Leistungsfeststellungen sind auf den Beurteilungszeitraum möglichst gleichmäßig zu **verteilen** und dürfen nur nach den im Lehrplan festgelegten Bildungs- und Lehraufgaben ausgerichtet werden und nur den bis zum Zeitpunkt der jeweiligen Leistungsfeststellung in der betreffenden Klasse durchgenommenen Lehrstoff umfassen.
- Die Leistungsfeststellungen haben (ausgenommen Wiederholungs- und Nachtragsprüfungen, ferner Schularbeiten, die außerhalb der Unterrichtszeit nachgeholt werden müssen) **während** der **Unterrichtszeit** stattzufinden und sind so in den Unterricht einzubauen, dass auch die übrigen Schüler daraus Nutzen ziehen können. An den letzten drei Tagen vor einer Beurteilungskonferenz (vgl. S. 82) dürfen (ausgenommen an Berufsschulen) Leistungsfeststellungen nur aus wichtigen Gründen und nur mit Bewilligung des Schulleiters durchgeführt werden.
- Die einzelnen **Formen** der Leistungsfeststellungen sind grundsätzlich **gleichwertig,** wobei jedoch Anzahl, stofflicher Umfang und Schwierigkeitsgrad der jeweiligen Leistungsfeststellung zu berücksichtigen sind.
- **Über** die **vorgeschriebenen**[1] Leistungsfeststellungen hinaus hat der Lehrer **nur** so viele mündliche und schriftliche Leistungsfeststellungen vorzusehen, wie für eine sichere Leistungsbeurteilung für das Semester oder die Schulstufe **unbedingt notwendig** sind.
- Soweit der Schüler eine Leistung wegen einer körperlichen **Behinderung** nicht erbringen kann oder durch die Leistungsfeststellung gesundheitlich gefährdet würde, ist die betreffende Leistungsfeststellung **nicht** durchzuführen.[2]

5.3.3 Formen der Leistungsfeststellung

Zur Beurteilung der Leistungen der Schüler hat der Lehrer die nachstehenden (Z. 5.3.3.1 bis 5.3.3.5) **Formen** der Leistungsfeststellungen heranzuziehen[3].

---

[1] Dies sind in erster Linie die lehrplanmäßig vorgesehenen Leistungsfeststellungen (insbesondere Schularbeiten, allenfalls auch Diktate oder mündliche Übungen) sowie auf Wunsch des Schülers durchzuführende mündliche und praktische Prüfungen. In den übrigen Fällen kann mit der Beurteilung aus der Feststellung der Mitarbeit das Auslangen (auch für die Semester- und die Jahresnote) gefunden werden.

[2] Vgl. auch S. 77.

[3] Andere als diese Formen dürfen der Leistungsbeurteilung nicht zugrunde gelegt werden (solche könnten dem Lehrer allenfalls als Informationsfeststellungen darüber dienen, auf welchen Stoffgebieten noch ergänzende Unterrichtsarbeit erforderlich ist).

5.3.3.1 Feststellung der Mitarbeit im Unterricht[1]

Diese ist in **jedem** Unterrichtsgegenstand durchzuführen, umfasst die **gesamte Unterrichtsarbeit** und erstreckt sich auf

- in die Unterrichtsarbeit eingebundene mündliche, schriftliche, praktische und grafische Leistungen,
- Leistungen im Zusammenhang mit der Sicherung des Unterrichtsertrages einschließlich der Bearbeitung von Hausübungen,
- Leistungen bei der Erarbeitung neuer Lehrstoffe sowie
- Leistungen im Zusammenhang mit der Fähigkeit, Erarbeitetes richtig einzuordnen und anzuwenden.

Die einzelnen Leistungen sind jedoch nicht gesondert zu benoten.

Aufzeichnungen über die genannten Leistungsfeststellungen sind so oft und so eingehend vorzunehmen, wie dies für die Leistungsbeurteilung erforderlich ist.[2]

5.3.3.2 Mündliche Leistungsfeststellungen

Diese sind **mündliche Prüfungen** und **mündliche Übungen**.

- **Mündliche Prüfungen:**
  - Diese bestehen aus mindestens **zwei**[3] voneinander möglichst unabhängigen an einen bestimmten Schüler gerichteten **Fragen**, die jeweils ein oder mehrere Stoffgebiete betreffen können. Die Prüfungen sind dem Schüler spätestens zwei Unterrichtstage vorher (an ganzjährigen Berufsschulen spätestens am letzten Unterrichtstag der vorhergehenden Woche) **anzukündigen.**[4]
  - Die **Dauer** der einzelnen mündlichen Prüfung darf in den allgemeinbildenden Pflichtschulen, in der Unterstufe der AHS und in den Berufsschulen höchstens

---

[1] In die Feststellung der Mitarbeit sind (soweit individuell zuordenbar) auch die Leistungen aus Partner- und Gruppenarbeit einzubeziehen.

[2] Eine bestimmte Zahl ist – schon im Hinblick auf die unterschiedlichen Erfordernisse in den einzelnen Schularten und Unterrichtsgegenständen – weder im SchUG noch in der Leistungsbeurteilungsverordnung festgelegt. Dennoch handelt es sich bei der Führung dieser Aufzeichnungen um eine Dienstpflicht, die durch Weisung des Schulleiters oder der Schulaufsicht näher bestimmt und auch überprüft werden kann. – Unterscheide diese Aufzeichnungen jedoch von Protokollen, die z. B. bei Wiederholungsprüfungen zu führen sind (vgl. auch S. 149).

[3] Die Prüfung ist in jedem Fall zeitlich so einzurichten, dass auch die zweite Frage noch in angemessener Weise behandelt werden kann.

[4] Dies soll möglichst namentlich erfolgen. Eine abstrakte Ankündigung (z. B. „... ab nächster Woche wird geprüft") ist keinesfalls ausreichend.

10 Minuten, ansonsten höchstens 15 Minuten betragen (in den berufsbildenden mittleren und höheren Schulen ist in den technischen Unterrichtsgegenständen auch eine angemessene Vorbereitungszeit zu gewähren).

- Stoffgebiete, die zu einem weiter **zurückliegenden** Zeitpunkt durchgenommen wurden, dürfen (ausgenommen im Rahmen von Feststellungs-, Nachtrags- und Wiederholungsprüfungen) nur **übersichtsweise** geprüft werden, sofern diese nicht Voraussetzung[1] für die Behandlung der betreffenden Prüfungsaufgaben sind.
- Auf **Fehler,** die während einer mündlichen Prüfung auftreten, ist sogleich hinzuweisen, sofern diese die weitere Lösung der Aufgabe wesentlich beeinflussen.
- In die mündliche Prüfung dürfen auch praktische und grafische Arbeitsformen (z. B. Tätigkeiten am Computer oder projektorientierte Arbeit) einbezogen werden.
- Das **Recht** auf **eine** mündliche Prüfung hat jeder Schüler in jedem Unterrichtsgegenstand[2] und in jedem Semester (in lehrgangsmäßigen und saisonmäßigen Berufsschulen in jedem Unterrichtsjahr), wenn er seinen Wunsch so rechtzeitig bekannt gibt, dass die Durchführung der Prüfung möglich ist.[3]
- **Unzulässig** ist die Durchführung mündlicher Prüfungen in der ersten bis vierten Klasse der Volksschule sowie generell in einer Reihe von Unterrichtsgegenständen (z. B. Bewegung und Sport[4], Geometrisches Zeichnen, Kurzschrift, Werkerziehung u. a.), wobei diesbezüglich die Detailregelungen hinsichtlich der einzelnen Schularten etwas voneinander abweichen.[5]

- **Mündliche Übungen:**
  - Im Rahmen einer mündlichen Übung hat der Schüler ein im Lehrplan vorgesehenes Stoffgebiet oder ein Thema aus dem eigenen Erlebnis- oder Erfahrungs-

---

1 Dies wird vor allem für die Beherrschung von Grundlagenwissen zutreffen.

2 Ausgenommen sind jene Unterrichtsgegenstände, in denen die Durchführung mündlicher Prüfungen unzulässig ist.

3 Die Verpflichtung des Lehrers, bei drohender Beurteilung mit „Nicht genügend" jedenfalls eine mündliche Prüfung durchzuführen, besteht nicht mehr.

4 Früher „Leibesübungen" bzw. „Leibeserziehung".

5 Ferner dürfen mündliche Prüfungen nicht an einem unmittelbar auf mindestens drei aufeinanderfolgende schulfreie Tage folgenden Tag abgehalten werden (dies gilt nicht für ganzjährige Berufsschulen sowie dann, wenn sich der Schüler freiwillig zur Prüfung meldet). Dieselbe Regelung gilt für Schüler, die an einer mehrtägigen Schulveranstaltung oder einer mehrtägigen schulbezogenen Veranstaltung teilgenommen haben. In den allgemeinbildenden Pflichtschulen und in der Unterstufe der AHS darf am selben Unterrichtstag neben der mündlichen Prüfung auch keine schriftliche Leistungsfeststellung (und höchstens noch eine weitere mündliche Prüfung) stattfinden.

bereich systematisch und zusammenhängend (als **Referat**, **Redeübung** etc.) zu behandeln, wobei die Aufgabe spätestens eine Woche vorher festzulegen ist.[1]

- Auch praktische und grafische Arbeitsformen (z. B. Tätigkeiten am Computer oder projektorientierte Arbeit) dürfen in die mündliche Übung einbezogen werden.
- Sofern im Lehrplan mündliche Übungen nicht obligatorisch vorgesehen sind, obliegt deren Durchführung dem pädagogischen Ermessen des Lehrers.

5.3.3.3 Schriftliche Leistungsfeststellungen

Diese sind **Schularbeiten** sowie **schriftliche Überprüfungen** (Letztere gliedern sich in **Tests** und **Diktate**).

- **Schularbeiten:**
  - Die **Anzahl** der Schularbeiten (gegebenenfalls auch deren Aufteilung über die jeweilige Schulstufe) ist für die betreffenden Unterrichtsgegenstände dem Lehrplan zu entnehmen.
  - Die **Termine** sind vom Lehrer mit Zustimmung des Schulleiters festzusetzen, den Schülern nachweislich bekannt zu geben und im Klassenbuch zu vermerken (Terminänderungen haben in gleicher Weise zu erfolgen)[2]. Hiebei darf (ausgenommen an ganzjährigen Berufsschulen) an einem auf mindestens drei aufeinanderfolgende schulfreie Tage, auf eine mehrtägige Schulveranstaltung oder eine mehrtägige schulbezogene Veranstaltung unmittelbar folgenden Schultag keine Schularbeit angesetzt werden. Ferner bestehen (für die einzelnen Schularten unterschiedliche) **Beschränkungen** der Zahl der Schularbeiten, die an einem Schultag oder innerhalb einer Woche stattfinden dürfen (z. B. in den berufsbildenden mittleren und höheren Schulen nicht mehr als eine Schularbeit an einem Schultag und nicht mehr als drei in einer Woche).
  - Die **Dauer** einer Schularbeit beträgt, sofern im Lehrplan nicht anderes vorgesehen ist, eine Unterrichtsstunde.
  - Die **Aufgabenstellung** hat mindestens zwei Aufgaben mit voneinander unabhängigen Lösungen zu umfassen.[3]

---

1 Hinsichtlich der Dauer gelten dieselben Regelungen wie bei den mündlichen Prüfungen (S. 70 f.).

2 Die Terminfestlegung hat im 1. Semester innerhalb von vier Wochen, im 2. Semester binnen zwei Wochen nach Semesterbeginn (an lehrgangsmäßigen Berufsschulen innerhalb der ersten Woche jedes Lehrganges) zu erfolgen.

3 Dies gilt nicht, wenn wesentliche fachliche Gründe dagegen sprechen (z. B. bei Themen in der Unterrichtssprache und – nach dem Anfangsunterricht – in den Fremdsprachen).

- Die zu prüfenden **Lehrstoffgebiete** sind den Schülern mindestens eine Woche (an lehrgangsmäßigen Berufsschulen mindestens zwei Unterrichtstage) vor der Schularbeit bekannt zu geben. Der in den letzten beiden Unterrichtsstunden (an den Berufsschulen am letzten Unterrichtstag) vor der Schularbeit behandelte neue Lehrstoff darf nicht Gegenstand der Schularbeit sein.
- **Aufgabenstellungen** und Texte für die Schularbeit sind jedem Schüler in vervielfältigter Form vorzulegen, wobei nur kurze und einfache Themenstellungen (z. B. Aufsatzthemen) und jene Aufgabenstellungen ausgenommen sind, bei denen die schriftliche Vorlage nicht möglich ist (z. B. Texte von Diktaten).
- Zur Vorbereitung auf die Reifeprüfung bzw. Reife- und Diplomprüfung können in Gegenständen, in denen die Klausurarbeiten standardisiert durchgeführt werden, für Schularbeiten vom Bundesministerium für Bildung und Frauen empfohlene standardisierte Testformate verwendet werden.[1]
- Sofern ein Schüler in einem Unterrichtsgegenstand mehr als die Hälfte der Schularbeiten in einem Semester **versäumt** hat, muss er **eine** Schularbeit nachholen (falls dies im betreffenden Semester möglich ist).[2]
- Die Schularbeiten sind den Schülern innerhalb einer Woche korrigiert und beurteilt **zurückzugeben** (Fristerstreckung um höchstens eine Woche in begründeten Fällen und mit Zustimmung des Schulleiters). Die Arbeiten sind von den Schülern zu verbessern, den Erziehungsberechtigten ist Gelegenheit zur Einsichtnahme zu geben.[3] Danach sind die Arbeiten an den Lehrer zurückzustellen (und in der Schule ein Jahr über das Ende des betreffenden Schuljahres hinaus aufzubewahren).
- Wenn die Leistungen von **mehr** als der **Hälfte** der Schüler[4] mit „Nicht genügend" zu beurteilen sind, so ist die Schularbeit mit neuer Aufgabenstellung, jedoch aus demselben Lehrstoffgebiet, einmal zu **wiederholen.** Die Wiederholung hat innerhalb von zwei Wochen (an lehrgangsmäßigen Berufsschulen innerhalb einer Woche) nach Rückgabe der Schularbeit stattzufinden (der Termin ist bei Rückgabe der zu wiederholenden Arbeit festzusetzen[5] und im Klassenbuch zu

---

1 In diesen Fällen erfolgen die Korrektur und Beurteilung entsprechend den Korrektur- und Beurteilungsanleitungen der standardisierten Testformate.

2 In der Oberstufe der AHS sowie in den Bildungsanstalten für Kindergartenpädagogik und den Bildungsanstalten für Sozialpädagogik sind in jenen Gegenständen, in denen mehr als eine Schularbeit im Semester vorgesehen ist, so viele nachzuholen, dass jedenfalls zwei Schularbeiten je Semester erbracht werden. – In den Berufsschulen genügt es, dass eine Schularbeit erbracht wurde, wenn aufgrund der übrigen Leistungsfeststellungen eine sichere Beurteilung für die Schulstufe möglich ist.

3 Nicht bei getrenntem Wohnort sowie bei Eigenberechtigung des Schülers.

4 Nämlich jener Schüler, die an der Schularbeit tatsächlich teilgenommen haben.

5 In diesem Fall ist auch eine Überschreitung der je Schultag oder Woche zulässigen Höchstzahl möglich.

vermerken). Zur Beurteilung ist nur jene Arbeit heranzuziehen, bei welcher der Schüler die bessere Leistung erbracht hat.

- **Schriftliche Überprüfungen (Tests, Diktate[1]):**
  - Die schriftlichen Überprüfungen haben jeweils ein in sich abgeschlossenes **kleineres Stoffgebiet** zu behandeln und sind dem Schüler spätestens zwei Unterrichtstage vorher (in ganzjährigen Berufsschulen spätestens am letzten Unterrichtstag der vorhergehenden Woche) **bekannt zu geben** (die Durchführung ist im Klassenbuch zu vermerken).
  - Die **Arbeitszeit** für die einzelne schriftliche Überprüfung darf in den allgemeinbildenden Pflichtschulen und in der Unterstufe der AHS 15 Minuten, in der Oberstufe der AHS 20 Minuten, ansonsten 25 Minuten nicht überschreiten.
  - Die **Gesamtarbeitszeit** aller schriftlichen Überprüfungen je Unterrichtsgegenstand darf in den allgemeinbildenden Pflichtschulen sowie in der Unterstufe der AHS höchstens 30 Minuten, in der Oberstufe der AHS sowie in den Bildungsanstalten für Kindergartenpädagogik und den Bildungsanstalten für Sozialpädagogik höchstens 50 Minuten, in den berufsbildenden mittleren und höheren Schulen höchstens 80 Minuten, jeweils in jedem Semester, sowie in den Berufsschulen höchstens 50 Minuten im Unterrichtsjahr betragen.
  - Die Durchführung schriftlicher Überprüfungen ist **unzulässig**, sofern am selben Schultag bereits eine Schularbeit oder eine schriftliche Überprüfung in der betreffenden Klasse stattfindet (an Berufsschulen sind jedoch auch zwei schriftliche Leistungsfeststellungen an einem Schultag erlaubt). Ferner sind die Einschränkungen bezüglich der Durchführung nach schulfreien Tagen und nach Schulveranstaltungen in gleicher Weise wie bei Schularbeiten zu beachten.
  - In **bestimmten** Unterrichtsgegenständen (z. B. Bewegung und Sport[2], Werkerziehung) ist die Durchführung schriftlicher Überprüfungen unzulässig, wobei für die einzelnen Schularten teilweise unterschiedliche Detailregelungen bestehen.
  - Besonders zu beachten ist, dass **Tests** in jenen Unterrichtsgegenständen **nicht** durchgeführt werden dürfen, in denen mehr als eine **Schularbeit** je Semester vorgesehen ist. An den AHS und den Berufsschulen sind Tests in Unterrichtsgegenständen mit Schularbeiten überhaupt verboten.

---

1 Diktate sind in der Unterrichtssprache, in den lebenden Fremdsprachen, in Musikerziehung, in Kurzschrift sowie in Textverarbeitung vorgesehen. – Eine besondere Art der Diktate stellen die gemäß Erlass des BMUK vom 4. 8. 1982, MVBl. Nr. 108, zulässigen „Gedächtnisübungen“ an Volksschulen dar.

2 Früher „Leibesübungen“ bzw. „Leibeserziehung“.

- Hinsichtlich der vervielfältigt vorzulegenden Themenstellung sowie der Korrektur und Rückgabe[1] gelten grundsätzlich dieselben Bestimmungen wie für Schularbeiten.
- Die **Wiederholung** bei negativer Beurteilung der Arbeiten von mehr als der Hälfte der Schüler ist ebenso vorgesehen wie bei Schularbeiten, hat jedoch zu unterbleiben, wenn die schriftliche Überprüfung aus inhaltlichen Gründen (z. B. eng begrenztes Stoffgebiet) nicht möglich ist (in diesem Fall darf die Arbeit nur als Informationsfeststellung, nicht jedoch als Grundlage für die Leistungsbeurteilung herangezogen werden; vgl. auch S. 69, Fußnote 3).

5.3.3.4 Praktische Leistungsfeststellungen

Diese sind in Form von **praktischen Prüfungen** durchzuführen, wobei folgende Grundsätze zu beachten sind:

- **Grundlage** sind die lehrplanmäßig vorgesehenen Arbeiten und sonstigen praktischen Tätigkeiten der Schüler.
- **Einbezogen** werden dürfen auch mündliche, schriftliche, grafische oder andere praktische Arbeitsformen.[2]
- **Zulässig** sind praktische Prüfungen nur dann, wenn die Feststellung der **Mitarbeit** des Schülers im Unterricht für eine sichere Leistungsbeurteilung über ein Semester oder eine Schulstufe **nicht ausreicht.**[3]
- **Recht** auf **eine** praktische Prüfung je Semester hat der Schüler in jedem Unterrichtsgegenstand mit überwiegend praktischer Tätigkeit[4], wenn er das Verlangen nach einer solchen Prüfung dem betreffenden Lehrer mindestens zwei Wochen vorher bekannt gibt.
- Pädagogischer **Ertrag** und Sparsamkeit sind stets zu beachten.
- Zu Hause erbrachte Arbeit darf in die Prüfung nicht miteinbezogen werden.
- Auf **Fehler,** welche die weitere Lösung der Aufgabe wesentlich beeinflussen, ist sogleich hinzuweisen.

---

1 Nicht vorgesehen ist eine Verlängerung der Rückgabefrist durch den Schulleiter. Den Erziehungsberechtigten ist Gelegenheit zur Einsicht zu gewähren, sofern diese nicht an einem anderen Ort wohnen als der Schüler oder sofern der Schüler nicht eigenberechtigt ist.

2 Etwa Erklärungen zum Arbeitsablauf, Anfertigung von Skizzen oder Entwürfen, ferner auch Demonstrationen am Computer.

3 Im Regelfall wird mit der Feststellung der Mitarbeit das Auslangen zu finden sein.

4 Zu diesen Gegenständen sind – entsprechend den Lehrplänen der einzelnen Arten und Fachrichtungen der Schulen – insbesondere solche mit Werkstätten- oder mit Laborunterricht, ferner auch Unterrichtsgegenstände des haus- und küchenwirtschaftlichen sowie des servierkundlichen Bereiches zu zählen.

- In Übungsbereichen muss der Schüler angemessene Gelegenheit zur Übung erhalten haben.

5.3.3.5 Grafische Leistungsfeststellungen

Diese sind in einigen Unterrichtsgegenständen (z. B. mathematische, technisch-fachtheoretische[1] und naturwissenschaftliche Unterrichtsgegenstände) wie **schriftliche**, in den übrigen Gegenständen wie **praktische** Leistungsfeststellungen zu behandeln.

5.3.4 Grundsätze der Leistungsbeurteilung

Bei der Vornahme der **Leistungsbeurteilung** in den einzelnen Unterrichtsgegenständen sind folgende **Grundsätze** zu beachten:

- Die **Beurteilung** hat durch die vorgesehenen **Noten** zu erfolgen, wobei auch verbale Zusätze über die maßgeblichen Vorzüge und Mängel der Leistung wünschenswert sind.[2]
- Die Beurteilung darf nur aus den vorstehend (Z. 5.3.3) genannten **Formen** der Leistungsfeststellung gewonnen werden, wobei als Maßstab[3] für die Beurteilung die Forderungen des Lehrplanes – jedoch unter Bedachtnahme auf den jeweiligen Stand des Unterrichtes – heranzuziehen sind.
- Die Leistungen der Schüler sind **sachlich** und **gerecht** zu beurteilen, wobei die verschiedenen fachlichen Aspekte und Beurteilungskriterien zu berücksichtigen sind und eine größtmögliche Objektivierung anzustreben ist.
- **Sachlich** vertretbare Meinungsäußerungen des Schülers dürfen die Beurteilung auch dann nicht (negativ) beeinflussen, wenn sie von der Meinung des Lehrers **abweichen.**
- Die **Bekanntgabe** der **Beurteilung** an den Schüler hat bei schriftlichen Leistungsfeststellungen spätestens bei Rückgabe der Arbeit, bei mündlichen spätestens am Ende der betreffenden Unterrichtsstunde, bei praktischen spätestens am nächsten Schultag, an dem dieser Gegenstand wieder unterrichtet wird, zu erfolgen.[4] Die für die Beurteilung maßgeblichen Vorzüge und Mängel seiner Leistung sind dem

---

1 Einschließlich Konstruktionsübungen.

2 In der Volksschule, der Neuen Mittelschule und der Sonderschule kann das Klassen- oder Schulforum die verbindliche Beifügung einer (verbalen) Leistungsbeschreibung beschließen (§ 18 Abs. 2 SchUG). – Vgl. auch die Schulversuche zur Leistungsbeurteilung gemäß § 78a SchUG.

3 Dieser Maßstab ist von der Beurteilung anderer Schüler bzw. von der durchschnittlichen Beurteilung von Schülern gleicher Schulart und Schulstufe (gleichgültig, ob bundesweit oder regional) unabhängig (vgl. VerwGH v. 9. März 1981, Zl. 10/3420/80).

4 Eine Information über den aktuellen Leistungsstand ist dem Schüler auf eigenen oder seiner Erziehungsberechtigten Wunsch zu erteilen. – Vgl. auch S. 85 ff.

Schüler gleichzeitig mit der Beurteilung bekanntzugeben, ohne ihn jedoch zu entmutigen oder in seiner Selbstachtung zu beeinträchtigen.

- **Vorgetäuschte** Leistungen sind **nicht** zu beurteilen.[1] Schularbeiten, die wegen vorgetäuschter Leistungen nicht beurteilt werden, sind wie versäumte Schularbeiten (vgl. S. 73) zu behandeln.[2]
- Schüler, bei denen Leistungsfeststellungen wegen körperlicher **Behinderung** oder wegen Gefährdung (ganz oder teilweise) entfallen mussten (vgl. oben Z. 5.3.2), sind unter Bedachtnahme auf den trotz dieser Situation erreichbaren Stand des Unterrichtes zu beurteilen, wobei jedoch die Bildungs- und Lehraufgabe im betreffenden Unterrichtsgegenstand grundsätzlich **erreicht** worden sein muss.
- Bei der Beurteilung der Leistungen in Bildnerischer Erziehung, Bewegung und Sport[3], Musikerziehung und Werkerziehung (Technisches Werken, Textiles Werken) sind mangelnde Anlagen und mangelnde körperliche Fähigkeiten bei erwiesenem Leistungswillen **zugunsten** des Schülers zu berücksichtigen.[4]
- Wenn der Unterricht in einem Gegenstand von **mehreren** Lehrern erteilt wird, ist die Beurteilung **einvernehmlich** vorzunehmen (bei Nichteinigung entscheidet der Schulleiter, gegebenenfalls der Abteilungsvorstand oder Fachvorstand).
- Die Beurteilung von **Praktika,** die zwar während des Unterrichtsjahres, jedoch außerhalb des Unterrichtes stattfinden, obliegt dem praxisbetreuenden Lehrer (dieser hat hiefür die Stellungnahme der betreffenden Praxiseinrichtung einzuholen).[5]

---

1 Unerlaubte Hilfsmittel, deren sich der Schüler bedienen könnte, sind ihm abzunehmen (und nach erfolgter Leistungsfeststellung zurückzugeben).

2 Wenn ein Schüler infolge vorgetäuschter Leistungen für ein Semester oder eine Schulstufe nicht beurteilt werden kann, hat der Lehrer eine Prüfung über den Lehrstoff des Semesters durchzuführen, von welcher der Schüler eine Woche (an lehrgangsmäßigen Berufsschulen spätestens zwei Unterrichtstage) vorher zu verständigen ist. Versäumt der Schüler eine solche Prüfung im 1. Semester, hat er sie im Laufe des 2. Semesters nachzuholen (er gilt bis zu deren Ablegung in diesem Gegenstand als nicht beurteilt). Wenn sich der Schüler auch bis zum Ende des 2. Semesters dieser Prüfung (über den Stoff des 1. Semesters) oder einer (aus denselben Gründen erforderlichen) Prüfung über den Stoff des 2. Semesters entzieht oder diese versäumt, ist er im betreffenden Unterrichtsgegenstand nicht zu beurteilen. – Vgl. hiezu die Feststellungsprüfung (S. 82).

3 Früher „Leibesübungen“ bzw. „Leibeserziehung“.

4 Ausgenommen an jenen Schularten, an denen diese Gegenstände von besonderer Bedeutung sind (z. B. an Schulen mit sportlichem oder musikalischem Schwerpunkt).

5 Ferialpraktika unterliegen jedoch keiner Beurteilung.

5.3.4.1 Fachliche Aspekte bei der Beurteilung von schriftlichen Leistungsfeststellungen

Hinsichtlich dieses Bereiches findet sich in § 15 der Leistungsbeurteilungsverordnung eine Anzahl **spezieller** Kriterien, von denen (wegen ihrer allgemeinen Bedeutung) folgende zu nennen sind:

- Für die Beurteilung der einzelnen schriftlichen Leistungsfeststellung sind die vorgesehenen **Noten** (siehe unten Z. 5.3.4.2) zu verwenden und in Worten einzusetzen.[1]
- **Identische** Rechtschreibfehler[2] und Formenfehler sind in derselben schriftlichen Leistungsfeststellung nur einmal zu werten, sofern diese Fehler nicht im Rahmen einer Aufgabe oder Teilaufgabe begangen werden, die ausschließlich auf die Überprüfung der Beherrschung der betreffenden sprachlichen Erscheinung abzielt. Ebenso sind identische **Denkfehler,** die in einer Schularbeit aus Mathematik und Darstellender Geometrie mehrmals auftreten, nur einmal zu werten (dies gilt sinngemäß auch für sachliche Fehler in einer Schularbeit aus Biologie und Umweltkunde und aus Physik).
- Falls ein Schüler eine **andere** als die gestellte **Aufgabe** behandelt hat, ist zu prüfen, ob im Sinne der Definition der Beurteilungsstufen (siehe unten Z. 5.3.4.2) noch von einer die gestellten Anforderungen betreffenden Leistung gesprochen werden kann (dies gilt auch für den Fall der **Verfehlung** des gesamten Themas).

Schließlich enthält § 16 der Leistungsbeurteilungsverordnung zusätzliche **fachliche** Aspekte, die bei der Beurteilung von **Schularbeiten** anzuwenden sind (diese Aspekte sind nach Unterrichtsgegenständen, Schularten und Schulstufen geordnet und betreffen jeweils Inhalt, Rechtschreibung, gedankliche und sachliche Richtigkeit, Übersichtlichkeit, Genauigkeit u. a.).

---

1 Die Verwendung von Ziffernsymbolen ist hier ebenso unzulässig wie die Verwendung sogenannter „Zwischennoten". Gestattet sind nur Zusätze, aus denen die maßgeblichen Vorzüge und Mängel der Leistung hervorgehen (vgl. S. 76).

2 Die Rechtschreibung ist nach Maßgabe des jeweils anzuwendenden Lehrplanes und auf Grundlage der „Wiener Absichtserklärung zur Neuregelung der deutschen Rechtschreibung", MVBl. Nr. 111/1996, zu beurteilen. Die „Toleranzfrist" für Abweichungen von der neuen Rechtschreibung ist mit Ende des Schuljahres 2005/06 abgelaufen.

5.3.4.2 Beurteilungsstufen (Noten)

Für die Beurteilung der Leistungen sind **folgende Beurteilungsstufen** (Noten) zu verwenden:

- Sehr gut (1)
- Gut (2)
- Befriedigend (3)
- Genügend (4)
- Nicht genügend (5)

Durch die **Noten** ist zu **beurteilen,**

- in welchem Ausmaß der Schüler die nach Maßgabe des Lehrplanes gestellten **Anforderungen** in der **Erfassung** und **Anwendung** des Lehrstoffes sowie in der **Durchführung** der gestellten Aufgaben erfüllt und
- wie weit er **Eigenständigkeit** bzw. Fähigkeit zur **selbstständigen** Anwendung seines Wissens und Könnens auf für ihn neuartige Aufgaben gezeigt hat.[1]

Um die einzelnen Beurteilungsstufen (Noten) zu erreichen, müssen die **angeführten Kriterien** in folgender (verhältnismäßig streng formulierter) Weise **erfüllt** werden (§ 14 Leistungsbeurteilungsverordnung):

- **„Sehr gut“:** Die erstgenannten Kriterien müssen in **weit** über das Wesentliche hinausgehendem Ausmaß erfüllt werden, Eigenständigkeit und Selbstständigkeit sind (wo dies möglich ist) **deutlich** zu zeigen.
- **„Gut“:** Die erstgenannten Kriterien müssen in über das Wesentliche **hinausgehendem** Ausmaß erfüllt werden, zur Eigenständigkeit sind (wo dies möglich ist) merkliche **Ansätze** zu zeigen, Selbstständigkeit ist bei entsprechender **Anleitung** zu beweisen.
- **„Befriedigend“:** Die erstgenannten Kriterien sind in den wesentlichen Bereichen **zur Gänze** zu erfüllen, wobei Mängel in der Durchführung durch merkliche Ansätze zur Eigenständigkeit **ausgeglichen** werden.
- **„Genügend“:** Die erstgenannten Kriterien müssen in den wesentlichen Bereichen **überwiegend** erfüllt werden (Eigenständigkeit und Selbstständigkeit sind nicht erforderlich).

---

[1] Bei der Beurteilung der „Eigenständigkeit“ ist der Grad des vom Schüler im Rahmen der Leistungsfeststellung bezogenen eigenen geistigen Standpunktes zu qualifizieren, bei der Beurteilung der „Fähigkeit zur selbstständigen Anwendung des Wissens und Könnens auf für ihn neuartige Aufgaben“ das Ausmaß der vom Schüler benötigten Anleitung bei der Bewältigung dieser für ihn neuartigen Aufgaben.

- **„Nicht genügend“:** In diesem Fall werden nicht einmal die Erfordernisse für die Beurteilung mit „Genügend“ erfüllt.

Zur Verdeutlichung der einzelnen Beurteilungsstufen und ihrer Kriterien soll die folgende tabellarische Darstellung dienen:

Anforderungen (Kriterien)	Noten				
	Sehr gut	Gut	Befriedigend	Genügend	Nicht genügend
– Erfassung und Anwendung des Lehrstoffes – Durchführung der Aufgaben	in **weit** über das **Wesentliche** hinausgehendem Ausmaß	in **über** das **Wesentliche** hinausgehendem Ausmaß	in den **wesentlichen** Bereichen zur **Gänze**	in den **wesentlichen** Bereichen **überwiegend**	nicht einmal Erfordernisse für Genügend
– Eigenständigkeit	**in deutlichem** Maße	**merkliche Ansätze**	**merkliche Ansätze** gleichen Mängel in der Durchführung aus	–	–
– selbstständige Anwendung des Wissens und Könnens auf neuartige Aufgaben	**in deutlichem Maße**	bei entsprechender **Anleitung**	–	–	–

5.3.4.3 Äußere Form als Bestandteil der Leistung

Jene Unterrichtsgegenstände, bei welchen die äußere Form der Arbeit einen wesentlichen **Bestandteil** der **Leistung** darstellt, sind, entsprechend dem allgemeinen Bildungsziel der einzelnen Schularten sowie der Bildungs- und Lehraufgabe und der fachlichen Eigenart der betreffenden Gegenstände, in § 12 der Leistungsbeurteilungsverordnung aufgezählt.

Es handelt sich hiebei um Gegenstände wie Geometrisches Zeichnen, Darstellende Geometrie, Kurzschrift, Textverarbeitung sowie um Gegenstände mit vorwiegend praktischen Tätigkeiten (z. B. Küchenwirtschaft, Servierkunde u. a.).

Die Beurteilung der äußeren Form fließt in diesen Fällen **unmittelbar** in die Note für den betreffenden **Gegenstand**[1] ein.

[1] Eine gesonderte Beurteilung der äußeren Form ist an keiner Schulart mehr vorgesehen.

5.3.4.4 Beurteilung des Verhaltens in der Schule

Für die Beurteilung des Verhaltens in der Schule sind folgende Beurteilungsstufen (Noten) vorgesehen:[1]

- Sehr zufriedenstellend
- Zufriedenstellend
- Wenig zufriedenstellend
- Nicht zufriedenstellend

Hiebei ist zu beurteilen, inwieweit das **persönliche Verhalten** des Schülers und seine Einordnung in die Klassengemeinschaft den Anforderungen der **Schulordnung**[2] bzw. Hausordnung entsprechen.[3]

Die Beurteilung ist von der **Klassenkonferenz**[4] auf Antrag des Klassenvorstandes (in Schulen mit Klassenlehrersystem durch die Schulkonferenz) zu beschließen.

5.3.4.5 Leistungsbeurteilung für eine Schulstufe

Die Beurteilung der Leistungen für eine **Schulstufe** hat der Lehrer jeweils auf Grundlage **aller**[5] vom betreffenden Schüler während des Unterrichtsjahres erbrachten Leistungen vorzunehmen, wobei dem **zuletzt** erreichten Leistungsstand das **größere** Gewicht beizumessen ist. Hiebei sind die fachliche Eigenart der Gegenstände und der Aufbau des Lehrstoffes zu berücksichtigen.

---

1 Zu beachten ist, dass bei diesen Noten eine Abkürzung durch Ziffernsymbole nicht vorgesehen ist.

2 Siehe hiezu insbesondere §§ 43 und 44 SchUG sowie die Verordnung über die Schulordnung (vgl. auch S. 109 ff.).

3 Die Beurteilung des Verhaltens findet in den allgemeinbildenden Pflichtschulen nur in der 5. bis 7. Schulstufe statt, in den übrigen Schularten auf allen Stufen mit Ausnahme der jeweils letzten Stufe. Bei der Verhaltensbeurteilung sind Anlagen und Alter des Schülers sowie sein Bemühen um ordnungsgemäßes Verhalten zu berücksichtigen.

4 Stimmberechtigt sind nur jene Lehrer, die den Schüler im betreffenden Unterrichtsjahr durch wenigstens vier Wochen unterrichtet haben.

5 Die einzelnen Formen der Leistungsfeststellung sind – jedoch unter Bedachtnahme auf deren Anzahl, stofflichen Umfang und Schwierigkeitsgrad – gleich zu werten (vgl. S. 69).

Ferner sind folgende besondere Bestimmungen zu beachten:

- **Feststellungsprüfung:** Diese ist durchzuführen, wenn ein Schüler infolge längeren Fernbleibens oder in ähnlichen Ausnahmsfällen[1] so viel vom Unterricht **versäumt** hat, dass sich eine sichere Beurteilung über die Schulstufe nicht treffen lässt (der Schüler ist zwei Wochen vor der Prüfung zu verständigen).
- **Nachtragsprüfung:** Wenn ein Schüler ohne eigenes Verschulden[2] so viel vom Unterricht **versäumt** hat, dass die erfolgreiche Ablegung der **Feststellungsprüfung** nicht mehr erwartet werden kann, ist ihm diese vom Schulleiter um acht bis zwölf Wochen – an lehrgangsmäßigen Berufsschulen längstens bis zum Beginn des folgenden Lehrganges – zu **stunden** (die Prüfung wird dann als Nachtragsprüfung bezeichnet).[3,4]
- **Versäumnis von praktischem Unterricht:** Wenn ein Schüler an einer mittleren oder höheren berufsbildenden Schule, an einer Bildungsanstalt für Kindergartenpädagogik oder an einer Bildungsanstalt für Sozialpädagogik[5] mehr als das Achtfache der wöchentlichen Stundenzahl eines praktischen Pflichtgegenstandes in einem Unterrichtsjahr ohne eigenes Verschulden[6] versäumt, ist ihm Gelegenheit zu einer **praktischen Prüfung** zu geben, sofern er die Versäumnisse durch facheinschlägige praktische Tätigkeit (allenfalls auch in Form einer vierwöchigen Ferialpraxis) nachgeholt hat.
- **Beurteilungskonferenz:** Im Zeitraum von Mittwoch bis Freitag der **zweiten Woche** vor **Ende** des Unterrichtsjahres (an lehrgangsmäßigen Berufsschulen in der letzten Lehrgangswoche) hat eine **Klassenkonferenz**[7] (an Schulen mit Klassenlehrersystem eine **Schulkonferenz)** zur Beratung der Leistungsbeurteilung der Schüler hinsichtlich der betreffenden Schulstufe stattzufinden. Die in dieser Konferenz getroffenen **Entscheidungen** über die Nichtberechtigung zum **Aufsteigen** oder über

---

1 Eine solche Abwesenheit kann z. B. auch die Folge einer Suspendierung (siehe hiezu S. 114 f.) sein.

2 Bei verschuldetem Versäumnis kommt nur die Ablegung einer Feststellungsprüfung in Betracht, bei verschuldetem Versäumnis dieser Prüfung bleibt der Schüler in dem betreffenden Gegenstand unbeurteilt.

3 Die Nachtragsprüfungen finden regelmäßig zu Beginn des jeweils folgenden Schuljahres – bei lehrgangsmäßigen Berufsschulen zu Beginn des folgenden Lehrganges – statt (hingegen sind Feststellungsprüfungen während des Unterrichtes durchzuführen).

4 Über den Verlauf von Feststellungs- und Nachtragsprüfungen ist jeweils ein Protokoll zu führen, in welches insbesondere die Aufgabenstellungen, die Beschreibung der Leistungen und ihre Beurteilung sowie die aufgrund dieser Beurteilung getroffenen Entscheidungen aufzunehmen sind (§ 77 lit. c SchUG; vgl. auch S. 149). – Unterscheide die Nachtragsprüfungen von den Wiederholungsprüfungen.

5 In den Bildungsanstalten sind dies die Gegenstände Kindergarten-, Hort- und Heimpraxis sowie Bewegung und Sport.

6 Bei verschuldetem Versäumnis bleibt der Schüler in dem betreffenden Gegenstand unbeurteilt.

7 In dieser Klassenkonferenz sind nur jene Lehrer stimmberechtigt, die den Schüler im betreffenden Unterrichtsjahr zumindest vier Wochen unterrichtet haben.

den nicht erfolgreichen **Abschluss** der letzten Schulstufe sind den betreffenden Schülern unter Angabe der Gründe und Beifügung einer Belehrung über die Widerspruchsmöglichkeit spätestens am folgenden Tag bekannt zu geben.[1]

- **Besondere Bestimmungen für Volksschulen und Sonderschulen:** In der Vorschulstufe findet eine Leistungsbeurteilung nicht statt, für die erste Stufe der Volksschule und der Sonderschule sind Feststellungs- und Nachtragsprüfungen sowie die obgenannte Beurteilungskonferenz nicht vorgesehen. In der Sonderschule für schwerst behinderte (und teilweise auch an jener für mehrfach behinderte) Kinder hat die Schulkonferenz nach dem erreichten Entwicklungsstand des Schülers zu entscheiden, ob dieser zum Aufsteigen in die nächsthöhere Lehrplanstufe geeignet ist.
- **Besondere Bestimmungen für Neue Mittelschulen:** In der 7. und 8. Schulstufe der Neuen Mittelschule erfolgen in den differenzierten Gegenständen[2] Leistungsfeststellungen und Leistungsbeurteilungen den Anforderungen des Lehrplans entsprechend nach grundlegenden und vertieften Gesichtspunkten. Bei einer Beurteilung in der grundlegenden Allgemeinbildung mit „Sehr gut" oder „Gut" erfolgt ein Wechsel in die vertiefte Allgemeinbildung mit einer positiven Note. Bei negativer Beurteilung in der vertieften Allgemeinbildung wird in die Beurteilung entsprechend den Anforderungen der grundlegenden Allgemeinbildung gewechselt.

5.3.5 Durchführung von Feststellungs- und Nachtragsprüfungen

Feststellungs- und Nachtragsprüfungen bestehen nach Maßgabe des heranzuziehenden Lehrplanes aus mündlichen, schriftlichen bzw. praktischen **Teilprüfungen.**[3]

Besteht eine Feststellungs- oder Nachtragsprüfung aus mehr als einer Teilprüfung, ist die erste am Vormittag, die nächste frühestens eine Stunde später anzusetzen.

Die **Dauer** der schriftlichen Teilprüfung hat grundsätzlich 50 Minuten (wenn der Lehrplan zwei- oder mehrstündige Schularbeiten vorsieht, 100 Minuten), jene der mündlichen Teilprüfung (je nach Schulart) 15 bis 30 Minuten zu betragen; für die praktische Teilprüfung sind an allgemeinbildenden Schulen 30 bis 50 Minuten zu verwenden, an den anderen Schularten ist keine ziffernmäßige Begrenzung der Prüfungsdauer vorgesehen.[4]

---

[1] Das Verfahren in diesen Angelegenheiten ist durch §§ 70–74 SchUG geregelt (siehe hiezu S. 141 ff.).

[2] Das sind die Pflichtgegenstände Deutsch, Mathematik und Lebende Fremdsprache.

[3] Schriftliche Teilprüfungen sind in jenen Unterrichtsgegenständen durchzuführen, in welchen lehrplanmäßig Schularbeiten vorgesehen sind, praktische Teilprüfungen in solchen, in denen praktische Tätigkeiten einen Schwerpunkt bilden.

[4] Die Prüfung darf aber nicht länger dauern, als zur Gewinnung der erforderlichen Beurteilungsgrundlage notwendig ist.

Die Uhrzeit des Beginns der einzelnen Teilprüfungen ist dem Schüler spätestens eine Woche vorher nachweislich bekannt zu geben.

Am Tag einer Feststellungs- oder Nachtragsprüfung ist der Schüler von allen sonstigen Leistungsfeststellungen **befreit.**[1]

Für die **Beurteilung** der Feststellungs- oder Nachtragsprüfung sind die entsprechenden Bestimmungen über die Beurteilung von Schularbeiten sowie von mündlichen und praktischen Leistungsfeststellungen anzuwenden.

Die im Laufe des Unterrichtsjahres beurteilten Leistungen sind in die (aufgrund der Feststellungs- bzw. Nachtragsprüfung vorzunehmende) Beurteilung über die betreffende Schulstufe **einzubeziehen.**

Bei gerechtfertigter **Verhinderung** des Schülers ist sofort nach Wegfall des Hinderungsgrundes ein neuer Termin festzusetzen (dieser darf jedoch nicht nach dem 30. November des folgenden Unterrichtsjahres, an lehrgangsmäßigen Berufsschulen nicht nach der ersten Unterrichtswoche des nächsten Lehrganges liegen).

Die **Wiederholung** einer Feststellungsprüfung ist **nicht** zulässig.[2]

Die **einmalige** Wiederholung einer Nachtragsprüfung ist auf Antrag des Schülers binnen zwei Wochen zulässig.

5.3.6 Durchführung von Wiederholungsprüfungen

Die **angeführten** Bestimmungen über die Feststellungs- und Nachtragsprüfungen finden **auch** auf die Wiederholungsprüfungen Anwendung, wobei jedoch Folgendes zu beachten ist:

- Die für die einzelnen Schularten und Unterrichtsgegenstände in Betracht kommenden **Teilprüfungen** sind im § 22 der Leistungsbeurteilungsverordnung genannt[3].

[1] An einem Tag darf jeweils nur in einem Gegenstand eine Feststellungs- oder Nachtragsprüfung für einen Schüler stattfinden (an Berufsschulen in zwei Gegenständen).

[2] Sofern die negative Jahresbeurteilung auf dem Ergebnis einer Feststellungsprüfung beruht, kann jedoch (bei Zutreffen der Voraussetzungen des § 23 SchUG) eine Wiederholungsprüfung über den betreffenden Unterrichtsgegenstand abgelegt werden (siehe hiezu S. 90 f.).

[3] Eine derart detaillierte Regelung findet sich hinsichtlich der Feststellungs- und Nachtragsprüfungen (§ 21 LBV) nicht.

- Die **neu** festzusetzende Jahresbeurteilung darf (im Hinblick auf die negative Beurteilung der vorangegangenen Schulstufe) höchstens auf **„Befriedigend“** lauten.[1]

Über die Berechtigung zur Ablegung von Wiederholungsprüfungen siehe S. 90.

Eine Wiederholungsprüfung darf **nicht wiederholt** werden.[2]

6 Information der Erziehungsberechtigten[3] und der Lehrberechtigten[4] (Schulnachricht, Sprechtage, spezielle Benachrichtigungen)

Seitens der **Schule** bestehen gegenüber den Erziehungsberechtigten (bei Berufsschülern nach Maßgabe der folgenden Ausführungen auch gegenüber den Lehrberechtigten) nachstehende **Informationspflichten:**[5]

- Ausstellung einer **Schulnachricht** (unzutreffend des Öfteren als „Semesterzeugnis“ bezeichnet) am Ende des ersten Semesters jedes Unterrichtsjahres[6]
- Wöchentliche **Sprechstunde** des Lehrers, bei Bedarf zusätzlich Anberaumung von **Sprechtagen** (an den allgemeinbildenden Pflichtschulen sind anstelle der wöchentlichen Sprechstunde zwei Sprechtage im Unterrichtsjahr sowie **Einzelaussprachen** auf Verlangen der Erziehungsberechtigten vorgesehen, an Berufsschulen anstelle der wöchentlichen Sprechstunde und der Sprechtage ebenfalls Einzelaussprachen auf Verlangen der Erziehungsberechtigten und der Lehrberechtigten)[7]

---

1 Eine weitergehende Einbeziehung der negativen Beurteilung aus der vergangenen Schulstufe findet jedoch nicht statt.

2 Wird jedoch von zwei Wiederholungsprüfungen nur eine bestanden, so hat die Klassenkonferenz die Entscheidung über die Berechtigung zum Aufsteigen (§ 25 Abs. 2 SchUG) zu diesem Zeitpunkt zu treffen (siehe auch S. 91). – Dasselbe gilt, wenn von zwei oder mehr Nachtragsprüfungen eine nicht bestanden wird.

3 Zu diesem Begriff siehe S. 131 und 194 ff.

4 Siehe hiezu S. 199 ff.

5 Sofern der Schüler bereits eigenberechtigt ist (siehe hiezu S. 194), tritt er selbst hinsichtlich der in Betracht kommenden Informationen an die Stelle der Erziehungsberechtigten bzw. der Lehrberechtigten. – Zur Problematik der Erteilung schulischer Informationen an Eltern volljähriger Schüler siehe den Erlass des BMBWK vom 8. November 2002, RS Nr. 49/2002.

6 Diese hat sämtliche für die betreffende Schulart und Schulstufe in Betracht kommenden Beurteilungen einschließlich allfälliger Angaben über Leistungsgruppen bzw. vertiefte oder grundlegende Allgemeinbildung (allgemeinbildende Pflichtschulen) oder über Pflichtgegenstände mit erweitertem oder vertieftem Bildungsangebot (Berufsschulen) zu enthalten. – An lehrgangsmäßigen und saisonmäßigen Berufsschulen, in der Vorschulstufe und der Abschlussklasse der AHS entfällt die Ausstellung der Schulnachricht.

7 Hinsichtlich der Termine und der Durchführung der Sprechtage haben das Klassenforum (Schulforum) bzw. der Schulgemeinschaftsausschuss Mitbestimmungsrechte (siehe hiezu S. 134 ff.).

- **Benachrichtigung** der Erziehungsberechtigten, wenn die **Leistungen** des Schülers allgemein oder in einzelnen Unterrichtsgegenständen in besonderer Weise **nachlassen** (Kontaktaufnahme[1] durch den Klassenvorstand bzw. Klassenlehrer oder durch den Lehrer des betreffenden Unterrichtsgegenstandes)
- **Unverzügliche Benachrichtigung** der Erziehungsberechtigten – an Berufsschulen auch der Lehrberechtigten –, sofern
  - die **Leistungen** des Schülers aufgrund der bisher erbrachten Leistungen zum **Ende des ersten** oder des **zweiten** Semesters mit „Nicht genügend“ zu beurteilen wären,[2]
  - die **Leistungen** des Schülers in der **7. und 8. Schulstufe der Neuen Mittelschule** in der Vertiefung eines differenzierten Pflichtgegenstandes in einem Ausmaß nachlassen, dass er am Ende des Unterrichtsjahres nur mehr nach den grundlegenden Anforderungen beurteilt werden könnte,[3]
  - das **Verhalten** des Schülers auffällig ist,[4]
  - der Schüler seine Pflichten gemäß § 43 Abs. 1 SchUG in schwerwiegender Weise nicht erfüllt,
  - die Erziehungssituation es sonst erfordert
- **Mitteilung** an die Erziehungsberechtigten innerhalb einer Woche, sofern der Schüler in eine andere Leistungsgruppe **umgestuft** wird[5]
- **Information** der Erziehungsberechtigten gegen Ende des ersten Semesters oder zu Beginn des zweiten Semesters der 4. und der 8. Schulstufe über den nach den Inte-

---

[1] In jeder geeigneten Weise (z. B. durch Eintragung ins Mitteilungsheft, brieflich, aber auch telefonisch).

[2] Anlässlich dieser Benachrichtigung, die im ersten Semester ab November und im zweiten Semester ab April zu erfolgen hat, ist dem Schüler sowie den Erziehungsberechtigten bzw. dem Lehrberechtigten vom Klassenvorstand oder vom unterrichtenden Lehrer Gelegenheit zu einem beratenden Gespräch zu geben (Frühwarnsystem). Dabei sind insbesondere Fördermaßnahmen zur Vermeidung der negativen Beurteilung (z. B. Analyse der Lerndefizite unter Einbeziehung der individuellen Lern- und Leistungsstärken, Fördermöglichkeiten, Angebote des Förderunterrichts) zu erarbeiten und zu beraten. Die Verständigungspflicht entfällt an lehrgangsmäßigen Berufsschulen mit weniger als acht Wochen Dauer.

[3] Auch anlässlich dieser Benachrichtigung ist dem Schüler sowie den Erziehungsberechtigten bzw. dem Lehrberechtigten vom unterrichtenden Lehrer Gelegenheit zu einem beratenden Gespräch über Fördermöglichkeiten im Sinne des Frühwarnsystems zu geben.

[4] Anlässlich dieser Benachrichtigung ist dem Schüler sowie den Erziehungsberechtigten bzw. dem Lehrberechtigten vom Klassenvorstand oder vom unterrichtenden Lehrer Gelegenheit zu einem beratenden Gespräch im Sinne des § 48 SchUG zu geben (Frühinformationssystem), wobei insbesondere Fördermaßnahmen zur Verbesserung der Verhaltenssituation zu erarbeiten und zu beraten sind (z. B. individuelles Förderkonzept, Ursachenklärung und Hilfestellung durch die Schulpsychologie-Bildungsberatung bzw. den schulärztlichen Dienst). Die Verständigungspflicht entfällt bei lehrgangsmäßigen Berufsschulen mit einer geringeren Dauer als acht Wochen.

[5] Siehe hiezu S. 93 ff.

ressen und Leistungen des Schülers empfehlenswerten weiteren **Bildungsweg** (Information grundsätzlich mündlich, jedoch nachweisliche Verständigung über das Bestehen der Informationsmöglichkeit)[1]

Alle vorstehend genannten Benachrichtigungen haben ausschließlich **Informationscharakter** (dies bedeutet, dass z. B. trotz einer unterlassenen Benachrichtigung über ein drohendes „Nicht genügend" die Schulstufe negativ beurteilt werden kann).[2]

7 Jahreszeugnis, Abschlusszeugnis, Schulbesuchsbestätigung

Am **Ende** jedes Unterrichtsjahres – an lehrgangsmäßigen Berufsschulen am Ende jedes Lehrganges – ist dem Schüler ein **Jahreszeugnis** über die besuchte Schulstufe auszustellen. Dieses hat neben der Bezeichnung der Schule und ihres Standortes sowie den Personaldaten des Schülers alle für die betreffende Schulart und Schulstufe in Betracht kommenden **Beurteilungen** (einschließlich der besuchten Leistungsgruppe bzw. des besuchten Pflichtgegenstandes mit erweitertem oder vertieftem Bildungsangebot bzw. in der 7. und 8. Schulstufe der Neuen Mittelschule mit dem Zusatz der grundlegenden oder vertieften Allgemeinbildung) sowie allfällige **Beurkundungen**[3] u. a. über die Nichtberechtigung zum Aufsteigen bzw. den nicht erfolgreichen Abschluss der letzten Schulstufe der besuchten Schulart, über die im folgenden Unterrichtsjahr zu besuchende Leistungsgruppe[4] sowie darüber zu enthalten, ob eine Wiederholungsprüfung[5] abgelegt oder die betreffende Schulstufe wiederholt werden darf.

---

1 Der Information ist eine Beratung der Klassenkonferenz bzw. der Schulkonferenz zugrunde zu legen.

2 Nach der Judikatur des VerwGH kann sich auch niemand auf fiktiv erzielbare Leistungen (also auf solche, die bei Einhaltung der Verständigungspflicht allenfalls zu erzielen gewesen wären) berufen.

3 Die **Entscheidungen** hierüber sind gesondert auszufertigen (vgl. S. 143 f.).

4 An Berufsschulen hat diese Angabe nur bei Umstufung in die Leistungsgruppe mit erweitertem oder vertieftem Bildungsangebot zu erfolgen.

5 Nach Ablegung der Wiederholungsprüfung ist das Zeugnis einzuziehen und durch ein solches zu ersetzen, das die Beurteilung aufgrund der Wiederholungsprüfung enthält.

Ferner ist gegebenenfalls die **Feststellung** aufzunehmen, dass die Schulstufe mit ausgezeichnetem Erfolg[1] oder mit gutem Erfolg[2] abgeschlossen wurde.[3]

Zum Zeitpunkt des erfolgreichen Abschlusses der letzten[4] Schulstufe einer Schulart ist mit dem Jahreszeugnis oder in Zusammenhang mit diesem ein **Abschlusszeugnis** auszustellen, sofern nicht ein Zeugnis über eine abschließende Prüfung (§ 39 Abs. 1 SchUG)[5] auszustellen ist.[6]

Ein **vorläufiges** Jahreszeugnis ist jenem Schüler auszustellen, dem eine Nachtragsprüfung bewilligt wurde (dieses ist nach Ablegung der Prüfung einzuziehen und durch ein definitives Zeugnis zu ersetzen).

Sofern zum Zeitpunkt des Ausscheidens eines Schülers aus der besuchten Schule die Ausstellung eines **Jahreszeugnisses** noch **nicht möglich** ist, muss ihm auf sein Verlangen eine **Schulbesuchsbestätigung** ausgestellt werden, in der die bis zu diesem Zeitpunkt vorliegenden Leistungsbeurteilungen zu beurkunden sind.[7]

8 Aufsteigen, Wiederholen, Überspringen von Schulstufen

8.1 Aufsteigen in die nächsthöhere Schulstufe

Der Schüler ist zum Aufsteigen in die nächsthöhere Schulstufe berechtigt, wenn er die Schulstufe **erfolgreich** abgeschlossen hat.

---

1 Hiefür ist die Beurteilung in mindestens der Hälfte der Pflichtgegenstände mit „Sehr gut", in den übrigen Pflichtgegenständen mit „Gut" erforderlich, wobei auch Beurteilungen mit „Befriedigend" nicht hinderlich sind, sofern sie durch zusätzliche Beurteilungen mit „Sehr gut" kompensiert werden (für Schularten mit Leistungsgruppen und die 7. und 8. Schulstufe der Neuen Mittelschule gelten gem. § 22 Abs. 2 lit. g SchUG besondere Bestimmungen).

2 Kein Pflichtgegenstand schlechter als „Befriedigend", mindestens gleich viele „Sehr gut" wie „Befriedigend" (für Schularten mit Leistungsgruppen und die 7. und 8. Schulstufe der Neuen Mittelschule besondere Bestimmungen gemäß § 22 Abs. 2 lit. h SchUG).

3 In Sonderschulen für schwerstbehinderte Kinder und in Sonderschulen für mehrfach behinderte Kinder, ferner bei Schülern mit diesen Schularten entsprechendem sonderpädagogischem Förderbedarf an allgemeinen Schulen ist anstelle der Beurteilung die Darstellung des erreichten Entwicklungsstandes aufzunehmen und die Entscheidung zu beurkunden, ob der Schüler zum Aufsteigen in die nächsthöhere Lehrplanstufe geeignet ist. – Siehe hiezu auch die folgende Z. 8.1.

4 Bei Überspringen von Schulstufen an „Nahtstellen" der Schullaufbahn (§ 26a SchUG) schon zum Abschluss der vorletzten Schulstufe. – Siehe auch S. 92.

5 Siehe S. 95, Fußnote 3.

6 Die detaillierten Bestimmungen über die Gestaltung aller Zeugnisformulare enthält die Verordnung BGBl. Nr. 415/1989 i. d. g. F.

7 Schulpflichtigen außerordentlichen Schülern ist am Ende jedes Unterrichtsjahres eine solche Bestätigung (unter Angabe der Leistungsbeurteilung) jedenfalls auszustellen.

Dies ist dann der Fall, wenn das Jahreszeugnis in allen Pflichtgegenständen positive Beurteilungen enthält, ferner auch dann, wenn in einer wiederholten Schulstufe ein Pflichtgegenstand negativ beurteilt wird, der vor der Wiederholung der Schulstufe zumindest mit „Befriedigend" beurteilt wurde.

Ferner darf der Schüler **trotz** der Jahresbeurteilung in einem Pflichtgegenstand mit „Nicht genügend"[1] **aufsteigen,** wenn

- der Schüler **nicht** auch schon im Jahreszeugnis des **vorhergegangenen** Schuljahres[2] in demselben Pflichtgegenstand eine **negative** Beurteilung erhalten hat;[3]
- der betreffende Pflichtgegenstand – ausgenommen an Berufsschulen – in einer **höheren** Schulstufe[4] lehrplanmäßig **vorgesehen** ist;
- die Klassenkonferenz[5] **feststellt,** dass der Schüler aufgrund seiner Leistungen in den **übrigen** Pflichtgegenständen[6,7] die Voraussetzungen zur erfolgreichen Teilnahme am Unterricht der nächsthöheren Schulstufe im Hinblick auf die Aufgabe der betreffenden Schulart aufweist.[8,9]

---

1 Schüler der ersten Schulstufe sind ohne Rücksicht auf die Beurteilungen im Jahreszeugnis zum Aufsteigen berechtigt. Ferner bleiben in Volks- und Sonderschulen die Beurteilungen in einigen Gegenständen (z. B. Bewegung und Sport, Werkerziehung) für die Berechtigung zum Aufsteigen außer Betracht. – Hinsichtlich des Aufsteigens der Schüler mit sonderpädagogischem Förderbedarf siehe S. 90, Fußnote 1.

2 Hiebei kommt es auf das Schuljahr, nicht auf die Schulstufe an.

3 Diese Bedingung muss an Volksschulen und Sonderschulen nicht erfüllt werden.

4 Dies muss nicht die nächstfolgende Schulstufe sein.

5 An Schulen mit Klassenlehrersystem die Schulkonferenz.

6 Der negativ beurteilte Pflichtgegenstand hat hiebei jedenfalls außer Betracht zu bleiben.

7 Es müssen in den übrigen Pflichtgegenständen nicht unbedingt „signifikant bessere Leistungen" zu erwarten sein, als dies der Beurteilungsstufe „Genügend" entspricht (vgl. Erk. d. VerwGH v. 11. November 1985, Zl. 85/10/0096).

8 Nach dem zit. Erk. d. VerwGH hat diese Prognose von den **Leistungen** (nicht Leistungsbeurteilungen) in den übrigen Pflichtgegenständen unter „vorausschauender Bedachtnahme auf die kennzeichnenden Aufgaben der betreffenden Schulart" auszugehen.

9 Zur Thematik des Aufsteigens mit einem „Nicht genügend" ist die Verwaltungsverordnung vom 21.3.1997, RS Nr. 20/1997, MVBl. Nr. 56, ergangen. Darin wird festgelegt, dass die Klassenkonferenz ihrer Prognose (vgl. Fußnote 7) die beim Schüler vorhandenen „Leistungsreserven" zugrunde zu legen habe. Da diese in den mit „Befriedigend" beurteilten Gegenständen in ausreichendem Maße gegeben wären, hätten sich die einzelnen Klassen- bzw. Jahrgangskonferenzen „nur dann mit der Problematik des § 25 Abs. 2 lit. c SchUG eingehender zu befassen, wenn auf ‚Genügend' lautende Beurteilungen vorliegen". Dabei habe jeder einzelne Lehrer, der das Vorhandensein ausreichender Lern- und Arbeitskapazitäten für seinen Gegenstand verneint hat, in einem allfälligen Widerspruchsverfahren eine Stellungnahme abzugeben. – Die Beschäftigung mit diesem relativ umfangreichen Dokument darf empfohlen werden.

Bei der Entscheidung über das Aufsteigen gilt ein nachgewiesener fremdsprachiger Schulbesuch im Ausland in der Dauer von fünf Monaten bis zu einem Jahr als erfolgreicher Schulbesuch in Österreich.

Schüler, die in **leistungsdifferenzierten** Pflichtgegenständen in einer anderen als der niedrigsten Leistungsgruppe negativ beurteilt wurden, sind zum Aufsteigen berechtigt, müssen jedoch den betreffenden Pflichtgegenstand in der nächstniedrigeren Leistungsgruppe besuchen.[1]

8.2 Wiederholungsprüfung

Der Schüler ist zum Ablegen einer Wiederholungsprüfung[2] in **einem** oder in **zwei** Pflichtgegenständen berechtigt, in welchem (welchen) er im Jahreszeugnis mit „Nicht genügend" beurteilt wurde.[3,4]

Bei Übertritt in eine andere Schulart kann der Schüler auch dann eine Wiederholungsprüfung ablegen, wenn er in mehr als zwei Pflichtgegenständen negativ beurteilt wurde (allerdings dürfen nicht mehr als zwei dem beabsichtigten Übertritt entgegenstehen).[5]

Auch in einem oder zwei negativ beurteilten **Freigegenständen** darf eine Wiederholungsprüfung abgelegt werden.

---

[1] Schüler von Sonderschulen für schwerstbehinderte Kinder und von Sonderschulen für mehrfach behinderte Kinder sind zum Aufsteigen in die nächste Lehrplanstufe berechtigt, wenn die Schulkonferenz deren Eignung hiefür feststellt. – Ferner sind Schüler mit sonderpädagogischem Förderbedarf an allgemeinen Schulen dann zum Aufsteigen in die nächsthöhere Schulstufe berechtigt, wenn die Klassenkonferenz eine diesbezügliche Entscheidung trifft, um dadurch eine bessere Entwicklungsmöglichkeit zu bieten.

[2] In der Grundschule sowie an Sonderschulen mit Klassenlehrersystem sind Wiederholungsprüfungen nicht vorgesehen.

[3] In Pflichtgegenständen mit Leistungsgruppen besteht diese Berechtigung nur, falls die negative Beurteilung in der niedrigsten Leistungsgruppe erfolgte oder wenn es sich – unabhängig von der Leistungsgruppe – um die letzte Stufe einer solchen Schulart handelt.

[4] Sofern die negative Jahresbeurteilung jedoch auf dem Ergebnis einer Nachtragsprüfung beruht, ist die Ablegung einer Wiederholungsprüfung nicht zulässig. – Über die Wiederholungsmöglichkeit einer Nachtragsprüfung siehe S. 84.

[5] Wenn es sich um eine Schule mit zumindest gleicher Bildungshöhe handelt oder ein Wechsel von der AHS in die Hauptschule oder in die Neue Mittelschule erfolgt, kann die Wiederholungsprüfung auch an der neuen Schule abgelegt werden (Prüfer und Beisitzer sind vom Schulleiter zu bestellen).

Unterzieht sich ein Schüler trotz der Berechtigung zum Aufsteigen mit einem „Nicht genügend" einer Wiederholungsprüfung, ändert auch eine negative Beurteilung der Prüfung nichts an der Aufstiegsberechtigung.

Die Wiederholungsprüfungen sind grundsätzlich am **Montag** und **Dienstag** der **ersten** Woche des folgenden Schuljahres[1] abzuhalten. Wenn dadurch der Beginn des Unterrichts an diesen Tagen beeinträchtigt wäre oder es aus anderen organisatorischen Gründen zweckmäßig ist, kann das Schulforum bzw. der Schulgemeinschaftsausschuss beschließen[2], dass die Wiederholungsprüfungen am Donnerstag oder Freitag der letzten Ferienwoche durchzuführen sind.

Der Prüfer ist jener Lehrer, der den betreffenden Gegenstand unterrichtet hat; außerdem ist vom Schulleiter ein (nach Möglichkeit für den Gegenstand lehrbefähigter) Beisitzer zu bestimmen.[3,4]

Besteht der Schüler die Wiederholungsprüfung nur in einem von zwei negativ beurteilten Pflichtgegenständen, hat die Klassenkonferenz die Entscheidung über die Berechtigung zum Aufsteigen gemäß § 25 Abs. 2 SchUG (siehe oben Z. 8.1) zu diesem Zeitpunkt zu treffen.

8.3 Wiederholen von Schulstufen

Der Schüler darf eine Schulstufe wiederholen, wenn er

- zum Aufsteigen in die nächsthöhere Schulstufe nicht berechtigt ist[5] **oder**
- die letzte Stufe der besuchten Schulart nicht erfolgreich abgeschlossen hat **oder**

---

1 An ganzjährigen Berufsschulen auch zwischen Mittwoch und Freitag der ersten Woche des Schuljahres, an lehrgangs- und saisonmäßigen Berufsschulen sowie an Schulstufen, die kein ganzes Unterrichtsjahr dauern, frühestens zwei Wochen nach Abschluss des Lehrganges und spätestens zu Beginn des folgenden Lehrganges.

2 Ein solcher Beschluss erfordert die Anwesenheit und zustimmende Mehrheit von jeweils zwei Dritteln in jeder im Schulforum bzw. dem Schulgemeinschaftsausschuss vertretenen Gruppe.

3 Die Beurteilung ist von beiden gemeinsam festzulegen (bei Nichteinigung entscheidet der Schulleiter).

4 Genaue Durchführungsbestimmungen (einschließlich der Art und des Umfanges der zu erbringenden Leistungen) enthält § 22 der Leistungsbeurteilungsverordnung. – Vgl. auch S. 84 f.

5 Die erste Stufe einer berufsbildenden mittleren oder höheren Schule sowie einer höheren Anstalt der Lehrer- und Erzieherbildung darf jedoch nicht wiederholt werden, wenn sie mit vier oder mit mehr negativen Beurteilungen abgeschlossen wurde. – Dieses Wiederholungsverbot bezieht sich aber jeweils nur auf dieselbe Schulart bzw. Fachrichtung und gilt nur dann, wenn in der betreffenden Schule ansonsten nicht alle Schüler aufgenommen werden könnten.

- aufgrund seines Ansuchens die Bewilligung[1] zur Wiederholung erhalten hat, um einen entwicklungs- oder milieubedingt oder aus gesundheitlichen Gründen entstandenen Leistungsrückstand aufzuholen.[2,3]

In keinem Fall darf jedoch die zulässige **Höchstdauer** des Schulbesuches überschritten werden (z. B. darf der Schulbesuch einer ein- bis dreistufigen mittleren oder höheren Schule insgesamt um höchstens ein Schuljahr und an einer mittleren oder höheren Schule mit vier bis neun Stufen um höchstens zwei Schuljahre überschritten werden).[4,5]

8.4 Überspringen von Schulstufen

Ein Schüler, der aufgrund seiner **außergewöhnlichen** Leistungen und Begabungen die geistige Reife besitzt, am Unterricht der übernächsten Schulstufe teilzunehmen, ist auf sein Ansuchen in die übernächste Stufe der betreffenden Schulart aufzunehmen, sofern eine Überforderung weder in körperlicher noch in geistiger Hinsicht zu befürchten ist.[6] Die Entscheidung ist durch die **Schulkonferenz** (an Schulen mit Abteilungsgliederung durch die Abteilungskonferenz) zu treffen. Für Schüler, die bei Aufnahme in die übernächste Schulstufe jünger wären, als ihrer Schulstufe entspricht,[7] ist eine Bewilligung der zuständigen Schulbehörde erforderlich.[8]

Ähnliche Bestimmungen gelten gemäß § 26a SchUG bei **Aufnahme**[9] in eine höhere als die dem Alter des Schülers entsprechende Schulstufe, wobei die Entscheidung durch die Klassenkonferenz zu treffen ist.

---

1 Zur Erteilung dieser Bewilligung ist die Klassenkonferenz (Schulkonferenz) zuständig. Die freiwillige Wiederholung darf – ausgenommen die 4. Stufe der Volksschule sowie die Sonderschule – nicht die letzte Stufe einer Schulart betreffen und ist nur einmal in der Bildungslaufbahn eines Schülers zulässig.

2 Bloße allgemeine Leistungsschwäche reicht für eine solche Bewilligung nicht aus.

3 Wenn der Schüler die freiwillig wiederholte Schulstufe negativ abschließt, darf er dennoch aufsteigen.

4 Unter bestimmten Voraussetzungen (z. B. bei Überschreiten der Höchstdauer wegen Krankheit) Verlängerung durch den Schulleiter möglich (§ 32 Abs. 8 SchUG). – Ferner ist auch ein freiwilliges 10. und 11. Schuljahr zur Nachholung des Pflichtschulabschlusses (§ 32 Abs. 2a SchUG) zulässig.

5 Die detaillierten Bestimmungen über die Höchstdauer des Schulbesuches enthält § 32 SchUG.

6 Im Zweifel ist eine Einstufungsprüfung, allenfalls auch eine schulpsychologische und (oder) eine schulärztliche Untersuchung vorzunehmen.

7 Dies könnte bei vorzeitiger Aufnahme in die Grundschule (siehe hiezu S. 49 f.) der Fall sein.

8 Die Bewilligung ist nur zu erteilen, wenn der Schüler aufgrund der vor einer Prüfungskommission abzulegenden Einstufungsprüfung besonders geeignet erscheint.

9 § 26a SchUG bezeichnet diese Fälle als „Überspringen an den Nahtstellen".

In der gesamten Schullaufbahn ist das Überspringen von Schulstufen nur insgesamt drei Mal zulässig.[1,2]

9 Einstufung und Umstufung in Leistungsgruppen

An Schularten[3], in denen bestimmte Pflichtgegenstände in Leistungsgruppen unterrichtet werden, ist die Zuweisung der Schüler in die bestehenden Leistungsgruppen erforderlich. Hiebei wird die **erstmalige** Zuweisung nach Eintritt in die betreffende Schulart als **Einstufung**, jede **Änderung** während des weiteren Bildungsweges als **Umstufung** bezeichnet.

9.1 Einstufung

Die Einstufung hat jeweils nach einem **Beobachtungszeitraum**[4] zu erfolgen. Die Grundlage für die Einstufung bilden die Beurteilung aus der Feststellung der Mitarbeit im Unterricht sowie allfällige[5] mündliche und schriftliche Leistungsfeststellungen, wobei der Schüler in jene Leistungsgruppe einzustufen ist, die seiner Leistungs- und Lernfähigkeit im Hinblick auf die lehrplanmäßig zu stellenden Anforderungen am ehesten entspricht.[6]

---

1 Je ein Mal in der Grundschule, nach der Grundschule bis einschließlich zur 8. Schulstufe und nach der 8. Schulstufe.

2 Dabei ist die Grundschule, die Hauptschule, die Unterstufe und die Oberstufe der AHS jeweils durch mindestens drei Schuljahre zu besuchen; die drei- und vierjährigen berufsbildenden mittleren Schulen, die berufsbildenden höheren Schulen und die höheren Anstalten der Lehrer- und Erzieherbildung dürfen höchstens um jeweils ein Schuljahr verkürzt besucht werden.

3 Hauptschulen, Polytechnische Schulen, Berufsschulen (vgl. S. 28 f., 30 f. und 34 f.).

4 Gemäß § 31b Abs. 2 SchUG muss dieser mindestens zwei Wochen ab Beginn des Unterrichtsjahres umfassen und hat spätestens mit Ablauf des ersten Semesters zu enden. Die genauen Fristen finden sich in den Lehrplanverordnungen der betreffenden Schularten (z. B. für die Hauptschule in der Verordnung BGBl. Nr. 78/1985 i. d. g. F.). An Berufsschulen entfällt der Beobachtungszeitraum im betriebswirtschaftlichen und fachtheoretischen Unterricht. Schüler, die einen entsprechenden Fachbereich in einer anderen berufsbildenden oder in der Polytechnischen Schule erfolgreich abgeschlossen haben, sind in die höhere Leistungsgruppe einzustufen. – An Polytechnischen Schulen kann der Beobachtungszeitraum entfallen, wenn die Einstufung ausschließlich aufgrund der Leistungen im vorangegangenen Schuljahr erfolgt.

5 Dies bedeutet, dass nur jene Leistungsfeststellungen herangezogen werden dürfen, die im Laufe der Unterrichtsarbeit ohnehin vorgenommen wurden (gesonderte Leistungsfeststellungen nur zum Zweck der Einstufung sind nicht vorgesehen).

6 Sofern ein vergleichbarer Unterrichtsgegenstand in der unmittelbar vorhergegangenen Schulstufe besucht wurde, ist auch dessen Beurteilung zu berücksichtigen.

Schüler, die die Aufnahmsvoraussetzungen für die AHS erfüllen, haben schon zu Beginn des Schuljahres die höchste Leistungsgruppe zu besuchen.

Die Einstufung ist von einer **Konferenz**[1] jener Lehrer vorzunehmen, die in den Leistungsgruppen des betreffenden Pflichtgegenstandes unterrichten werden, und dem Schüler innerhalb von drei Tagen (an ganzjährigen Berufsschulen innerhalb von acht Tagen) schriftlich bekannt zu geben.

Der Schüler kann sich innerhalb von fünf Tagen, an ganzjährigen Berufsschulen innerhalb von acht Tagen (jeweils ab Bekanntgabe), zur Ablegung einer **Aufnahmsprüfung** in eine höhere Leistungsgruppe anmelden. Die Prüfung ist vor einer Kommission abzulegen. Prüfer[2] ist ein den betreffenden Gegenstand unterrichtender Lehrer, Beisitzer jener Lehrer, der den Schüler im Beobachtungszeitraum unterrichtet hat (die Beurteilung ist gemeinsam vorzunehmen, bei Nichteinigung entscheidet der Schulleiter).[3]

9.2 Umstufung

Die Umstufung in die **nächsthöhere** Leistungsgruppe ist vorzunehmen, wenn aufgrund der bisher erbrachten Leistungen[4] zu erwarten ist, dass der Schüler den erhöhten Anforderungen dieser Leistungsgruppe entsprechen wird. Ferner kann der Schüler spätestens vier Wochen vor Ende des Unterrichtsjahres die Umstufung in die nächsthöhere Leistungsgruppe (mit Wirksamkeit für die nächste Schulstufe) beantragen.

Die Umstufung in die **nächstniedrigere** Leistungsgruppe ist vorzunehmen, sofern der Schüler im betreffenden Pflichtgegenstand während des Unterrichtsjahres mit „Nicht genügend" zu beurteilen wäre (bzw. am Ende des Unterrichtsjahres mit „Nicht genügend" beurteilt wurde).[5]

Umstufungstermine können an den einzelnen Schulen durch die Konferenz der Lehrer leistungsdifferenzierter Pflichtgegenstände festgelegt werden.

---

1 Der Antrag ist von jenem Lehrer zu stellen, der den Gegenstand während des Beobachtungszeitraumes unterrichtet hat (sofern nur ein Lehrer in allen Leistungsgruppen unterrichtet hat, nimmt dieser die Einstufung selbst vor).

2 Bestellung erfolgt durch den Schulleiter.

3 Sofern diese Prüfung nicht bestanden wird, kann Widerspruch an die zuständige Schulbehörde erhoben werden (siehe auch S. 144 ff.).

4 Aus der Gesetzesstelle (§ 31c Abs. 1 SchUG) ist nicht zweifelsfrei zu entnehmen, ob für diese Umstufung ausschließlich die Leistungen in dem zur Umstufung in Betracht kommenden Pflichtgegenstand heranzuziehen sind.

5 An Berufsschulen ist mit Zustimmung des Schülers die Umstufung auch bei Beurteilung mit „Genügend" zulässig.

Über Umstufungen **während** des Unterrichtsjahres entscheidet der unterrichtende Lehrer,[1] über jene, die für die **folgende** Schulstufe wirksam werden, die **Klassenkonferenz.** Der Antrag hiezu ist jeweils vom unterrichtenden Lehrer bzw. (siehe oben im 1. Absatz) vom Schüler zu stellen.[2]

10 Reifeprüfungen, Reife- und Diplomprüfungen, Diplomprüfungen, Abschlussprüfungen[3]

Im Folgenden wird die Durchführung dieser Prüfungen nach der „alten" Rechtslage dargestellt. Diese ist anzuwenden auf:

- Reifeprüfungen, zu denen erstmalig vor dem Haupttermin 2015 (Wirksamwerden der „neuen" Prüfungsordnung AHS)[4] angetreten wurde, sowie auf Wiederholungen von solchen Reifeprüfungen,
- Reife- und Diplomprüfungen, zu denen erstmalig vor dem Haupttermin 2016 (Wirksamwerden der „neuen" Prüfungsordnung an berufsbildenden höheren Schulen, an höheren Lehranstalten der Lehrer- und Erzieherbildung sowie für Diplomprüfungen an deren Lehrgängen)[5] angetreten wurde, sowie auf Wiederholungen von solchen Prüfungen,
- Abschlussprüfungen an berufsbildenden mittleren Schulen, zu denen erstmalig vor dem Haupttermin 2016 (Wirksamwerden der „neuen" Bestimmungen für Abschlussprüfungen) angetreten wurde, sowie auf Wiederholungen von solchen Abschlussprüfungen.
- Für AHS und berufsbildende mittlere und höhere Schulen für Berufstätige, Kollegs und Vorbereitungslehrgänge gelten bezüglich abschließender Prüfungen die Bestimmungen des SchUG-BKV, BGBl. I Nr. 33/1997 i. d. g. F.

---

[1] Sofern mit der Umstufung auch die Zuordnung zu einer anderen Schülergruppe verbunden ist, entscheidet der Schulleiter auf Antrag des unterrichtenden Lehrers.

[2] Die Entscheidung der Klassenkonferenz über die Umstufung in die nächstniedrigere (bzw. die Ablehnung des Antrages des Schülers auf Umstufung in die nächsthöhere) Leistungsgruppe ist dem Schüler spätestens am folgenden Schultag unter Angabe der Gründe und Beifügung einer Rechtsmittelbelehrung nachweislich bekannt zu geben. – Gegen die Entscheidung der Klassenkonferenz steht der Widerspruch an die zuständige Schulbehörde zu (nicht jedoch gegen die vom unterrichtenden Lehrer bzw. vom Schulleiter während des Unterrichtsjahres vorgenommene Umstufung). – Der Schüler ist spätestens sechs Wochen vor Ende des Unterrichtsjahres über eine beabsichtigte Umstufung zu informieren.

[3] § 34 SchUG prägt als Sammelbegriff für alle genannten Prüfungen die Bezeichnung „abschließende Prüfungen".

[4] BGBl. II Nr. 174/2012 i. d. F. BGBl. II Nr. 264/2012. Die „neue" Reifeprüfung ist an Formen der AHS mit fünfjähriger Oberstufe mit Haupttermin ab 2016 anzuwenden.

[5] BGBl. II Nr. 177/2012 i. d. F. BGBl. II Nr. 265/2012.

10.1 Allgemeines[1]

Der Bildungsgang an allgemeinbildenden **höheren** Schulen schließt mit der **Reifeprüfung**, jener an berufsbildenden höheren Schulen und an den höheren Lehranstalten der Lehrer- und Erzieherbildung[2] mit der **Reife- und Diplomprüfung** ab. Kollegs werden mit **Diplomprüfung** abgeschlossen, **Abschlussprüfungen** sind an den meisten Arten der berufsbildenden **mittleren** Schulen vorgesehen.

Die Prüfungen können, den Aufgaben und dem Lehrplan der betreffenden Schulart entsprechend, in eine **Hauptprüfung** und eine **Vorprüfung** unterteilt werden.

Die Hauptprüfung gliedert sich in eine Klausurprüfung (diese umfasst je nach Schulart und Prüfungsgebiet schriftliche, grafische oder praktische Arbeiten)[3] und in eine mündliche Prüfung. Die Vorprüfung besteht aus einer mündlichen, schriftlichen oder praktischen Prüfung oder aus einer Fachbereichsarbeit.

Die gesetzliche Grundlage für die Reifeprüfungen, die Reife- und Diplomprüfungen, die Diplomprüfungen und die Abschlussprüfungen stellt das Schulunterrichtsgesetz (insbesondere dessen §§ 34 bis 41) dar. Die **näheren Bestimmungen** über die Gliederung der Prüfung, die Prüfungsgebiete, die Aufgabenstellungen und die Durchführung der Prüfungen sind durch spezielle Verordnungen (**Prüfungsvorschriften**) geregelt, die für die einzelnen Schularten entsprechend deren unterschiedlichen Bildungsaufgaben und Lehrplänen jeweils gesondert erlassen wurden.[4,5]

10.2 Prüfungskommission

Die oben genannten Prüfungen sind vor Prüfungskommissionen abzulegen, deren **Vorsitzende** die nach der Geschäftsverteilung zuständigen **Landesschulinspektoren**[6] sind (bei deren Überlastung oder vorhersehbarer Verhinderung hat der Landesschulrat

1 Siehe auch §§ 34–41 SchUG („alte" Fassung) sowie die einzelnen Prüfungsvorschriften, insbesondere BGBl. Nr. 432/1990 i. d. g. F. (AHS), BGBl. II Nr. 70/2000 i. d. g. F. (BMHS) und BGBl. II Nr. 231/1991 i. d. g. F. (Bildungsanstalten).

2 Das sind die Bildungsanstalten für Kindergartenpädagogik und jene für Sozialpädagogik.

3 Die Klausurprüfung oder einzelne Klausurarbeiten können auch in Form einer von einem oder mehreren Kandidaten selbstständig zu erstellenden Diplom- oder Abschlussarbeit durchgeführt werden.

4 Auf die Details dieser Prüfungsordnungen kann hier nicht eingegangen werden.

5 Die an den (mittleren) Schulen zur Ausbildung von Leibeserziehern und Sportlehrern stattfindenden Befähigungs- und Abschlussprüfungen sind nicht Gegenstand dieses Rechtsbereiches.

6 Vorsitzender der Vorprüfung ist – soweit es sich bei dieser nicht um eine Fachbereichsarbeit handelt – der Schulleiter.

andere geeignete Fachleute mit dem Vorsitz zu betrauen, bei unvorhergesehener Verhinderung wird der Vorsitzende vom Schulleiter vertreten).[1]

Mitglieder der Prüfungskommission sind bei der Hauptprüfung der Schulleiter, der Klassenvorstand (gegebenenfalls auch der Abteilungsvorstand[2] bzw. der Fachvorstand sowie der Werkstättenleiter) sowie jene Lehrer, die den Prüfungskandidaten in der Abschlussklasse in mindestens einem der zu seinem Prüfungsgebiet gehörenden Gegenstände unterrichtet haben.[3,4]

Für einen **Beschluss** der Kommission ist die Anwesenheit des Vorsitzenden und von mindestens zwei Dritteln der Mitglieder sowie die unbedingte Mehrheit[5] der abgegebenen Stimmen erforderlich (Stimmenthaltung ist unzulässig). Der Vorsitzende stimmt selbst nicht mit, entscheidet jedoch bei Stimmengleichheit.[6]

10.3 Termine und Zulassung

Für die Ablegung der oben genannten Prüfungen (einschließlich der Vorprüfungen) sind jeweils ein **Haupttermin** und zwei weitere Termine (die Bezeichnung „Nebentermine" findet sich nicht mehr) vorgesehen.[7]

---

1 An Zentrallehranstalten (siehe hiezu S. 10) werden die Vorsitzenden durch den zuständigen Bundesminister bestellt.

2 In Schulen mit Abteilungsgliederung kann der Abteilungsvorstand an die Stelle des Schulleiters treten.

3 Mitglieder bei der Vorprüfung sind der Schulleiter sowie jene Lehrer, die den Kandidaten in einem zu seinem Prüfungsgebiet gehörenden Gegenstand unterrichtet haben, gegebenenfalls auch der Fachvorstand, der Werkstätten-(Bauhof-)leiter bzw. der Fachkoordinator. – Zu den Vorprüfungen an AHS siehe S. 98, Fußnote 4.

4 Setzt sich ein Prüfungsgebiet aus mehreren Unterrichtsgegenständen zusammen oder haben mehrere Lehrer einen Gegenstand unterrichtet, hat der Schulleiter höchstens zwei der unterrichtenden Lehrer als Prüfer zu bestellen. – Im Prüfungsgebiet „Projekt" an BHS sowie bei Diplom- und Abschlussarbeiten können auch mehr als zwei unterrichtende Lehrer bestellt werden.

5 Das ist mehr als die Hälfte.

6 Hält der Vorsitzende einen Beschluss der Prüfungskommission für rechtswidrig, hat er diesen auszusetzen und die Weisung der Schulbehörde erster Instanz einzuholen.

7 Die Hauptprüfungen zum Haupttermin haben innerhalb der letzten neun Wochen des Unterrichtsjahres, zu den weiteren Terminen innerhalb der ersten sieben Wochen des folgenden Unterrichtsjahres bzw. innerhalb von sieben Wochen ab den Weihnachtsferien stattzufinden (Ausnahmen für bestimmte Schularten – etwa im Hinblick auf die Ferialpraxis – durch Verordnung geregelt). Für die Vorprüfungen bestehen gesonderte Terminvorschriften. – Die Termine für die einzelnen Schulen sind durch die zuständige Schulbehörde festzusetzen (siehe hiezu auch den Erlass des BMUukA, MVBl. Nr. 21/1998).

Für die Zulassung zur Ablegung der Hauptprüfung im Haupttermin[1] ist der erfolgreiche Abschluss der letzten Schulstufe bis zum Beginn der Klausurprüfung erforderlich, wobei die Beurteilung mit „Nicht genügend" in **einem** Pflichtgegenstand kein Hindernis darstellt (der Kandidat hat in diesem Fall eine „**Jahresprüfung**"[2] im Rahmen der betreffenden Hauptprüfung abzulegen). Ebenso muss eine allenfalls vorgesehene Vorprüfung[3,4] positiv abgeschlossen sein.

10.4 Prüfungsgebiete, Aufgabenstellung, Prüfungsvorgang[5]

Die einzelnen **Prüfungsgebiete** können jeweils einen oder mehrere Unterrichtsgegenstände umfassen.

Bei der Hauptprüfung sind die Aufgabenstellungen im Rahmen der **Klausurprüfung** aufgrund eines Vorschlages des Prüfers durch die **Schulbehörde** erster Instanz zu bestimmen, jene im Rahmen der **mündlichen** Prüfung vom jeweiligen **Prüfer** selbst (mit Zustimmung des Vorsitzenden).[6]

Die **mündliche Prüfung** ist unter Leitung des Vorsitzenden in Anwesenheit des Schulleiters bzw. des Abteilungsvorstandes und derjenigen Mitglieder der Prüfungskommission, die Prüfer eines Prüfungsgebietes der mündlichen Prüfung sind, öffentlich durchzuführen.[7]

Über die Durchführung der vorstehend genannten Prüfungen ist jeweils ein **Prüfungsprotokoll** zu führen (über dessen Inhalt siehe S. 149).

---

1 Über die Zulassung zu anderen Terminen siehe § 36a SchUG.

2 In welcher Form diese durchzuführen ist, geht für die einzelnen Schularten und Unterrichtsgegenstände aus der jeweiligen Prüfungsvorschrift hervor. Im Rahmen dieser Prüfung ist der Lehrer des betreffenden Pflichtgegenstandes jedenfalls Mitglied der Prüfungskommission.

3 Vorprüfungen sind z. B. in den Höheren Lehranstalten für wirtschaftliche Berufe und in den Höheren Lehranstalten für Tourismus aus den fachpraktischen Unterrichtsgegenständen abzulegen (jeweils am Ende des IV. Jahrganges).

4 In den AHS ist zwischen pflichtigen Vorprüfungen (an Sonderformen) und (vom Schüler gewählten) Vorprüfungen in Form einer Fachbereichsarbeit zu unterscheiden. Bei ersteren ist der Schulleiter Vorsitzender, bei letzteren der Vorsitzende der Hauptprüfung.

5 Die näheren Bestimmungen hiezu finden sich in den jeweiligen Prüfungsvorschriften.

6 Bei den Vorprüfungen ist die Aufgabenstellung vom Prüfer mit Zustimmung des Vorsitzenden zu bestimmen (die Aufgabenstellung der Fachbereichsarbeit ist vom Prüfer im Einvernehmen mit dem Kandidaten festzulegen und bedarf der Zustimmung der zuständigen Schulbehörde).

7 Der Ausschluss von Zuhörern durch den Vorsitzenden ist nur dann vorgesehen, wenn diese den Prüfungsablauf stören.

10.5 Beurteilung, Prüfungszeugnis

Die Beurteilung der Leistungen der Kandidaten in den einzelnen Prüfungsgebieten **(Teilbeurteilungen)**[1] sowie die **Gesamtbeurteilung** der Prüfung ist sowohl bei der Vorprüfung als auch bei der Hauptprüfung durch die jeweilige Prüfungskommission festzusetzen.

Für die Beurteilung der Leistungen sind die Grundsätze des § 18 Abs. 2 bis 4 und 6 SchUG (vgl. oben insbes. S. 76, Z. 5.3.4 und S. 79, Z. 5.3.4.2) anzuwenden.

Sofern nicht mehr als zwei der schriftlichen Klausurarbeiten[2] negativ beurteilt wurden, darf der Kandidat **dennoch** zur mündlichen Prüfung antreten (er hat jedoch über jedes negativ beurteilte Prüfungsgebiet eine zusätzliche mündliche Prüfung abzulegen, sofern eine solche nicht ohnehin vorgesehen ist).

Die **Gesamtbeurteilung** der abschließenden Prüfung ist auf Grund der Beurteilung der einzelnen Prüfungsgebiete festzusetzen und hat „mit ausgezeichnetem Erfolg bestanden", „mit gutem Erfolg bestanden", „bestanden" oder „nicht bestanden" zu lauten.[3]

Die bei negativer Beurteilung vorgesehenen **Wiederholungen** regelt § 40 SchUG.[4]

Die Ablegung und die Gesamtbeurteilung der Prüfung sind in einem **Zeugnis** zu beurkunden.[5] In dieses sind neben der Bezeichnung der Schule und ihres Standortes sowie der Personalien des Kandidaten insbesondere die Beurteilungen in den einzelnen Prüfungsgebieten, die Gesamtbeurteilung, die mit dem Zeugnis verbundenen Berechtigungen (z. B. Studienberechtigungen, EU-rechtliche Anerkennung) sowie alle für diese Berechtigungen maßgebenden Angaben (z. B. Hinweise auf Erleichterungen zu Berufszugängen) aufzunehmen.

Bei negativer Gesamtbeurteilung hat das Zeugnis (ausgenommen beim letzten Prüfungsantritt) einen Vermerk über die Zulässigkeit der Prüfungswiederholung zu enthalten.[6]

---

[1] Der Antrag zur Beurteilung der einzelnen Teile der Klausurprüfung sowie der einzelnen mündlichen Prüfungen ist vom jeweiligen Prüfer zu stellen.

[2] Zur Einsichtnahme in korrigierte und beurteilte Klausurarbeiten siehe die Verwaltungsverordnung vom 17. Februar 1997, RS Nr. 15/1997, MVBl. Nr. 55/1997.

[3] Siehe hiezu § 38 Abs. 3 SchUG.

[4] Der Wiederholungstermin ist dem Kandidaten auf seinen Antrag vom Schulleiter zuzuweisen. Eine Wiederholung darf höchstens drei Mal stattfinden.

[5] Zur Gestaltung der Zeugnisformulare siehe die Verordnung BGBl. Nr. 415/1989 i. d. g. F.

[6] Gegen die negative Gesamtbeurteilung steht das Rechtsmittel des Widerspruchs an die zuständige Schulbehörde zu (vgl. S. 144 ff.).

Das Zeugnis ist mit der Unterschrift des Vorsitzenden, des Schulleiters, des Klassenvorstandes (gegebenenfalls auch des Abteilungsvorstandes), mit Angaben über Ort und Datum der Ausstellung sowie dem Rundsiegel der Schule zu versehen.

An den allgemeinbildenden höheren Schulen, den Bildungsanstalten für Kindergartenpädagogik und den Bildungsanstalten für Sozialpädagogik wird das Zeugnis über eine bestandene Reifeprüfung oder Reife- und Diplomprüfung mit dem Jahreszeugnis über die letzte Schulstufe verbunden.[1,2]

10.6 Zusatzprüfungen zur Reifeprüfung

Zur Erweiterung der **Studienberechtigung** kann der Prüfungskandidat im Rahmen der Reifeprüfung oder der Reife- und Diplomprüfung Zusatzprüfungen ablegen.[3] Er hat sich hiezu beim Schulleiter anzumelden.[4]

Die **bestandene** Zusatzprüfung ist auf dem Reifeprüfungszeugnis bzw. dem Reife- und Diplomprüfungszeugnis zu beurkunden.

1 Über die Vorprüfung ist ein eigenes Zeugnis auszustellen (ausgenommen positiv beurteilte Fachbereichsarbeiten).

2 Siehe die Zeugnisformularverordnung, BGBl. Nr. 415/1989 i. d. g. F.

3 Welche Zusatzprüfungen für die einzelnen Universitätsstudien jeweils erforderlich sind, ist in der Universitätsberechtigungsverordnung, BGBl. II Nr. 44/1998 i. d. g. F., festgelegt. – Die Durchführung der Prüfungen ist in den Reifeprüfungsvorschriften geregelt.

4 Der Gegenstand der Zusatzprüfung muss an der betreffenden Schule geführt werden (Personen, die bereits eine Reifeprüfung besitzen, sind jedoch auf ihren Antrag vom Schulleiter auch einer anderen in Betracht kommenden Schule zuzuweisen).

11 Reifeprüfungen, Reife- und Diplomprüfungen, Diplomprüfungen, Abschlussprüfungen[1] – NEU

Im Folgenden wird die „teilzentrale" Durchführung dieser Prüfungen nach der „neuen" Rechtslage dargestellt. Diese ist anzuwenden auf:

- Reifeprüfungen ab dem Wirksamwerden der „neuen" Prüfungsordnung AHS[2] in der Regel mit Haupttermin ab 2015,
- Reife- und Diplomprüfungen ab dem Wirksamwerden der „neuen" Prüfungsordnung an berufsbildenden höheren Schulen, an höheren Lehranstalten der Lehrer- und Erzieherbildung sowie Diplomprüfungen an deren Lehrgängen[3] mit Haupttermin ab 2016,
- Abschlussprüfungen an berufsbildenden mittleren Schulen ab dem Wirksamwerden der „neuen" Bestimmungen mit Haupttermin ab 2016.
- Für AHS und BMHS für Berufstätige, Kollegs und Vorbereitungslehrgänge gelten bezüglich abschließender Prüfungen die Bestimmungen des SchUG-BKV, BGBl. I Nr. 33/1997 i. d. g. F.

Eines der Ziele der Neuregelung ist die teilzentrale Durchführung der Klausurarbeiten dieser Prüfungen.[4]

11.1 Allgemeines[5]

Der Bildungsgang an allgemeinbildenden **höheren** Schulen schließt mit der **Reifeprüfung**, jener an berufsbildenden höheren Schulen und an den höheren Lehranstalten der Lehrer- und Erzieherbildung[6] mit der **Reife- und Diplomprüfung** ab. Kollegs werden

---

[1] § 34 SchUG prägt als Sammelbegriff für alle genannten Prüfungen die Bezeichnung „abschließende Prüfungen".

[2] Prüfungsordnung AHS, BGBl. II Nr. 174/2012 i. d. F. BGBl. II Nr. 264/2012. An Formen der AHS mit fünfjähriger Oberstufe (Werkschulheim, Realgymnasium und Oberstufenrealgymnasium unter besonderer Berücksichtigung der musischen Ausbildung für Studierende der Musik) ist die „neue" Reifeprüfung mit Haupttermin ab 2016 anzuwenden.

[3] Prüfungsordnung BHS, Bildungsanstalten, BGBl. II Nr. 177/2012 i. d. F. BGBl. II Nr. 265/2012.

[4] Mit Zustimmung des Schulgemeinschaftsausschusses, für die die besonderen Anwesenheits- und Beschlusserfordernisse von zwei Dritteln in jeder der drei vertretenen Gruppen erforderlich sind (vgl. Anm. 4 auf S. 138), kann die Durchführung bereits ein Jahr vor den genannten Terminen nach den neuen Bestimmungen erfolgen. Schulversuchsweise (vgl. S. 25) können die neuen Bestimmungen bereits seit dem Schuljahr 2012/13 erprobt werden.

[5] Siehe auch §§ 34–41 SchUG („neue" Fassung) sowie die einzelnen Prüfungsvorschriften, siehe oben Anm. 2 und 3.

[6] Das sind die Bildungsanstalten für Kindergartenpädagogik und jene für Sozialpädagogik.

mit **Diplomprüfung** abgeschlossen, **Abschlussprüfungen** sind an den meisten Arten der berufsbildenden **mittleren** Schulen vorgesehen.

Die Prüfungen können, den Aufgaben und dem Lehrplan der betreffenden Schulart entsprechend, in eine **Hauptprüfung** und eine **Vorprüfung** unterteilt werden.

Die Hauptprüfung gliedert sich in die abschließende Arbeit, eine Klausurprüfung (diese umfasst je nach Schulart und Prüfungsgebiet schriftliche, grafische oder praktische Arbeiten) und in eine mündliche Prüfung. Die Vorprüfung besteht aus einer mündlichen, schriftlichen oder praktischen Prüfung.

Die gesetzliche Grundlage für die Reifeprüfungen, die Reife- und Diplomprüfungen, die Diplomprüfungen und die Abschlussprüfungen stellt das Schulunterrichtsgesetz (insbesondere dessen §§ 34 bis 41) dar. Die **näheren Bestimmungen** über die Gliederung der Prüfung, die Prüfungsgebiete, die Aufgabenstellungen und die Durchführung der Prüfungen sind durch spezielle Verordnungen (**Prüfungsvorschriften**) geregelt, die für die einzelnen Schularten entsprechend deren unterschiedlichen Bildungsaufgaben und Lehrplänen jeweils gesondert erlassen wurden.[1,2]

11.2 Prüfungskommission

Die oben genannten Prüfungen sind vor Prüfungskommissionen abzulegen, deren **Vorsitzende** der nach der Geschäftsverteilung zuständigen **Landesschulinspektor**[3] ist (oder ein anderer von der zuständigen Schulbehörde zu bestellender Experte des mittleren oder höheren Schulwesens oder ein externer Fachexperte).[4,5]

Weitere **Mitglieder** der Prüfungskommission sind bei der Hauptprüfung

- der Schulleiter oder ein von ihm zu bestellender Abteilungsvorstand bzw. Lehrer,
- der Klassenvorstand oder ein vom Schulleiter zu bestellender fachkundiger Lehrer[6],

1 Auf die Details dieser Prüfungsordnungen kann hier nicht eingegangen werden.

2 Die an den (mittleren) Schulen zur Ausbildung von Leibeserziehern und Sportlehrern stattfindenden Befähigungs- und Abschlussprüfungen sind nicht Gegenstand dieses Rechtsbereiches.

3 Vorsitzender der Vorprüfung ist entweder der Schulleiter, der Fachvorstand oder ein vom Schulleiter zu bestellender Lehrer.

4 An Zentrallehranstalten (siehe hiezu S. 10) werden die Vorsitzenden durch den zuständigen Bundesminister bestellt.

5 Bei Verhinderung des Vorsitzenden erfolgt die Vorsitzführung durch den Schulleiter oder einen von ihm zu bestellenden Lehrer.

6 Ein fachkundiger Lehrer ist zu bestellen, wenn dies im Hinblick auf die fachlichen Anforderungen des Prüfungsgebietes erforderlich ist.

- jener Lehrer, der die abschließende Arbeit betreut oder den das Prüfungsgebiet bildenden Gegenstand in der betreffenden Klasse unterrichtet hat (Prüfer)[1,2] sowie
- bei einer mündlichen Prüfung und einer mündlichen Kompensationsprüfung ein vom Schulleiter zu bestimmender fachkundiger Lehrer (Beisitzer)[3].

Für einen **Beschluss** der Kommission ist die Anwesenheit aller Kommissionsmitglieder[4] erforderlich, Stimmenthaltung ist unzulässig. Der Vorsitzende stimmt bei der Hauptprüfung selbst nicht mit.[5]

11.3 Termine und Zulassung

Für die Ablegung der oben genannten Prüfungen sind jeweils ein **Haupttermin** und zwei weitere Termine (die Bezeichnung „Nebentermine" findet sich nicht mehr) vorgesehen.[6]

Die Termine für die Abgabe der abschließenden Arbeit, die einzelnen standardisierten Klausurarbeiten und für mündliche Kompensationsprüfungen in diesen Prüfungsgebieten sind durch den zuständigen Bundesminister festzulegen. Ansonsten sind die Termine für die einzelnen Schulen durch die zuständige Schulbehörde festzusetzen.

---

1 Mitglieder bei der Vorprüfung sind neben dem Vorsitzenden jener Lehrer, der den Kandidaten in einem zu seinem Prüfungsgebiet gehörenden Gegenstand unterrichtet hat, sowie ein weiterer vom Schulleiter zu bestellender fachkundiger Lehrer als Prüfer.

2 Es besteht somit für jedes Prüfungsgebiet eines Prüfungskandidaten eine unterschiedliche Prüfungskommission. – Setzt sich ein Prüfungsgebiet aus mehreren Unterrichtsgegenständen zusammen oder haben mehrere Lehrer einen Gegenstand unterrichtet, hat der Schulleiter höchstens zwei der unterrichtenden Lehrer als Prüfer zu bestellen. Diesen Prüfern kommt gemeinsam eine Stimme zu. Bei einer mündlichen Prüfung oder einer mündlichen Kompensationsprüfung wird in diesen Fällen kein Beisitzer bestellt.

3 Prüfer und Beisitzer kommt gemeinsam eine Stimme zu. – Wenn kein fachkundiger Lehrer als Beisitzer zur Verfügung steht, hat die zuständige Schulbehörde einen fachkundigen Lehrer einer anderen Schule zu bestellen.

4 Im Fall der Verhinderung eines Mitglieds (ausgenommen des Vorsitzenden) oder wenn die Funktion des Prüfers mit der eines anderen Kommissionsmitglieds zusammenfällt, hat der Schulleiter einen Stellvertreter zu bestimmen.

5 Hält der Vorsitzende einen Beschluss der Prüfungskommission für rechtswidrig, hat er diesen auszusetzen und die Weisung der zuständigen Schulbehörde einzuholen.

6 Die Hauptprüfungen zum Haupttermin haben innerhalb der letzten neun Wochen des Unterrichtsjahres, zu den weiteren Terminen innerhalb der ersten sieben Wochen des folgenden Unterrichtsjahres bzw. innerhalb von sieben Wochen ab den Weihnachtsferien bzw. zum nächsten Haupttermin stattzufinden (Ausnahmen für bestimmte Schularten – etwa im Hinblick auf die Ferialpraxis – durch Verordnung geregelt). Für die Vorprüfungen bestehen gesonderte Terminvorschriften.

Für die Zulassung zur Ablegung der Hauptprüfung im Haupttermin[1] ist der erfolgreiche Abschluss der letzten Schulstufe erforderlich, wobei bei Beurteilung mit „Nicht genügend" in **einem** Pflichtgegenstand zwischen der Beurteilungskonferenz und dem Beginn der Klausurprüfung eine **Wiederholungsprüfung**[2] abgelegt werden kann.

Zwischen dem Ende der Klausurprüfung und der mündlichen Prüfung hat ein prüfungsfreier Zeitraum zu liegen, der bei der Festlegung der konkreten Prüfungstermine zu beachten ist.

11.4 Prüfungsgebiete, Aufgabenstellung, Prüfungsvorgang[3]

Die einzelnen **Prüfungsgebiete** können jeweils einen oder mehrere Unterrichtsgegenstände umfassen.

Vorprüfungen sind durchzuführen, wenn dies in den Prüfungsvorschriften der jeweiligen Schulart vorgesehen ist.[4]

Für die Hauptprüfung ist ein **„Drei-Säulen-Modell"**[5] vorgesehen:

1. Säule – Abschließende Arbeit

Diese ist selbstständig und außerhalb der Unterrichtszeit zu erstellen (an höheren Schulen auf vorwissenschaftlichem Niveau) und umfasst auch die Präsentation und Diskussion bei der mündlichen Prüfung. An den AHS wird sie als **„vorwissenschaftliche Arbeit"**, an den BHS, den Bildungsanstalten für Kindergartenpädagogik und den Bildungsanstalten für Sozialpädagogik als **„Diplomarbeit"** bezeichnet.

Die Themenfestlegung erfolgt im Einvernehmen zwischen Betreuer und Prüfungskandidat, bei der vorwissenschaftlichen Arbeit im ersten Semester der vorletzten Schulstufe, bei der Diplomarbeit in den ersten drei Wochen der letzten Schulstufe. Das festgelegte Thema ist der zuständigen Schulbehörde bei der vorwissenschaftlichen Arbeit bis Ende März der vorletzten Schulstufe bzw. bei der Diplomarbeit unver-

[1] Über die Zulassung zu anderen Terminen siehe § 36a SchUG.

[2] Diese Wiederholungsprüfung kann zu Beginn des folgenden Schuljahres wiederholt werden.

[3] Die näheren Bestimmungen hiezu finden sich in den jeweiligen Prüfungsvorschriften.

[4] Vorprüfungen sind z. B. in den Höheren Lehranstalten für wirtschaftliche Berufe und in den Höheren Lehranstalten für Tourismus aus den fachpraktischen Unterrichtsgegenständen abzulegen (jeweils am Ende des IV. Jahrganges), in den AHS an manchen Sonderformen. – Die Aufgabenstellungen sind vom Prüfer mit Zustimmung des Vorsitzenden zu bestimmen.

[5] Das Antreten zu den „Säulen" erfolgt voneinander unabhängig, der positive Abschluss der ersten oder zweiten Säule ist daher nicht Voraussetzung für das Antreten zur mündlichen Prüfung.

züglich zur Zustimmung[1] vorzulegen. Bei der Erstellung der abschließenden Arbeit ist der Prüfungskandidat in der letzten Schulstufe kontinuierlich vom Prüfer zu betreuen, dabei ist auf die Selbstständigkeit seiner Leistungen zu achten. Der Abgabetermin ist für alle Schüler einer Schulart gleich. Im Fall der negativen Beurteilung[2] ist eine neue Themenstellung festzulegen.

2. Säule – Schriftliche Klausurprüfung

Hier wird zwischen standardisierten[3] und nicht standardisierten Klausurarbeiten unterschieden. Nur für erstere erfolgt die konkrete Festlegung der Aufgabenstellungen durch den zuständigen Bundesminister, für alle übrigen auf Vorschlag des Prüfers durch die zuständige Schulbehörde. Standardisierte Klausurarbeiten sind nur für höhere Schulen[4] vorgesehen. In den standardisierten Prüfungsgebieten haben die Beurteilungsanträge der Prüfer und die Beurteilungen durch die Prüfungskommission nach Maßgabe der zentralen Korrektur- und Beurteilungsanleitungen zu erfolgen.

Mündliche Kompensationsprüfung

Bei negativer Beurteilung von Klausurarbeiten können auf Antrag zusätzliche mündliche Kompensationsprüfungen abgelegt werden.[5] Die Aufgabenstellungen werden wie bei den Klausurarbeiten in den standardisierten Prüfungsgebieten durch den zuständigen Bundesminister, für alle übrigen auf Vorschlag des Prüfers durch die zuständige Schulbehörde festgelegt. Die Beurteilungen haben in den standardisierten Prüfungsgebieten ebenfalls nach Maßgabe der zentralen Korrektur- und Beurteilungsanleitungen zu erfolgen.

Das Ablegen einer mündlichen Kompensationsprüfung kann je nach den Leistungen bei dieser Prüfung zur Folge haben, dass die Gesamtleistungen (auch die negativen schriftlichen Leistungen sind für das Gesamtbild der Leistungen zu berücksichtigen) im betreffenden Prüfungsgebiet mit „Befriedigend“, „Genügend“ oder mit „Nicht genügend“ beurteilt werden.

---

1 Die Schulbehörde hat bei der vorwissenschaftlichen Arbeit bis Ende April der vorletzten Schulstufe bzw. bei der Diplomarbeit bis sechs Wochen nach Beginn der letzten Schulstufe die Zustimmung zu erteilen oder unter Setzung einer Nachfrist die Vorlage eines neuen Themas zu verlangen.

2 Diese steht erst nach der Präsentation und Diskussion der Arbeit im Rahmen der mündlichen Prüfung fest.

3 Standardisierte Klausurarbeiten werden in den Prüfungsgebieten Deutsch (bzw. Slowenisch, Kroatisch oder Ungarisch an den höheren Schulen für sprachliche Minderheiten), in den lebenden Fremdsprachen Englisch, Französisch, Spanisch, Italienisch (an AHS, sofern diese lebenden Fremdsprachen in der Oberstufe mindestens im Ausmaß von zehn Wochenstunden besucht wurden, sowie in Latein und Griechisch) und in (angewandter) Mathematik durchgeführt.

4 Also nicht für die Abschlussprüfungen an berufsbildenden mittleren Schulen.

5 Es erfolgt daher keine zusätzliche mündliche Teilprüfung im Rahmen der mündlichen Prüfung.

Die negative Beurteilung einer Klausurarbeit kann nur durch eine (zusätzliche) mündliche Kompensationsprüfung ausgeglichen werden, nicht jedoch im Rahmen einer allenfalls gewählten mündlichen Teilprüfung, weil die Inhalte der (zentralen) schriftlichen Arbeiten einerseits und der schulspezifischen Aufgabenstellungen mündlicher Teilprüfungen andererseits zu unterschiedlich sind.

3. Säule – Mündliche Prüfung

Diese wird unter der Leitung des Vorsitzenden und in Anwesenheit der Prüfungskommission weiterhin schulspezifisch und öffentlich durchgeführt.[1]

Für die einzelnen Prüfungsgebiete sind durch (Fach-)Lehrerkonferenzen Themenbereiche zu erstellen. Mitglieder dieser Konferenzen sind die Lehrpersonen der Schule, die entweder die Lehrbefähigung für den betreffenden Unterrichtsgegenstand besitzen (unabhängig davon, ob sie diesen Gegenstand auch unterrichten) oder – ohne Lehrbefähigung – diesen Gegenstand im entsprechenden Unterrichtsjahr (z. B. mit Sondervertrag) unterrichten.[2]

An AHS orientiert sich die Anzahl der Themenbereiche am Stundenausmaß der Oberstufe (Summe der Jahreswochenstunden mal drei), ist allerdings mit 24 Themenbereichen gedeckelt. Für bestimmte Prüfungsgebiete bestehen abweichende Regelungen (siehe § 28 Abs. 2 Prüfungsordnung AHS). An BHS, den Bildungsanstalten für Kindergartenpädagogik und den Bildungsanstalten für Sozialpädagogik ist eine angemessene Anzahl an Themenbereichen festzulegen.

Die Themenbereiche sind bis spätestens Ende November der letzten Schulstufe für jede Abschlussklasse oder Abschlussgruppe (z. B. Fremdsprachengruppe) festzulegen[3], einen Monat lang in der Schule durch Anschlag kundzumachen und anschließend bei der Schulleitung zu hinterlegen. Die Schüler sind auf diese Kundmachung hinzuweisen.

Bei der Prüfung zieht der Prüfungskandidat aus dem Pool der ihm bekannten Themenbereiche zwei, wobei er nicht weiß, welche Themenbereiche er gezogen hat. Diese beiden Themenbereiche werden ihm gegenüber eröffnet. Danach kann er sich für einen Themenbereich entscheiden, aus dem ihm die vom Prüfer festgelegte Aufgabenstellung vorgelegt wird. Die Aufgabenstellung selbst darf er zuvor nicht gekannt haben.

---

1 Der Ausschluss von Zuhörern durch den Vorsitzenden ist nur dann vorgesehen, wenn diese den Prüfungsablauf stören.

2 Sollte es in einem Prüfungsgebiet (z. B. Chemie) nur einen Fachlehrer geben, wird die Fachlehrerkonferenz durch Lehrkräfte „verwandter“ Unterrichtsgegenstände (in diesem Fall etwa Biologie und Physik) ergänzt. Darüber entscheidet die Schulleitung. – Siehe BMUKK RS Nr. 21/2013.

3 Die Themenbereiche können für mehrere parallele Abschlussklassen oder -gruppen einer Schule ident sein. – Siehe BMUKK RS Nr. 21/2013.

Über die Durchführung der vorstehend genannten Prüfungen ist jeweils ein **Prüfungsprotokoll** zu führen (über dessen Inhalt siehe S. 149).

11.5 Beurteilung, Prüfungszeugnis

Die Beurteilung der Leistungen der Kandidaten in den einzelnen Prüfungsgebieten **(Teilbeurteilungen)**[1] ist sowohl bei der Vorprüfung als auch bei der Hauptprüfung durch die jeweilige Prüfungskommission festzusetzen.

Für die Beurteilung der Leistungen sind die Grundsätze des § 18 Abs. 2 bis 4 und 6 SchUG (vgl. oben insbes. S. 76, Z. 5.3.4 und S. 79, Z. 5.3.4.2) anzuwenden.

Die **Gesamtbeurteilung** der abschließenden Prüfung ist vom Vorsitzenden aufgrund der Beurteilung der einzelnen Prüfungsgebiete festzusetzen und hat „mit ausgezeichnetem Erfolg bestanden“, „mit gutem Erfolg bestanden“, „bestanden“ oder „nicht bestanden“ zu lauten.[2]

Die bei negativer Beurteilung vorgesehenen **Wiederholungen** regelt § 40 SchUG.[3]

Die Ablegung und die Gesamtbeurteilung der Prüfung sind in einem **Zeugnis** zu beurkunden.[4] In dieses sind neben der Bezeichnung der Schule und ihres Standortes sowie der Personalien des Kandidaten insbesondere die Beurteilungen in den einzelnen Prüfungsgebieten, die Gesamtbeurteilung, die mit dem Zeugnis verbundenen Berechtigungen (z. B. Studienberechtigungen, EU-rechtliche Anerkennung) sowie alle für diese Berechtigungen maßgebenden Angaben (z. B. Hinweise auf Erleichterungen zu Berufszugängen) aufzunehmen.

Bei negativer Gesamtbeurteilung hat das Zeugnis (ausgenommen beim letzten Prüfungsantritt) einen Vermerk über die Zulässigkeit der Prüfungswiederholung zu enthalten.[5]

---

[1] Der Antrag zur Beurteilung der einzelnen Teile der Klausurprüfung ist vom jeweiligen Prüfer zu stellen. Der Antrag zur Beurteilung der einzelnen mündlichen Prüfungen ist von den Prüfern bzw. von Prüfer und Beisitzer einvernehmlich zu stellen.

[2] Siehe hiezu § 38 Abs. 6 SchUG.

[3] Der Wiederholungstermin ist dem Kandidaten auf seinen Antrag vom Schulleiter zuzuweisen. Eine Wiederholung darf höchstens drei Mal stattfinden.

[4] Zur Gestaltung der Zeugnisformulare siehe die Verordnung BGBl. Nr. 415/1989 i. d. g. F.

[5] Gegen die negative Gesamtbeurteilung steht das Rechtsmittel des Widerspruchs an die zuständige Schulbehörde zu (vgl. S. 144 ff.).

Das Zeugnis ist mit der Unterschrift des Vorsitzenden, des Schulleiters (oder des Abteilungsvorstandes) und des Klassenvorstandes mit Angaben über Ort und Datum der Ausstellung sowie dem Rundsiegel der Schule zu versehen.

An den allgemeinbildenden höheren Schulen, den Bildungsanstalten für Kindergartenpädagogik und den Bildungsanstalten für Sozialpädagogik wird das Zeugnis über eine bestandene Reifeprüfung oder Reife- und Diplomprüfung mit dem Jahreszeugnis über die letzte Schulstufe verbunden.[1,2]

11.6 Zusatzprüfungen zur Reifeprüfung

Zur Erweiterung der **Studienberechtigung** kann der Prüfungskandidat im Rahmen der Reifeprüfung oder der Reife- und Diplomprüfung Zusatzprüfungen ablegen.[3] Er hat sich hiezu beim Schulleiter anzumelden.[4]

Die **bestandene** Zusatzprüfung ist auf dem Reifeprüfungszeugnis bzw. dem Reife- und Diplomprüfungszeugnis zu beurkunden.

12 Externistenprüfungen

Unter Externistenprüfungen sind jene Prüfungen zu verstehen, die **ohne** vorhergehenden **Schulbesuch** abgelegt werden.

Externistenprüfungen können über einzelne Unterrichtsgegenstände, Schulstufen oder Schularten abgelegt werden (z. B. auch über den zureichenden Schulerfolg bei häuslichem Unterricht oder bei Besuch von Privatschulen ohne Öffentlichkeitsrecht). Auch die Ablegung von Reifeprüfungen, Reife- und Diplomprüfungen und Abschlussprüfungen, von Studienberechtigungsprüfungen sowie von Berufsreifeprüfungen[5] und von Pflichtschulabschluss-Prüfungen[6] ist im Externistenwege zulässig (in einigen Fällen ist die Aufteilung der Prüfungsgegenstände in Zulassungsprüfungen und in eine Hauptprüfung vorgesehen).

---

1 Über die Vorprüfung ist ein eigenes Zeugnis auszustellen.

2 Siehe die Zeugnisformularverordnung, BGBl. Nr. 415/1989 i. d. g. F.

3 Welche Zusatzprüfungen für die einzelnen Universitätsstudien jeweils erforderlich sind, ist in der Universitätsberechtigungsverordnung, BGBl. II Nr. 44/1998 i. d. g. F., festgelegt. – Die Durchführung der Prüfungen ist in den Reifeprüfungsvorschriften geregelt.

4 Der Gegenstand der Zusatzprüfung muss an der betreffenden Schule geführt werden (Personen, die bereits eine Reifeprüfung besitzen, sind jedoch auf ihren Antrag vom Schulleiter auch einer anderen in Betracht kommenden Schule zuzuweisen).

5 Siehe hiezu das Bundesgesetz BGBl. I Nr. 21/1998 i. d. g. F.

6 Siehe hiezu das Bundesgesetz BGBl. I Nr. 72/2012 i. d. g. F.

Externistenprüfungen sind vor Prüfungskommissionen[1] abzulegen, die grundsätzlich an jeder Schule bestehen können. Die zuständige Schulbehörde kann jedoch solche Kommissionen an bestimmten Schulen auch für einen größeren örtlichen Bereich einrichten.

Voraussetzung für die Zulassung zu einer Externistenprüfung ist, dass der Kandidat zum Zeitpunkt ihrer Ablegung nicht jünger ist, als er bei Besuch der betreffenden Schulart ohne Überspringen von Schulstufen wäre.

Die näheren Bestimmungen sind in § 42 SchUG sowie in der Verordnung BGBl. Nr. 362/1979 i. d. g. F. festgelegt.

13 Schulordnung und Mitwirkung der Schule an der Erziehung

13.1 Pflichten der Schüler

Die Schüler sind **verpflichtet**, durch ihre Mitarbeit und ihre Einordnung in die Gemeinschaft der Klasse und der Schule **mitzuhelfen**, die Aufgabe der österreichischen Schule zu erfüllen und die Unterrichtsarbeit zu fördern.[2]

Sie haben den Unterricht (einschließlich der Freigegenstände und unverbindlichen Übungen, für die sie angemeldet sind) regelmäßig und pünktlich zu besuchen, an den verpflichtend vorgeschriebenen Schulveranstaltungen[3,4] teilzunehmen, die notwendigen Unterrichtsmittel mitzubringen und die Schulordnung bzw. die Hausordnung einzuhalten.

Die Verpflichtung zu regelmäßigem und pünktlichem Besuch gilt für den Fall der Anmeldung auch für den Betreuungsteil an ganztägigen Schulformen.

---

[1] Die Kommission besteht aus dem Schulleiter als Vorsitzendem und den erforderlichen Lehrern als Fachprüfern. Auf Prüfungskommissionen für Reifeprüfungen, Reife- und Diplomprüfungen sowie für Abschlussprüfungen sind die diesbezüglichen Bestimmungen sinngemäß anzuwenden (vgl. oben S. 96 ff.).

[2] Die Pflicht zur Erfüllung der Aufgabe der österreichischen Schule (vgl. S. 19 f. und S. 52) trifft also nicht die Lehrer und die Schulbehörden allein. Ebenso ist die in § 17 SchUG umschriebene Unterrichtsarbeit des Lehrers (vgl. S. 66) durch die Schüler zu unterstützen.

[3] Siehe hiezu S. 62 f.

[4] Die Teilnahmeverpflichtung erstreckt sich auch auf die schulbezogenen Veranstaltungen, für die der Schüler angemeldet ist, sowie auf die individuelle Berufs(bildungs)orientierung, zu deren Teilnahme er dem Unterricht fernbleiben darf (siehe S. 63 f.).

Der Schüler ist ferner verpflichtet, **Beschädigungen** oder Beschmutzungen, die er an der Schulliegenschaft oder an Einrichtungen der Schule vorsätzlich verursacht hat, über Auftrag des Schulleiters (gegebenenfalls auch des Abteilungsvorstandes oder des Fachvorstandes) oder eines Lehrers zu **beseitigen,** soweit ihm dies zumutbar ist.[1]

13.2 Schulordnung und Hausordnung

Die **näheren** Vorschriften über das Verhalten der Schüler in der Schule, bei Schulveranstaltungen und schulbezogenen Veranstaltungen, über Maßnahmen zur Sicherheit der Schüler sowie zur Ermöglichung eines ordnungsgemäßen Schulbetriebes finden sich in der **Verordnung** des Bundesministers für Unterricht und Kunst über die **Schulordnung.**[2] – Siehe hiezu auch das folgende Kapitel „Mitwirkung der Schule an der Erziehung" (S. 113 f.).

Soweit es die besonderen Verhältnisse an den einzelnen Schulen erfordern, können vom Schulgemeinschaftsausschuss (an allgemeinbildenden Pflichtschulen vom Schulforum) **Hausordnungen** erlassen werden.

In der Hausordnung können je nach der Aufgabe der Schule (Schulart, Schulform), dem Alter der Schüler sowie nach den sonstigen Voraussetzungen am Standort (z. B. Zusammensetzung der Klasse, schulautonome Profilbildung, Beteiligung an Projekten bzw. Schulpartnerschaften, regionale Gegebenheiten) schuleigene **Verhaltensvereinbarungen**[3] für Schüler, Lehrer und Erziehungsberechtigte als Schulgemeinschaft und Maßnahmen zur Förderung der Schulqualität festgelegt werden, wobei das Einvernehmen aller Schulpartner anzustreben ist.[4]

Weder die Verhaltensvereinbarungen noch andere Inhalte der Hausordnung dürfen gegen die Rechtsordnung (im Besonderen nicht gegen das SchUG bzw. die Schulordnung) verstoßen.[5]

---

[1] Bei dieser Schadensbeseitigung handelt es sich um eine unmittelbare Wiedergutmachung mit erzieherischer Wirkung (also nicht um eine finanzielle Ersatzleistung). Nach dieser Wirkung sowie nach den Fähigkeiten des Schülers zur Schadensbeseitigung wird auch die konkrete Zumutbarkeit im Einzelfall zu beurteilen sein.

[2] BGBl. Nr. 373/1974 i. d. F. BGBl. Nr. 402/1987, 216/1995, 221/1996 und BGBl. II Nr. 181/2005.

[3] Gegenstand solcher Vereinbarungen können etwa pünktlicher Schulbesuch, die Nachholung versäumter Pflichten, respektvoller Umgang miteinander, schonendes Behandeln des Schulinventars u. Ä. sein. – Juristisch handelt es sich hiebei nicht um Verträge im zivilrechtlichen Sinn, sondern um Verordnungen der betreffenden Organe (Schulgemeinschaftsausschuss bzw. Schulforum).

[4] Neben Verhaltensvereinbarungen kann in der Hausordnung z. B. festgelegt werden, ob und in welcher Form die Schüler bereits früher als 15 Minuten vor Unterrichtsbeginn bzw. zwischen dem Vormittags- und dem Nachmittagsunterricht zu beaufsichtigen sind.

[5] Alle rechtswidrigen Inhalte der Hausordnung sind durch die zuständige Schulbehörde aufzuheben.

Die Hausordnung ist der zuständigen Schulbehörde zur Kenntnis zu bringen und durch Anschlag in der Schule kundzumachen.[1]

Im (privatrechtlichen) Vertrag über die Aufnahme in eine **Privatschule** (vgl. S. 168) können zusätzliche Vorschriften über das Verhalten der Schüler sowie über Maßnahmen zur Sicherheit der Schüler und zur Gewährleistung eines ordnungsgemäßen Schulbetriebes enthalten sein,[2] die von der Verordnung über die Schulordnung auch abweichen oder diese ergänzen (solche Abweichungen oder Ergänzungen sind der zuständigen Schulbehörde zur Kenntnis zu bringen).[3]

13.3 Fernbleiben von der Schule[4]

Das Fernbleiben von der Schule ist in § 45 des Schulunterrichtsgesetzes **weitgehend gleich** geregelt wie in § 9 des Schulpflichtgesetzes **(siehe hiezu S. 51, Z. 2.6)**, wobei im SchUG als zusätzlicher Rechtfertigungsgrund das Beschäftigungsverbot im Sinne des Mutterschutzgesetzes[5] genannt ist und als wichtige Gründe für die Erteilung der Erlaubnis zum Fernbleiben auch Tätigkeiten im Rahmen der Schülervertretung anzusehen sind.

Ferner gelten Schüler mittlerer und höherer Schulen, die dem Unterricht länger als eine Woche ohne Rechtfertigung fernbleiben und nicht mehr der Schulpflicht unterliegen, als vom Schulbesuch abgemeldet, wenn die Schule trotz schriftlicher Aufforderung an den Schüler, das Fernbleiben zu rechtfertigen, auch binnen einer weiteren Woche keine

---

1 Da nach dem geltenden Tabakgesetz (BGBl. I Nr. 431/1995 i. d. F. BGBl. I Nr. 47/2006) das Rauchen für alle Personen (auch für Lehrer, Verwaltungspersonal und andere Personen, welche sich in der Schule aufhalten) in allen Räumlichkeiten (nicht nur in Unterrichtsräumen) der Schule untersagt ist, dürfen Hausordnungen keine Ausnahmen hievon (etwa „Raucherzimmer") vorsehen. – Zum „Nichtraucherschutz an Schulen" siehe den Erlass des BMBWK v. 26. 1. 2006, RS Nr. 3/2006.

2 In diesem Rahmen können auch zusätzliche Ausschließungsgründe vorgesehen werden, welche über die in § 49 SchUG genannten hinausgehen (vgl. auch S. 114 ff. und 168).

3 Abgesehen von dieser Ausnahme hat der Aufnahmevertrag bzw. die Hausordnung die durch das SchUG und die Verordnung über die Schulordnung gezogenen rechtlichen Grenzen in allen Belangen einzuhalten.

4 Vgl. im Zusammenhang mit dem Fernbleiben von der Schule auch die Befreiung vom Schulbesuch aus religiösen Gründen nach dem Schulzeitgesetz (siehe S. 153) und die Erlaubniserteilung zum Fernbleiben vom Unterricht zur Ermöglichung der Teilnahme an Schülergottesdiensten und religiösen Übungen nach dem Religionsunterrichtsgesetz (siehe S. 159 ff.).

5 Dieses Beschäftigungsverbot gilt grundsätzlich jeweils acht Wochen vor und nach der Entbindung. Die Möglichkeit zum Schulbesuch besteht für die betreffende Schülerin jedoch auch während dieser Frist.

Mitteilung erhält.[1] Die Wiederaufnahme des betreffenden Schülers in die Schule ist nur mit Zustimmung des Schulleiters und nur dann zulässig, wenn das Fernbleiben nachträglich gerechtfertigt[2] wird und wenn die Mitteilung an die Schule aus rücksichtswürdigen Gründen unterblieben ist.

13.4 Sammlungen in der Schule, Teilnahme an schulfremden Veranstaltungen, schulfremde Werbung

Sammlungen unter den Schülern in der Schule (einschließlich der Einhebung von Mitgliedsbeiträgen) sind an **Bewilligungen** gebunden, die für die einzelne Schule bzw. für einzelne Klassen vom Schulgemeinschaftsausschuss (an allgemeinbildenden Pflichtschulen vom Klassen- bzw. Schulforum), ansonsten von der zuständigen Schulbehörde (für allgemeinbildende Pflichtschulen vom Landesschulrat) erteilt wird.

Insgesamt dürfen **höchstens vier** Sammlungen je Schuljahr und Klasse bewilligt werden, wobei die Sammlungen erzieherisch wertvoll sein und mit der Schule in Zusammenhang stehen müssen. Ebenso darf keinerlei Druck zur Beitragsleistung auf die Schüler ausgeübt werden.

Von der Bewilligungspflicht **ausgenommen** sind nur jene Sammlungen, die von den Schülervertretern (siehe hiezu S. 128 ff.) aus besonderen Anlässen (z. B. soziale Hilfsaktionen, Todesfälle) beschlossen werden.[3]

Auch die Teilnahme von Schülern an **Veranstaltungen**, die weder Schulveranstaltungen noch schulbezogene Veranstaltungen sind,[4] darf in der Schule nur mit **Bewilligung** (Zuständigkeit hiefür ähnlich geregelt wie für Sammlungen) organisiert werden. Voraussetzung für die Bewilligung ist die freiwillige Teilnahme der Schüler und eine schriftliche Zustimmungserklärung der Erziehungsberechtigten; ferner darf keine Gefährdung[5] der Schüler zu befürchten sein.

Für die im Religionsunterricht organisierte Teilnahme der Schüler an Gottesdiensten sowie an religiösen Übungen und Veranstaltungen gelten diese Einschränkungen nicht (vgl. S. 161).

[1] In diesem Fall nimmt das SchUG die Unterlassung der Rechtfertigung als „konkludente" (= schlüssige) Willensäußerung zur Abmeldung an.

[2] Es muss also einer der Rechtfertigungsgründe (z. B. Krankheit des Schülers) dargelegt werden.

[3] Diese fallen unter die von den Schülern im Rahmen der Mitgestaltung des Schullebens (§ 58 Abs. 3 SchUG) wahrzunehmenden Aufgaben.

[4] Als Beispiele sind etwa ein Schiausflug zum Wochenende, aber auch die Straßensammlungen des Roten Kreuzes zu nennen.

[5] Diese Veranstaltungen unterliegen nicht der Aufsichtspflicht des Lehrers.

Die **Werbung**[1] für schulfremde Zwecke[2] ist in der Schule sowie bei Schulveranstaltungen und schulbezogenen Veranstaltungen nur dann gestattet, wenn die Erfüllung der Aufgabe der österreichischen Schule (§ 2 SchOG) nicht beeinträchtigt wird.[3]

13.5 Mitwirkung der Schule an der Erziehung

Der **Lehrer** hat im Rahmen seiner Unterrichts- und Erziehungsarbeit (vgl. S. 66 f.) die der jeweiligen Erziehungssituation **angemessenen** persönlichkeits- und gemeinschaftsbildenden **Erziehungsmittel** anzuwenden.

Als solche kommen insbesondere Anerkennung, Aufforderung oder Zurechtweisung in Betracht,[4] wobei deren Anwendung nicht nur durch den Lehrer, sondern auch durch den Klassenvorstand oder den Schulleiter (gegebenenfalls auch durch den Abteilungsvorstand), in besonderen Fällen auch durch die Schulbehörde erster Instanz, erfolgen kann.

Wenn es aus **erzieherischen Gründen** oder zur Aufrechterhaltung der Ordnung notwendig erscheint, kann der Schulleiter einen Schüler in eine andere Klasse (an lehrgangsmäßigen Berufsschulen auch in einen anderen Lehrgang) versetzen.[5] Sofern auch mit dieser Maßnahme das Auslangen nicht zu finden ist, kann die Schulkonferenz (gegebenenfalls die Abteilungskonferenz) dem Schüler die Stellung eines Antrages auf Ausschluss **androhen**.[6]

---

1 Unter diesen Begriff fällt wohl nicht nur die Wirtschaftswerbung, sondern auch politische Propaganda.

2 Zur Beurteilung des Begriffes „schulfremd" wird (neben den in Art. 14 Abs. 5a B-VG festgelegten Grundwerten und Zielen sowie der in § 2 SchOG definierten Aufgabe der österreichischen Schule) insbesondere die Aufgabe der jeweiligen Schulart (vgl. hiezu S. 25 ff.) heranzuziehen sein. – Siehe hiezu auch Z. 2.9. der Verwaltungsverordnung vom 21. 4. 1997, MVBl. Nr. 68/1997.

3 Die Schaffung auch schulfremder Werbemöglichkeiten soll die Schulen in die Lage versetzen, Zuwendungen aus Werbe- und Sponsorverträgen zu lukrieren. – Siehe hiezu auch die durch § 128b SchUG normierte Ermächtigung des Schulleiters, der Schule von dritter Seite zufließende Geldmittel für Zwecke der Schule zu verwenden (S. 24).

4 Die V über die Schulordnung (§ 8) enthält hiezu nähere Ausführungen: So sind für positives Verhalten des Schülers Ermutigung, Lob, Anerkennung und Dank, für Fehlverhalten neben der Aufforderung oder Zurechtweisung die Erteilung von Aufträgen zur Nachholung versäumter Pflichten, belehrende bzw. beratende Gespräche sowie die Verwarnung als Erziehungsmittel genannt. – Erziehungsmittel können auch in der Hausordnung vorgesehen werden (vgl. S. 110 f.).

5 Eine solche Maßnahme wird insbesondere dann in Betracht kommen, wenn in einer Klasse eine unruhestiftende soziologische Struktur (z. B. rivalisierende Schülergruppen) aufgelöst werden soll. Hiebei haben die Schülervertreter ein Mitbestimmungsrecht (§ 58 Abs. 2 SchUG).

6 Bei der Anwendung dieses Erziehungsmittels steht sowohl den Schülern als auch den Erziehungsberechtigten (jeweils durch Teilnahme ihrer Vertreter im Schulgemeinschaftsausschuss an der betreffenden Lehrerkonferenz) ein Mitentscheidungsrecht (§§ 58 Abs. 2 und 61 Abs. 2 SchUG) zu. – Vgl. hiezu auch S. 127 und S. 134 ff.

Körperliche Züchtigung[1], beleidigende Äußerungen und Kollektivstrafen[2] sind **verboten**.

Das Verhalten des Schülers außerhalb der Schule darf nur insoweit in die Mitwirkung der Schule an der Erziehung einbezogen werden, als die in § 47 Abs. 1 SchUG genannten Erziehungsmittel (siehe oben) angewendet werden können.[3]

Wenn es die Erziehungssituation eines Schülers erfordert, haben der Klassenvorstand oder der Schulleiter (der Abteilungsvorstand) das Einvernehmen mit den Erziehungsberechtigten zu pflegen (vgl. auch die auf S. 85 ff. angeführten Verständigungspflichten). Falls diese ihre Pflichten jedoch nicht erfüllen oder durch ihre Uneinigkeit die Erfüllung der Aufgabe der Schule gefährden, hat der Schulleiter die zuständige Bezirksverwaltungsbehörde (Jugendamt)[4] zu verständigen.

13.6 Ausschluss eines Schülers von der Schule

Der Ausschluss eines Schülers von der Schule stellt **keine Erziehungsmaßnahme,** sondern ein **Sicherungsmittel** dar, dessen Anwendung durch das SchUG (§ 49) auf jene Fälle beschränkt wird, in denen

- der Schüler seine Pflichten in schwerwiegender Weise[5] verletzt **und** die Anwendung von Erziehungsmitteln (siehe oben Z. 13.5) erfolglos bleibt **oder**

---

1 Körperliche Züchtigung kann auch strafgerichtliche Verfolgung (vgl. insbesondere § 83, allenfalls in Verbindung mit § 313, ferner § 115 StGB, BGBl. Nr. 60/1974 i. d. g. F.) sowie disziplinarrechtliche Konsequenzen (vgl. hiezu S. 188 f.) nach sich ziehen.

2 Das sind Maßnahmen gegen eine Mehrzahl von Schülern, wenn ein Schuldiger nicht ermittelt werden kann. – Mangels gesetzlicher Grundlage sind aber auch „Karzer", „Schulhaft" und ähnliche Maßnahmen der Freiheitsbeschränkung unzulässig. Auch die Erteilung von „Aufträgen zur Nachholung versäumter Pflichten" durch Zurückbehaltung in der Schule ist nur dann rechtmäßig, wenn es sich hiebei um solche Pflichten handelt, die ausschließlich in der Schule erbracht werden können (also keinesfalls um die Nachholung von Hausübungen).

3 Die Bestrafung für ein Verhalten, das Anlass zu Maßnahmen der Erziehungsberechtigten, der Verwaltungsbehörden oder der Gerichte war, ist nicht gestattet.

4 Diese ist grundsätzlich der gemäß § 37 des Bundes-Kinder- und Jugendhilfegesetzes 2013 zuständige Träger der Jugendwohlfahrt. – Zur familiären Erziehung der Minderjährigen sowie zu den Maßnahmen der Jugendwohlfahrt siehe S. 194 ff.

5 Als solche schwerwiegende Pflichtverletzungen hat der VerwGH u. a. ungerechtfertigtes Fernbleiben vom Unterricht im Ausmaß von knapp 40 % (in fünf Monaten), ferner auch das (pflichtwidrige) Gesamtverhalten während eines Schikurses qualifiziert. – Dagegen ist die Summierung mehrerer (für sich allein nicht schwerwiegender) Pflichtverletzungen zu einer schwerwiegenden gesetzlich nicht gedeckt.

- der Schüler eine dauernde Gefährdung[1] von Mitschülern oder anderen an der Schule tätigen Personen hinsichtlich ihrer Sittlichkeit, körperlichen Sicherheit oder ihres Eigentums darstellt.

An allgemeinbildenden Pflichtschulen ist ein Ausschluss nur aus dem zweitgenannten Grund und auch nur dann zulässig, wenn die Erfüllung der Schulpflicht gesichert ist. Bei Gefahr im Verzug kann jedoch die Suspendierung ausgesprochen und erforderlichenfalls ein Verfahren nach § 8 SchPflG (dieses betrifft die Feststellung des sonderpädagogischen Förderbedarfes; vgl. hiezu S. 50) eingeleitet werden.

Zuständig für die Verfügung des Ausschlusses ist die für die Schule zuständige **Schulbehörde** über Antrag der Schulkonferenz (gegebenenfalls der Abteilungskonferenz).[2] Bei Gefahr im Verzug kann die Schulbehörde auch die **Suspendierung** des Schülers vom weiteren Schulbesuch (jedoch für höchstens vier Wochen) aussprechen (der Schüler darf sich jedoch während dieser Zeit regelmäßig über den durchgenommenen Lehrstoff informieren).[3]

Sofern die Voraussetzungen für einen Ausschluss vorliegen, hat die Behörde diesen mit Bescheid auszusprechen,[4] andernfalls die Beendigung des Ausschlussverfahrens zu verfügen (im letzteren Fall kann dem Schüler zugleich auch eine Rüge erteilt oder eines der in § 47 Abs. 1 SchUG genannten Erziehungsmittel verhängt werden).[5]

Gegen den Ausschlussbescheid steht dem Schüler die (aufschiebende) **Beschwerde** an das Bundesverwaltungsgericht zu.[6]

---

1 Die Feststellung, dass eine dauernde Gefährdung vorliegt, setzt nicht unbedingt wiederholte Verstöße gegen die Sittlichkeit, die körperliche Sicherheit oder das Eigentum von Mitschülern voraus. Grundlage für diese (prognostische) Beurteilung ist vielmehr der Zusammenhang zwischen dem gesetzten (auch einmaligen) gravierenden Fehlverhalten und der erkennbaren Persönlichkeitsstruktur des Schülers. Dabei ist auch auf Verhaltensweisen in der Vergangenheit Bedacht zu nehmen, die Rückschlüsse auf jene Eigenschaften zulassen, von denen in Zukunft eine solche Gefährdung ausgehen kann (vgl. Erk. d. VerwGH v. 31. Jänner 1994, Zl. 93/10/0200).

2 In dieser Konferenz haben die Vertreter der Schüler und der Erziehungsberechtigten ein Mitentscheidungsrecht (vgl. S. 113, Fußnote 6). Ferner ist dem betreffenden Schüler Gelegenheit zur Rechtfertigung und seinen Erziehungsberechtigten zur Stellungnahme zu geben.

3 Über den Antrag auf Suspendierung ist binnen zwei Tagen zu entscheiden.

4 Der Ausschluss kann sich auch auf mehrere Schulen in einem festzulegenden Umkreis beziehen.

5 Alle Entscheidungen sind mittels Bescheides (§ 56 ff. AVG 1991) auszusprechen, der Entscheidung hat ein Ermittlungsverfahren (§ 37 ff. AVG) voranzugehen.

6 Einer rechtzeitig eingebrachten Beschwerde kommt aufschiebende Wirkung zu. Diese kann jedoch bei Gefahr im Verzug (wenn etwa durch den Verbleib des Schülers die Gefährdung der Mitschüler aufrecht bliebe) durch die Behörde ausgeschlossen werden.

Der Ausschluss kann, wenn die Gründe für seine Verhängung weggefallen sind oder der Sicherungszweck auch auf andere Weise erreicht werden kann, auf Antrag des Schülers **aufgehoben** oder eingeschränkt werden (zuständig ist jene Schulbehörde, die ihn rechtskräftig ausgesprochen hat).

14 Aufgaben und Funktionen des Lehrers, Lehrerkonferenzen

Der Lehrer hat das **Recht** und die **Pflicht**, an der Gestaltung des Schullebens mitzuwirken. Seine **Hauptaufgabe** ist die den gesetzlichen Vorschriften entsprechende Unterrichts- und Erziehungsarbeit einschließlich der sorgfältigen Vorbereitung des Unterrichtes (vgl. auch S. 66 f.).

Außer den ihm obliegenden unterrichtlichen, erzieherischen und administrativen Aufgaben[1] hat er die Verpflichtung, die Schüler zu **beaufsichtigen**, erforderlichenfalls die **Funktion** eines Klassenvorstandes, Werkstätten- oder Bauhofleiters, Kustos, Fachkoordinators sowie eines Mitgliedes einer Prüfungskommission zu übernehmen, an **Lehrerkonferenzen** (siehe S. 124 f.) teilzunehmen und in Abstimmung mit dem Schulleiter erforderliche **Fort-** und **Weiterbildungsangebote** zu besuchen.

14.1 Aufsichtspflicht des Lehrers

Die Beaufsichtigung der Schüler hat der Lehrer in der **Schule** selbst sowie bei allen Schulveranstaltungen und schulbezogenen **Veranstaltungen** innerhalb und außerhalb des Schulhauses (und der sonstigen Schulliegenschaften) wahrzunehmen, soweit dies nach dem Alter und der geistigen Reife der Schüler erforderlich ist.[2]

Bei der Wahrnehmung der Aufsicht hat der Lehrer insbesondere[3] auf die körperliche **Sicherheit** und die **Gesundheit** der Schüler zu achten und Gefahren nach Kräften abzuwehren.

---

[1] Dazu zählt auch die Mitwirkung an Überprüfungen hinsichtlich der Erreichung der Bildungsstandards (vgl. S. 67).

[2] Diese Pflicht trifft an ganztägigen Schulformen auch die im Betreuungsteil eingesetzten Lehrer und Erzieher.

[3] Aus dieser nur „demonstrativen" (= nicht erschöpfenden) Zieldefinition kann wohl der Schluss gezogen werden, dass der Lehrer bei der Wahrnehmung seiner Aufsichtspflicht auch auf die körperliche Sicherheit und das Eigentum dritter Personen zu achten hat, sofern diesen eine Gefährdung durch die Schüler droht. – Siehe auch den „Aufsichtserlass".

In **zeitlicher** Hinsicht ist diese Pflicht nicht nur während des Unterrichtes sowie der Schulveranstaltungen und schulbezogenen Veranstaltungen, sondern – entsprechend der (jeweils vom Schulleiter zu treffenden) Diensteinteilung – auch in den Unterrichtspausen sowie 15 Minuten vor Beginn und unmittelbar nach Beendigung[1] des Unterrichtes oder der Schulveranstaltung (schulbezogenen Veranstaltung) zu erfüllen.[2] Ausgenommen ist lediglich die Zeit zwischen dem Vormittags- und dem Nachmittagsunterricht.

Wie weit sich Schüler über diese Zeit hinaus im Schulgebäude aufhalten dürfen und ob sie dabei seitens der Schule – allenfalls auch unter Anwendung des § 44a SchUG – beaufsichtigt werden, ist in der Hausordnung zu bestimmen. Ein Entfall der Beaufsichtigung kann für Schüler ab der 7. Schulstufe vorgesehen werden, wenn sie im Hinblick auf deren körperliche und geistige Reife und die konkrete Situation entbehrlich ist.

Als wichtige **Rechtsvorschriften** dieser weitreichenden juristischen Materie[3] sind außer dem SchUG (vgl. insbesondere dessen § 51 Abs. 3)

- die Verordnung über die Schulordnung[4] und
- der Erlass des Bundesministers für Bildung, Wissenschaft und Kultur über die Aufsichtspflicht des Lehrers („Aufsichtserlass 2005")

zu nennen. Die Beschäftigung mit diesen Vorschriften ist dringend zu empfehlen, wobei vor allem der **Aufsichtserlass**[5] wegen der darin zusammengefassten Bezüge zu anderen relevanten Rechtsbereichen (Zivilrecht, Dienstrecht, Strafrecht) besonders instruktiv erscheint.

Im Folgenden seien einige **wichtige Punkte** aus diesen Vorschriften herausgegriffen:

- Die **Beaufsichtigung** der Schüler ab der **7. Schulstufe** darf **entfallen,** wenn dies im Hinblick auf die Gestaltung des Unterrichtes, von Schulveranstaltungen und schulbezogenen Verantstaltungen oder der individuellen Berufs(bildungs)orientierung zweckmäßig und die Aufsicht im Hinblick auf die körperliche und geistige Reife der

---

1 Einschließlich der Zeit, während deren die Schüler die Schule verlassen.

2 Träger der beschriebenen Aufsichtspflicht können im Übrigen nicht nur Lehrer sein, sondern auch andere Personen, die in Vollziehung des SchUG funktionell als Lehrer tätig werden (z. B. Unterrichtspraktikanten, Lehramtsstudenten, Lehrbeauftragte, aber auch Eltern als Begleitpersonen). Da diese Personen zu gleicher Sorgfalt bei der Aufsichtsführung verpflichtet sind, hat sie der im Einzelfall Verantwortliche (z. B. Schulleiter, Leiter eines Schikurses) auf ihre Pflichten hinzuweisen. – Siehe hiezu § 44a SchUG.

3 In diesem Bereich sind nicht nur Vorschriften des Schulrechtes, sondern auch solche des Strafrechtes, des Zivilrechtes und des Dienstrechtes anzuwenden.

4 BGBl. Nr. 373/1974 i. d. F. BGBl. Nr. 402/1987, 216/1995, 221/1996 und BGBl. II Nr. 181/2005.

5 Erlass v. 28. Juli 2005, RS Nr. 15/2005. Dieser stellt die überarbeitete und aktualisierte Fassung des vorher geltenden Erlasses, RS Nr. 46/1997, dar.

Schüler entbehrlich ist.[1] Diese Einschränkung gilt u. a. auch für die Beantwortung der Frage, ob die Schüler an einen außerhalb der Schule liegenden Veranstaltungsort ohne Aufsicht hin- bzw. von diesem zurückgeschickt werden können oder ob sie selbstständige Tätigkeiten außerhalb der Schule bzw. des Veranstaltungsortes verrichten dürfen (z. B. im Rahmen von Projektunterricht oder bei Einkäufen im Hauswirtschaftsunterricht).[2]

- Bei Schülern **ab der 9. Schulstufe** entfällt das Erfordernis der Zweckmäßigkeit, bei diesen genügt die Bedachtnahme auf die körperliche und geistige Reife.
- Bei **Schulveranstaltungen,** schulbezogenen Veranstaltungen und der individuellen Berufs(aus)bildungsorientierung sind die Schüler nach Maßgabe der hiefür geltenden besonderen Vorschriften (vgl. oben) zu beaufsichtigen,[3] wobei **zusätzlich** Folgendes zu beachten ist:
  - Die **Erziehungsberechtigten** sind über den Ort sowie über Beginn und Ende jener Veranstaltungen, die nicht in der Schule beginnen und enden oder die über die stundenplanmäßige Unterrichtszeit hinausgehen, rechtzeitig zu **informieren**.
  - Ein Schüler, der den geordneten Ablauf eines Schulschikurses (oder einer ähnlichen Schulveranstaltung oder schulbezogenen Veranstaltung) in schwerwiegender Weise **stört** oder die körperliche Sicherheit der anderen Teilnehmer **gefährdet**, kann vom Leiter der Veranstaltung von der weiteren Teilnahme **ausgeschlossen** werden.[4]

    Hievon sind der Schulleiter sowie die Erziehungsberechtigten des betreffenden Schülers unverzüglich zu benachrichtigen (insbesondere ist auch für eine sichere Heimreise des Schülers Vorsorge zu treffen).[5]
- Wenn der **Entfall** von **Unterrichtsstunden** vom Schulleiter angeordnet werden muss, ist für die **Beaufsichtigung** der Schüler bis zum stundenplanmäßigen Ende

---

[1] Besondere Vorsicht ist jedoch stets bei behinderten oder verhaltensauffälligen Schülern geboten. Ebenso entbindet die bloße Volljährigkeit der Schüler den Lehrer nicht prinzipiell von der Aufsichtspflicht.

[2] Dieselben Maßstäbe hat der aufsichtsführende Lehrer auch bei der Erteilung der Erlaubnis zum kurzfristigen Verlassen des Schulgebäudes während der Pause anzulegen.

[3] Hiebei sind zusätzlich die Bestimmungen des Jugendschutzes (z. B. bei Aufenthalten in Gaststätten, Kinos etc.) zu beachten. Siehe hiezu auch S. 198.

[4] Siehe jedoch auch die Möglichkeit eines Ausschlusses vor Beginn der Veranstaltung (S. 63).

[5] Auf solche Disziplinarmaßnahmen und ihre Folgen sind die Erziehungsberechtigten bereits vor Beginn von Schulveranstaltungen (z. B. anlässlich eines Elternabends) hinzuweisen. Hiebei ist auch die Art und Weise einer aus disziplinären Gründen notwendig werdenden Heimreise festzulegen (die Erziehungsberechtigten haben entweder selbst für die Begleitung zu sorgen oder die Erklärung abzugeben, dass sie mit einer Heimfahrt ohne Begleitung einverstanden sind).

des Unterrichtes zu sorgen, soweit eine Gefährdung der Schüler durch ein vorzeitiges Unterrichtsende zu befürchten ist.[1]

- Bei **Unfällen** oder schweren Erkrankungen von Schülern in der Schule oder während einer Veranstaltung sind alle erforderlichen Maßnahmen (Zuziehung des Arztes, Transport in ein Krankenhaus, Verständigung des Schulleiters und der Erziehungsberechtigten etc.) unverzüglich zu treffen.[2] Bei leichteren Erkrankungen oder Verletzungen richten sich die Maßnahmen nach der Erkennbarkeit der gesundheitlichen Beeinträchtigung.
- Der Aufsichtspflicht des Lehrers unterliegen jedoch **nicht** die Veranstaltungen der Schülermitverwaltung (dies sind z. B. Versammlungen der Schülervertreter).[3]

Verletzungen der Aufsichtspflicht können allenfalls gravierende strafrechtliche, zivilrechtliche und dienstrechtliche **Folgen** nach sich ziehen:

- Eine **strafrechtliche** Verurteilung kann aufgrund der im Strafgesetzbuch (StGB) unter Strafe gestellten Tatbestände der fahrlässigen Körperverletzung oder Tötung (§§ 88 und 80) in Betracht kommen.[4] Diese Haftung kann auch durch entsprechende Vereinbarung (etwa mit den Erziehungsberechtigten) nicht ausgeschlossen werden.[5]
- Die **zivilrechtliche** Haftung im Rahmen von Schulveranstaltungen, schulbezogenen Veranstaltungen und der individuellen Berufs(aus)bildungsorientierung ist im Hinblick auf die gesetzliche Unfallversicherung der Schüler für den Lehrer selbst

---

1 Besonders strenge Maßstäbe werden hiebei vor allem bei Schülern bis zur 7. Schulstufe anzulegen sein.

2 Aufgrund des Allgemeinen Sozialversicherungsgesetzes (ASVG) sind die Schüler bei Unfällen, die sich in örtlichem, zeitlichem und ursächlichem Zusammenhang mit der Schulausbildung ereignen (dazu zählen auch Unfälle bei Schulveranstaltungen und schulbezogenen Veranstaltungen sowie auf dem Schulweg), unfallversichert. Trägerin dieser Versicherung ist die Allgemeine Unfallversicherungsanstalt (AUVA). – Daher ist bei Schülerunfällen auch eine umgehende Anzeige (mittels des an den Schulen aufliegenden Formulares) an die AUVA erforderlich.

3 Ausgenommen Schülervertreterstunden (§ 59b SchUG), sofern diese während der Unterrichtszeit stattfinden. – Zur Schülermitverwaltung siehe S. 126 f.

4 Gemäß § 6 StGB handelt derjenige fahrlässig, der die ihm zumutbare Sorgfalt außer Acht lässt, zu der er nach den Umständen verpflichtet und nach seinen geistigen und körperlichen Verhältnissen befähigt ist, und deshalb nicht erkennt, dass er einen Sachverhalt verwirklichen kann, der einem gesetzlichen Tatbild entspricht. Fahrlässig handelt auch, wer es für möglich hält, einen solchen (einem Tatbild entsprechenden) Sachverhalt zu verwirklichen, ihn aber nicht herbeiführen will. – Hiebei wird die pädagogische und fachliche Qualifikation des Lehrers die Anwendung eines relativ strengen Maßstabes, insbesondere bei der Beurteilung der zumutbaren Sorgfalt, rechtfertigen.

5 Diese Verantwortlichkeit kann auch bei Veranstaltungen Bedeutung erlangen, die weder Schulveranstaltungen noch schulbezogene Veranstaltungen sind (z. B. privater Schiausflug am Wochenende), da auch in diesen Fällen die Aufsichtspflicht des Lehrers nicht grundsätzlich wegfällt. – Vgl. jedoch S. 120, Fußnote 2.

von verhältnismäßig geringer Bedeutung.[1] Hingegen trifft ihn bei Veranstaltungen, die auf privater Basis durchgeführt werden und die daher der Autorität der Schule nicht zurechenbar sind (z. B. private Schiausflüge oder Theaterbesuche)[2], die volle Haftung nach den schadenersatzrechtlichen Bestimmungen des Zivilrechtes.[3]

- Aus **dienstrechtlicher** Sicht besteht für Lehrer, die in einem öffentlich-rechtlichen Dienstverhältnis stehen, disziplinarrechtliche Verantwortlichkeit[4], wobei bereits die Verletzung schulrechtlicher Vorschriften für disziplinarrechtliche Konsequenzen ausreichen kann (es ist hiezu z. B. keine strafrechtliche Verurteilung erforderlich);[5] gegen Vertragslehrer können gegebenenfalls arbeitsrechtliche Maßnahmen[6] ergriffen werden.

  Soweit die Aufsichtspflicht durch Unterrichtspraktikanten, Lehramtsstudenten, Lehrbeauftragte u. a. verletzt wird, sind die für diese Personen bzw. deren Beschäftigungsverhältnisse maßgebenden Rechtsvorschriften (z. B. Bundesgesetz über das Unterrichtspraktikum)[7] anzuwenden.[8]

14.2 Klassenvorstand

An Schulen, an denen der Unterricht durch Fachlehrer erteilt wird, hat der Schulleiter für **jede Klasse** einen Klassenvorstand (dieser wird an den berufsbildenden höheren Schulen als Jahrgangsvorstand bezeichnet) aus dem Kreis der Lehrer dieser Klasse zu bestellen.[9]

---

1 Die AUVA haftet direkt dem Schüler gegenüber für (leicht und grob) fahrlässiges Verhalten der Aufsichtsperson. Ein Anspruch gegen die Aufsichtsperson selbst ist demnach nur bei vorsätzlichem Handeln (im Wege eines Regressverfahrens nach dem Amtshaftungs- und dem Organhaftpflichtgesetz) möglich.

2 In solchen Fällen besteht kein Dienstauftrag, der Lehrer wird nicht in „Vollziehung der Gesetze" (hier: des Schulunterrichtsgesetzes) tätig.

3 Vgl. §§ 1293 ff. ABGB. Im Unterschied zum strafrechtlichen sind im zivilrechtlichen Bereich Haftungsbeschränkungen (etwa durch entsprechende Vereinbarungen mit den Erziehungsberechtigten) erzielbar.

4 Siehe hiezu S. 188 f.

5 Die Disziplinarbehörden dürfen jedoch ihrer Entscheidung keinen anderen als den vom Gericht (rechtskräftig) festgestellten Sachverhalt zugrunde legen.

6 Kündigung oder Entlassung (zum Dienst- und Besoldungsrecht siehe S. 169 ff.).

7 Diese Vorschriften sehen in gravierenden Fällen einen Ausschluss von der weiteren Verwendung an der Schule vor.

8 Da auch diese Personen in Vollziehung des SchUG tätig werden, bleibt die gesetzliche Unfallversicherung der Schüler jedenfalls erhalten. Dieser Versicherungsschutz erfasst darüber hinaus auch Unfallsfolgen, die auf mangelhafte Aufsichtsführung von Personen, die nicht der Schule angehören (z. B. von Eltern, die als Begleitpersonen bei Schulveranstaltungen beigezogen werden), zurückzuführen sind. – Vgl. auch § 44a SchUG.

9 An Schulen mit Klassenlehrersystem kommen die Aufgaben des Klassenvorstandes dem Klassenlehrer zu.

Dem Klassenvorstand obliegen als wichtigste **Aufgaben**

- die **Koordination** der Erziehungsarbeit und die Abstimmung der Unterrichtsarbeit auf die Leistungssituation und die Belastbarkeit der Schüler (jeweils in Zusammenarbeit mit den anderen Lehrern der Klasse),
- die **Beratung** der Schüler in unterrichtlichen und erzieherischen Belangen,
- die Pflege der **Verbindung** mit den Erziehungsberechtigten (an Berufsschulen auch mit den Lehrberechtigten) und
- die Führung der **Amtsschriften**.[1]

14.3 Werkstättenleiter, Bauhofleiter

An **berufsbildenden** mittleren und höheren Schulen, an denen zur Durchführung des fachpraktischen Unterrichtes Werkstätten oder Bauhöfe eingerichtet sind, hat der Schulleiter mit deren Leitung Lehrer zu betrauen, die für die Betriebsführung, den geordneten Ausbildungsablauf im Werkstätten- bzw. Bauhofunterricht und für die Beschaffung der erforderlichen Materialien zu sorgen haben.[2]

14.4 Kustos

Kustoden sind jene Lehrer, die vom Schulleiter nach Maßgabe der an der Schule bestehenden Gegebenheiten mit der **Vorsorge** für den pädagogisch zweckmäßigen Einsatz von Unterrichtsmitteln[3] oder sonstigen Schuleinrichtungen[4] betraut sind.

---

1 Zu den Amtsschriften siehe S. 149.

2 Hiezu gehört auch die wesentliche Verantwortung für die Sicherheit in der Werkstätte bzw. im Bauhof und für eine ertragreiche Gestaltung der praktischen Ausbildung. Hinsichtlich der Sicherheitsmaßnahmen sind insbesondere die Werkstättenordnung der Schule sowie § 5 der Verordnung über die Schulordnung zu beachten.

3 Die Sammlungen von Unterrichtsmitteln müssen an der betreffenden Schule organisationsmäßig vorgesehen sein und auch tatsächlich bestehen.

4 Darunter fällt die Wahrnehmung von (den Kustodiaten ähnlichen) Nebenleistungen (z. B. Leitung von Betriebsküchen, Verwaltung von Turnsaaleinrichtungen, Inventarverwaltung in Lehr- und Betriebsküchen).

14.5 Fachkoordinator

Fachkoordinatoren sind vom Schulleiter[1] an Schulen,

- an welchen der Unterricht in bestimmten Pflichtgegenständen in **Leistungsgruppen**[2] erfolgt oder
- die unter besonderer Berücksichtigung der **musischen** oder **sportlichen** Ausbildung geführt werden,

zu bestellen. Ihnen obliegt (neben ihren Aufgaben als Lehrer und in Unterordnung unter den Schulleiter) die Koordination[3] der pädagogischen Arbeit jener Lehrer, die den betreffenden leistungsdifferenzierten Pflichtgegenstand[4] bzw. die Gegenstände des musischen oder sportlichen Bereiches unterrichten.

14.6 Abteilungsvorstand und Fachvorstand[5]

Abteilungsvorstände werden an

- **berufsbildenden** mittleren und höheren Schulen, die in Fachabteilungen gegliedert sind (das sind bestimmte technische, gewerbliche und kunstgewerbliche Fachschulen sowie Höhere technische und gewerbliche Lehranstalten), und an
- **Bildungsanstalten** für Kindergartenpädagogik sowie Bildungsanstalten für Sozialpädagogik

bestellt. Ihnen obliegt (neben ihren Aufgaben als Lehrer sowie in Unterordnung unter den Schulleiter) die Leitung einer **Fachabteilung** (berufsbildende mittlere und höhere Schulen) bzw. die Leitung des **Übungskindergartens**, des Übungshortes oder des

[1] Er hat vorher die Schulkonferenz anzuhören.

[2] Grundsätzlich ist für jeden leistungsdifferenzierten Pflichtgegenstand ein Lehrer, der den betreffenden Pflichtgegenstand selbst unterrichtet, als Fachkoordinator zu bestellen. Die hiefür jeweils erforderliche Zahl von Klassen bzw. Schülergruppen ist durch Verordnung (BGBl. Nr. 135/1985 i. d. g. F.) festgelegt.

[3] Eine detaillierte Regelung ihrer Pflichten enthält die Dienstanweisung v. 22. Juni 1993, MVBl. Nr. 105.

[4] In diesem Bereich bezieht sich die Koordination vor allem auf die Erleichterung der Umstufung der Schüler in andere Leistungsgruppen und auf die Durchführung des Förderunterrichtes.

[5] Die Funktion des Abteilungsvorstandes bzw. des Fachvorstandes ist an das Vorhandensein einer Planstelle und an die Ernennung (oder zumindest Betrauung) durch die zuständige Dienstbehörde gebunden (eine Bestellung durch den Schulleiter kommt nicht in Betracht).

Übungsheimes (Bildungsanstalten für Kindergartenpädagogik und Bildungsanstalten für Sozialpädagogik).[1,2]

Fachvorstände werden an bestimmten **berufsbildenden** mittleren und höheren Schulen (insbesondere an Lehranstalten für wirtschaftliche Berufe sowie an Lehranstalten für Mode und Bekleidungstechnik) bestellt. Ihnen obliegt (in Unterordnung unter den Schulleiter und neben ihren eigenen unterrichtlichen, erzieherischen und administrativen Aufgaben) die Betreuung einer Gruppe fachlicher (fachtheoretischer und fachpraktischer) Unterrichtsgegenstände.

14.7 Schulleiter

Dem Schulleiter kommt an seiner Schule die **Zuständigkeit** in **allen** Angelegenheiten des Schulunterrichtsrechtes zu, sofern das Schulunterrichtsgesetz nicht ausdrücklich die Zuständigkeit anderer Organe der Schule (z. B. die von Lehrerkonferenzen) oder der Schulbehörden festlegt.

Seine Aufgaben in dieser Funktion umfassen außer seinen unterrichtlichen, erzieherischen und administrativen Aufgaben[3] das Qualitätsmanagement, die Schul- und Unterrichtsentwicklung, die Führung und Personalentwicklung sowie die Außenbeziehungen und Öffnung der Schule. Er hat insbesondere **folgende Rechte und Pflichten** wahrzunehmen:

- Er ist unmittelbarer **Vorgesetzter**[4] aller an der Schule tätigen Lehrer und sonstigen Bediensteten.[5]
- Er hat die Schule zu **leiten** und hiebei auch für die Einhaltung der Rechtsvorschriften und schulbehördlichen Weisungen, der Ordnung an der Schule sowie für die Führung der Amtsschriften zu sorgen.
- Er hat die **Verbindung** zwischen der Schule, den Schülern und den Erziehungsberechtigten (an Berufsschulen auch den Lehrberechtigten) zu pflegen.

---

1 An diesen Anstalten hat der Abteilungsvorstand auch die Leitung der Kindergarten-, Hort- bzw. Heimpraxis wahrzunehmen.

2 Hinsichtlich der Details für die Abteilungsvorstände an den Bildungsanstalten siehe die Erlässe v. 11. Mai 1993, RS Nr. 69/1993 und Nr. 70/1993.

3 Diese Aufgaben betreffen insbesondere seine eigene Tätigkeit als Lehrer.

4 Das Vorgesetztenverhältnis des Schulleiters bezieht sich jedoch nicht auf dienstrechtliche Belange, sondern nur auf die dem Bund zukommende Vollziehungskompetenz im Bereich des Schulwesens (sogenanntes „funktionelles“ Vorgesetztenverhältnis). Im Rahmen dieser Funktion als Vorgesetzter besitzt der Schulleiter auch die Befugnis zur Erteilung der erforderlichen Weisungen (vgl. hiezu auch S. 177 f.).

5 Das sind z. B. auch Bedienstete anderer Gebietskörperschaften (etwa der von der Gemeinde bestellte Schulwart an einem Bundesgymnasium). – Siehe jedoch die vorstehende Einschränkung.

- Er hat die **Lehrer** in deren Unterrichts- und Erziehungsarbeit zu **beraten** und sich vom Stand des Unterrichtes und den Leistungen der Schüler regelmäßig zu überzeugen.
- Er hat die **Diensteinteilung** für die Beaufsichtigung der Schüler zu treffen.
- Er hat dem Schulerhalter[1] alle an der Schulliegenschaft und deren Einrichtungen wahrgenommenen Mängel zu **melden.**

Zur **Unterstützung** des Schulleiters kann jeweils ein Lehrer bestellt werden, der jene Verwaltungsaufgaben wahrzunehmen hat, die in engem Zusammenhang mit der pädagogischen Arbeit an der Schule stehen.[2]

An bestimmten Schularten (z. B. größere Berufsschulen) ist ein ständiger **Vertreter** des Schulleiters bestellt, der diesen bei der Erfüllung seiner Aufgaben zu unterstützen hat.

14.8 Lehrerkonferenzen

Nach dem Schulunterrichtsgesetz sind **folgende** Lehrerkonferenzen vorgesehen:

- **Schulkonferenz:** alle Lehrer der Schule
- **Klassenkonferenz:** alle Lehrer einer Klasse
- Konferenz der Lehrer eines **Unterrichtsgegenstandes**[3]
- Konferenzen mit **anderer Zusammensetzung**[4]

Die **Aufgaben** der Lehrerkonferenzen bestehen in der Erfüllung der ihnen durch **Rechtsvorschriften**[5] zugewiesenen Pflichten sowie in der **Beratung** gemeinsamer Fragen, insbesondere solcher der Planungs-, Unterrichts-, Erziehungs- und Bildungsarbeit, der Evaluation oder der beruflichen Fortbildung der Lehrer.

Den **Vorsitz** in den Lehrerkonferenzen führt der **Schulleiter** oder ein von ihm beauftragter Lehrer. Dem Vorsitzenden obliegt auch die Einberufung der Konferenz, wobei jedoch

---

[1] Zum Begriff des Schulerhalters siehe S. 5, 156 und 163.

[2] Dieser Lehrer wird auch als „Administrative Hilfskraft" oder „Administrator" bezeichnet. Eine solche Funktion ist nur an größeren mittleren und höheren Schulen vorgesehen, sofern weder ein Direktorstellvertreter noch ein Abteilungsvorstand bestellt ist.

[3] Eine solche Konferenz hat z. B. gemäß § 31b Abs. 3 SchUG zur Einstufung der Schüler in die Leistungsgruppen stattzufinden (siehe auch S. 93 ff.).

[4] Z. B. Fachlehrerkonferenz zur Erstellung der Themenbereiche für die Reifeprüfung bzw. Reife- und Diplomprüfung, Abteilungskonferenz, Konferenzen im Rahmen von Werkstätten und Bauhöfen.

[5] Z. B. die Klassenkonferenz zur Beratung der Leistungsbeurteilung der Schüler gemäß § 20 Abs. 6 SchUG (siehe S. 82) oder die Konferenz zur Einstufung der Schüler in die Leistungsgruppen gemäß § 31b Abs. 3 SchUG (siehe Fußnote 3).

mit dessen Zustimmung auch die jeweiligen Vorsitzenden zur Einberufung befugt sind (ferner können Klassenkonferenzen auch mit Zustimmung des Abteilungsvorstandes einberufen werden).

Die **Verpflichtung** zur Einberufung besteht für die Erfüllung gesetzlicher Aufgaben[1] sowie dann, wenn dies zumindest ein Drittel der teilnahmeberechtigten Lehrer verlangt.[2]

Für den **Beschluss** einer Lehrerkonferenz ist die Anwesenheit von mindestens zwei Dritteln ihrer Mitglieder und die unbedingte[3] Mehrheit der abgegebenen Stimmen erforderlich, wobei dem Vorsitzenden und jedem Mitglied eine Stimme zukommt und bei Stimmengleichheit die Stimme des Vorsitzenden entscheidet. Stimmübertragung ist ungültig, Stimmenthaltung nur im Fall der Befangenheit[4] zulässig.

Ferner ist über den **Verlauf** jeder Lehrerkonferenz eine schriftliche **Aufzeichnung** zu führen.[5]

Soweit im Rahmen von Lehrerkonferenzen den Schülern und Erziehungsberechtigten ein **Mitentscheidungsrecht**[6] zusteht, ist dieses durch die Vertreter der Schüler bzw. der Erziehungsberechtigten im Schulgemeinschaftsausschuss bzw. durch die Klassenelternvertreter wahrzunehmen (diese haben das Recht zur Teilnahme an den Beratungen sowie ein Stimmrecht und sind rechtzeitig [nachweislich] einzuladen).[7]

---

1 Z. B. die Beurteilungskonferenz gemäß § 20 Abs. 6 SchUG (S. 82).

2 Die von diesen Lehrern beantragten Tagesordnungspunkte sind jedenfalls zu besprechen.

3 Das ist mehr als die Hälfte.

4 Die Fälle der Befangenheit sind in § 7 AVG 1991 angeführt (in diesem Sinne liegt Befangenheit des einzelnen Lehrers z. B. dann vor, wenn durch die Konferenz ein naher Angehöriger betroffen ist).

5 Diese soll neben den Namen der Anwesenden und den einzelnen Tagesordnungspunkten eine zumindest schlagwortartige Darstellung der Diskussionsbeiträge sowie die gefassten Beschlüsse (einschließlich des Abstimmungsergebnisses) enthalten.

6 Siehe hiezu S. 127.

7 Bei Beratungen über die Antragstellung auf Ausschluss eines Schülers bzw. über die Androhung eines solchen Antrages hat auf Verlangen des Schulsprechers auch der Klassensprecher der Klasse des betreffenden Schülers ein Teilnahmerecht (jedoch ohne Stimmrecht) an der Schul- bzw. Abteilungskonferenz. – Zum Ausschlussverfahren vgl. S. 114 f.

15 Schulpartnerschaft

Das **Zusammenwirken** von Lehrern, Schülern und Erziehungsberechtigten stellt eine wichtige Grundlage für die Erfüllung der Aufgabe der österreichischen Schule dar.[1]

Zur Gewährleistung einer möglichst partnerschaftlichen Zusammenarbeit („Schulpartnerschaft“) hat besonders die neuere Entwicklung des Schulunterrichtsrechtes den Rahmen der Mitwirkung und der Mitbestimmung für Schüler und Erziehungsberechtigte erheblich **erweitert**.

15.1 Schule und Schüler

15.1.1 Rechte des einzelnen Schülers

Jeder Schüler hat das **Recht**, sich nach Maßgabe seiner Fähigkeiten im Rahmen der Förderung der Unterrichtsarbeit[2] an der Gestaltung des Unterrichtes und an der Wahl der Unterrichtsmittel zu **beteiligen**. Ferner steht ihm das Recht auf Anhörung sowie auf Abgabe von Vorschlägen und Stellungnahmen zu.

Diese Rechte kommen dem Schüler **persönlich** und unabhängig von jenen aus der Schülermitverwaltung zu.

15.1.2 Schülermitverwaltung

Das Recht auf Schülermitverwaltung steht den Schülern einer Schule **gemeinschaftlich** zu und beinhaltet die Befugnis zur Interessenvertretung und zur Mitgestaltung des Schullebens. Die Wahrnehmung dieser Rechte erfolgt durch die **Schülervertreter**[3], die sich hiebei von der Aufgabe der österreichischen Schule leiten zu lassen haben.

Im Rahmen der Interessenvertretung gegenüber den Lehrern, dem Schulleiter und den Schulbehörden stehen den **Schülervertretern** folgende Rechte zu:

- **Mitwirkungsrechte**[4]
  - Recht auf **Anhörung**
  - Recht auf **Information** über alle Angelegenheiten, die die Schüler allgemein betreffen

---

1 Vgl. hiezu Art. 14 Abs. 5a B-VG (S. 3), § 2 SchOG (S. 19) und § 2 SchUG (S. 56).

2 Zur Förderung der Unterrichtsarbeit als Schülerpflicht vgl. S. 109.

3 Zu diesen zählen außer den in Z. 15.1.3 genannten Schülervertretern auch jene im Schulgemeinschaftsausschuss (Z. 15.3.2).

4 Diese beinhalten keine unmittelbare Beteiligung (z. B. durch Ausübung eines beschließenden Stimmrechtes) am jeweiligen Entscheidungsprozess.

- Recht auf Abgabe von **Vorschlägen** und Stellungnahmen
- Recht auf Teilnahme an **Lehrerkonferenzen,**[1] ausgenommen Beratungen und Beschlussfassungen über die Leistungsbeurteilung[2] einzelner Schüler (einschließlich der Berechtigung zum Aufsteigen [§ 25 SchUG] sowie der Einstufung und Umstufung in Leistungsgruppen [§§ 31b und 31c SchUG]), ferner über dienstrechtliche Angelegenheiten der Lehrer einschließlich der Wahl der Lehrervertreter[3]
- Recht auf Mitsprache bei der **Gestaltung** des Unterrichtes im Rahmen des Lehrplanes
- Recht auf Beteiligung an der Wahl der **Unterrichtsmittel**

- **Mitbestimmungsrechte**[4]
  - Recht auf Mitentscheidung bei der Anwendung von **Erziehungsmitteln**[5]
  - Recht auf Mitentscheidung bei der Festlegung von **Unterrichtsmitteln**[6]
  - Recht auf Mitentscheidung bei der Antragstellung auf **Ausschluss** eines Schülers[7]

Die Teilnahme an Lehrerkonferenzen sowie die Mitbestimmungsrechte stehen erst **ab** der **9. Schulstufe** zu.

Im Rahmen der **Mitgestaltung** des Schullebens haben die Schüler jene Aufgaben gemeinsam wahrzunehmen, die über die Mitarbeit des einzelnen Schülers hinausreichen (als solche kommen z. B. Vorhaben in Betracht, die der politischen, staatsbürgerlichen und kulturellen Bildung dienen). Diese Veranstaltungen unterliegen nicht der Aufsichtspflicht der Lehrer bzw. des Schulleiters (diese können jedoch an solchen Veranstaltungen teilnehmen).

---

1 Die im Rahmen der Lehrerkonferenzen zustehenden Rechte sind durch die Vertreter der Schüler im Schulgemeinschaftsausschuss auszuüben.

2 Die Beratung und Beschlussfassung über die Beurteilung des Verhaltens in der Schule (vgl. S. 81) fällt gemäß Erlass des BMUK v. 12. 2. 1982, GZ. 17.325/2–4/82, nicht unter diese Ausnahme (es handelt sich hiebei nicht um eine Angelegenheit der **Leistungs**beurteilung).

3 Insbesondere der Vertreter der Lehrer im Schulgemeinschaftsausschuss (vgl. S. 137 ff.).

4 Diese Rechte gewähren die unmittelbare Teilnahme an den der Schule zustehenden „hoheitlichen" Befugnissen.

5 Die hier in Betracht kommenden Erziehungsmittel sind einerseits die Versetzung eines Schülers in eine Parallelklasse durch den Schulleiter (die Ausübung des Mitbestimmungsrechtes steht den Klassensprechern der betreffenden Klassen, allenfalls auch dem Abteilungssprecher zu), anderseits die Androhung seitens der Schul- bzw. Abteilungskonferenz, den Antrag auf Ausschluss eines Schülers von der Schule zu stellen (das Mitbestimmungsrecht ist durch die Vertreter der Schüler im Schulgemeinschaftsausschuss auszuüben). – Vgl. zu diesen Maßnahmen S. 113 ff.

6 Vgl. hiezu S. 64 f.

7 Vgl. S. 114 f.

15.1.3 Schülervertreter

Zur **Wahrnehmung** der vorstehend angeführten Rechte der Schülermitverwaltung sind an allen Schulen (ausgenommen die Vorschulstufe und die Grundschule der Volksschule) **Schülervertreter** in gleicher, unmittelbarer, geheimer und persönlicher Wahl zu **wählen.**[1]

Der Schulleiter hat die Tätigkeit der Schülervertreter zu unterstützen und zu fördern.

Die **Schülervertreter** sind:

- die von den Schülern jeder Klasse zu wählenden **Klassensprecher,**[2,3]
- der von den Klassensprechern der 5. bis 8. Schulstufe der allgemeinbildenden Pflichtschulen und der Unterstufe der allgemeinbildenden höheren Schülern zu wählende **Vertreter** der Klassensprecher,[4]
- die von den Schülern jeder Fachabteilung zu wählenden **Abteilungssprecher,**
- die an ganzjährigen Berufsschulen von den Schülern jedes Schultages zu wählenden **Tagessprecher,**
- der von den Schülern einer Schule zu wählende **Schulsprecher.**[5]

Zur Gewährleistung der Vertretung für den Fall der Verhinderung sind für jeden Schülervertreter ein, für den Schulsprecher zwei Stellvertreter zu wählen.[6]

Die **Aufgabenbereiche** der obgenannten Schülervertreter erstrecken sich auf jene Organisationseinheiten (Klasse, Fachabteilung, Schule), für die sie gewählt wurden, wobei der Schulsprecher bzw. der Vertreter der Klassensprecher auch Angelegenheiten, die nur einzelne Klassen oder Abteilungen betreffen, wahrnehmen darf.

Die Schülervertreter bilden in ihrer **Gesamtheit**[7] die **Versammlung** der Schülervertreter, welcher insbesondere die Beratung jener Aufgabenbereiche obliegt, die von allgemei-

---

1 Werden an einer Schule mehrere Schularten in Verbindung miteinander geführt, ist nur eine Schülervertretung zu bestellen, deren Tätigkeitsbereich sich auf die gesamte Schule erstreckt.

2 An berufsbildenden höheren Schulen die Jahrgangssprecher.

3 An den allgemeinbildenden Pflichtschulen ist die Funktion eines Klassensprechers ab der 5. Schulstufe vorgesehen.

4 Dieser tritt an die Stelle des Schulsprechers.

5 An ganzjährigen Berufsschulen wird der Schulsprecher von den Tagessprechern gewählt, an den allgemeinbildenden höheren Schulen von den Schülern der Oberstufe.

6 An ganzjährigen Berufsschulen wird der Schulsprecher vom jeweiligen Tagessprecher vertreten.

7 Die Stellvertreter gehören der Versammlung der Schülervertreter nur im Fall der Verhinderung jener Mitglieder an, die sie zu vertreten haben.

ner Bedeutung sind.[1,2,3] Die Einberufung der Versammlung obliegt dem **Schulsprecher** (dem Vertreter der Klassensprecher).[4]

Aktivitäten der Schülervertretung (einschließlich der „Schülervertreterstunde“) **außerhalb** der Unterrichtszeit[5] unterliegen nicht der Aufsicht der Lehrer bzw. des Schulleiters.

Wählbar zum Klassensprecher ist jeder Schüler der betreffenden Klasse, zum Abteilungssprecher jeder Schüler der betreffenden Fachabteilung, zum Vertreter der Klassensprecher jeder Klassensprecher der in Betracht kommenden Schulart, zum Schulsprecher jeder Schüler der betreffenden Schule,[6] zum Tagessprecher jeder Schüler des betreffenden Schultages.

Die Wahl der genannten Schülervertreter und ihrer Stellvertreter hat unter der Leitung des Schulleiters oder eines von ihm beauftragten Lehrers möglichst zu einem Termin innerhalb der ersten fünf Wochen[7] jedes Schuljahres stattzufinden. Zum **Schülervertreter gewählt** ist jener Kandidat, der auf mehr als der Hälfte der Stimmzettel an erste Stelle gereiht wurde (gegebenenfalls ist eine Stichwahl erforderlich).

Zum **Stellvertreter gewählt** ist jeweils der Kandidat mit der höchsten Zahl an Wahlpunkten aus dem ersten Wahlgang (die Punktezahl des gewählten Schülervertreters ist hiebei außer Acht zu lassen).[8,9]

---

1 Ferner dient diese Versammlung zur Information der Schülervertreter durch den Schulsprecher (und die Abteilungssprecher) bzw. durch den Vertreter der Klassensprecher.

2 Für die Inanspruchnahme von Unterrichtszeit durch diese Versammlung sind Höchstgrenzen (an Berufsschulen höchstens vier Unterrichtsstunden je Schulstufe, ansonsten höchstens fünf Unterrichtsstunden je Semester) festgesetzt.

3 Der Schulsprecher (Abteilungssprecher) darf auch die Schüler einer Klasse im Schulbereich zur Information und Beratung versammeln („Schülervertreterstunde“). Hiefür stehen je Semester höchstens drei Unterrichtsstunden zur Verfügung, die Schüler der betreffenden Klasse müssen teilnehmen. – Untersagung durch den Schulleiter, wenn Personen oder der ordnungsgemäße Unterricht gefährdet sind.

4 Obwohl im SchUG (§ 59 Abs. 5) nicht ausdrücklich genannt, ist wohl auch der Vorsitz vom Schulsprecher (Vertreter der Klassensprecher) zu führen.

5 Für die Erlaubnis zum Fernbleiben von der Schule (§ 45 SchUG) stellt die Tätigkeit als Schülervertreter einen wichtigen Grund dar (vgl. S. 111).

6 An den AHS nur die Schüler ab der 9. Schulstufe, an ganzjährigen Berufsschulen nur die Tagessprecher.

7 In lehrgangsmäßigen Berufsschulen innerhalb der ersten (Klassensprecher) bzw. zweiten Woche (Schulsprecher) eines jeden Lehrganges.

8 Dieses Wahlsystem wurde durch § 59a SchUG (aufgrund der Novelle BGBl. Nr. 455/1992) eingeführt und soll dem Prinzip der Verhältniswahl Rechnung tragen. Die genauen Bestimmungen über die Wahl der Schülervertreter enthält die Verordnung BGBl. Nr. 388/1993 i. d. g. F.

9 Die gewählten Schülervertreter bedürfen keiner Bestätigung.

Die **Funktionsperiode** jedes Schülervertreters erstreckt sich bis zur nächsten Wahl, sofern dieser nicht aus jenem Verband (Klasse, Fachabteilung, Schule) ausscheidet,[1] für den er gewählt wurde, oder sein Amt nicht durch Rücktritt oder Abwahl[2] verliert. Bei Ausscheiden eines Klassensprechers (Jahrgangssprechers) sind unverzüglich Neuwahlen durchzuführen, bei Ausscheiden eines anderen Schülervertreters (Vertreter der Klassensprecher, Abteilungssprecher, Tagessprecher, Schulsprecher) nur dann, wenn kein Stellvertreter vorhanden ist.

15.1.4 Überschulische Schülervertretung

Außer den besprochenen Schülervertretungen innerhalb der einzelnen Schulen besteht auch eine überschulische Interessenvertretung in Form der Landesschülervertretungen (jeweils beim Landesschulrat) und der Bundeschülervertretung (beim jeweils zuständigen Bundesministerium). Rechtsgrundlage ist das Bundesgesetz über die überschulischen Schülervertretungen (Schülervertretungengesetz), BGBl. Nr. 284/1990 i. d. F. BGBl I Nr. 75/2013.

1 Etwa durch Versetzung in eine Parallelklasse, Schulwechsel oder Abschluss des Bildungsganges der betreffenden Schule.

2 Die Abwahl ist nach den gleichen Grundsätzen durchzuführen wie die Wahl, wobei der Wahlleiter (z. B. der Klassenvorstand) die Wahlberechtigten einzuberufen hat, wenn mindestens ein Drittel von ihnen eine Abwahl verlangt. Der betreffende Schülervertreter ist abgewählt, wenn es die unbedingte Mehrheit der Wahlberechtigten beschließt.

15.2 Schule und Erziehungsberechtigte

15.2.1 Zum Begriff der Erziehungsberechtigten[1]

Das Schulunterrichtsgesetz legt den Begriff „Erziehungsberechtigte" nicht selbst fest, sondern **verweist** auf die diesbezüglichen Vorschriften des bürgerlichen Rechtes.[2]

Sofern nach bürgerlichem Recht das Erziehungsrecht hinsichtlich eines Schülers nicht nur einer Person zusteht,[3] ist gemäß § 60 Abs. 2 SchUG jede dieser Personen auch mit Wirksamkeit für die andere handlungsbefugt.[4]

15.2.2 Rechte und Pflichten der Erziehungsberechtigten

Im Rahmen des Schulunterrichtsrechtes werden nur jene Rechte und Pflichten der Erziehungsberechtigten geregelt, die deren **Verhältnis zur Schule** (und zu den Schulbehörden) betreffen. Im Mittelpunkt dieses Rechtsverhältnisses steht das Recht und die Pflicht der Erziehungsberechtigten zur Unterstützung der Unterrichts- und Erziehungsarbeit der Schule.

Konkret ergeben sich hieraus

- das **Recht**[5]
  - auf Anhörung und
  - auf Abgabe von Vorschlägen und Stellungnahmen;
- die **Pflicht,**
  - die Schüler mit den erforderlichen Unterrichtsmitteln auszustatten,[6]

---

1 Eine zusammenfassende Darstellung der wichtigsten personen- und familienrechtlichen Bestimmungen (soweit diese Bedeutung für die Schule besitzen) findet sich auf S. 192 ff.

2 Die hiefür in Betracht kommenden Bestimmungen sind vorwiegend personen- und familienrechtlicher Art (vgl. insbesondere §§ 137, 137a, 144 ff. ABGB). Diese beinhalten auch das Recht (und die Pflicht), die minderjährigen Kinder zu vertreten (vgl. hiezu auch § 67 SchUG). Siehe auch S. 194, Fußnoten 4 und 5.

3 Gemäß § 137 Abs. 3 ABGB sind (bei aufrechter Ehe) die Rechte und Pflichten des Vaters und der Mutter gleich.

4 Dies bedeutet, dass die Schule aufeinanderfolgende widersprüchliche Entscheidungen der Erziehungsberechtigten nicht zu berücksichtigen braucht (sofern die Erziehungsberechtigten durch ihre Uneinigkeit die Erfüllung der Aufgabe der Schule gefährden, besteht für den Schulleiter jedoch die Pflicht zur Verständigung des zuständigen Jugendamtes). – Siehe hiezu S. 114 und 197 f.

5 Dieses Recht steht den Erziehungsberechtigten unabhängig von den im Folgenden genannten Mitwirkungs- und Mitbestimmungsrechten zu.

6 Eine erhebliche finanzielle Erleichterung bei der Erfüllung dieser Pflicht bedeutet der gemäß §§ 31 ff. des Familienlastenausgleichsgesetzes (BGBl. Nr. 376/1967 i. d. g. F.) bestehende Anspruch auf kostenlose Beistellung der Schulbücher (Betragsgrenze nach Schulart und Schulstufe).

- auf die gewissenhafte Erfüllung der sich aus dem Schulbesuch ergebenden Pflichten des Schülers hinzuwirken,[1]
- zur Förderung der Schulgemeinschaft beizutragen,
- die zur Führung der Amtsschriften[2] erforderlichen Dokumente vorzulegen und die notwendigen Auskünfte zu erteilen.

15.2.3 Interessenvertretung der Erziehungsberechtigten

Außer den angeführten individuellen Rechten kommen den Erziehungsberechtigten auch Rechte der (gemeinschaftlichen) **Interessenvertretung** gegenüber den Lehrern, dem Schulleiter (gegebenenfalls auch dem Abteilungsvorstand) und den Schulbehörden zu. Diese Rechte sind durch die **Klassenelternvertreter** im Schulforum und die Vertreter der Erziehungsberechtigten im **Schulgemeinschaftsausschuss** (siehe hiezu das folgende Kapitel Z. 15.3) auszuüben.

Die Rechte der Interessenvertretung gliedern sich in **Mitwirkungs-** und **Mitbestimmungsrechte** und **unterscheiden**[3] sich von den **oben** unter **Z. 15.1.2** genannten Rechten der Schüler nur insofern, als

- sich ihr Recht auf Information nur auf jene Angelegenheiten bezieht, die Schüler **und** Erziehungsberechtigte allgemein betreffen,
- sie an Schulen mit Klassenforen kein Recht zur Teilnahme an Lehrerkonferenzen haben und
- bei der Versetzung eines Schülers in eine Parallelklasse kein Mitwirkungs- oder Mitbestimmungsrecht besitzen.

15.2.4 Beratung zwischen Lehrern und Erziehungsberechtigten

Die durch das Schulunterrichtsgesetz angestrebte enge **Zusammenarbeit** zwischen Schule und Erziehungsberechtigten kommt bereits in den Informationspflichten der Schule zum Ausdruck.

Über diese (auf den Seiten 85 ff. beschriebene) Kooperation hinaus sind auch gemeinsame Beratungen zwischen Lehrern und Erziehungsberechtigten, insbesondere

[1] Vgl. insbesondere die Pflichten nach dem Schulpflichtgesetz (S. 47 ff.) sowie jene gemäß § 43 SchUG und der Verordnung über die Schulordnung (S. 109 f.).

[2] Die wichtigsten an der Schule zu führenden Amtsschriften sind im § 77 SchUG genannt (S. 149).

[3] Diese Unterschiede bestehen im Hinblick darauf, dass die Erziehungsberechtigten nicht in der gleichen Weise in das Unterrichtsgeschehen eingebunden sind wie die Schüler.

in Form von **Klassenelternberatungen**,[1] vorgesehen. Eine **Verpflichtung** zur Durchführung von Klassenelternberatungen besteht jeweils in der ersten Stufe jeder Schulart, ansonsten auf Verlangen mindestens eines Drittels der Erziehungsberechtigten der Schüler einer Klasse.

Diese Beratung hat gegebenenfalls auch Fragen des gemeinsamen Unterrichtes von Kindern ohne und mit sonderpädagogischem Förderungsbedarf einzubeziehen. An ganztägigen Schulformen trifft die Beratungspflicht auch die im Betreuungsteil eingesetzten Erzieher.

15.2.5 Elternvereine

Elternvereine sind **vereinsgesetzlich**[2] konstituierte Zusammenschlüsse von Erziehungsberechtigten einer Schule (allenfalls auch mehrerer Schulen),[3] die sich die gemeinsame Bewältigung gedeihlicher Zusammenarbeit zwischen Erziehungsberechtigten und Schule zum satzungsgemäßen[4] Ziel genommen haben.

Die Schulleiter haben die Errichtung und die Tätigkeit von **Elternvereinen** zu **fördern**, wenn diese satzungsgemäß den Erziehungsberechtigten aller Schüler der betreffenden Schule zugänglich sind. Ferner hat der Schulleiter Vorschläge, Wünsche und Beschwerden, die von Organen des Elternvereines an ihn herangetragen werden, zu prüfen und mit diesen zu **besprechen**.[5]

---

1 An allgemeinbildenden Pflichtschulen, an denen Klassenforen bestehen, sind Klassenelternberatungen möglichst gemeinsam mit Sitzungen des Klassenforums abzuhalten.

2 Die Gründung von Elternvereinen unterliegt dem Vereinsgesetz (BGBl. I Nr. 66/2002 i. d. g. F.), wobei hiefür die Anmeldung (Einbringung einer Bildungsanzeige und Vorlage der Satzung) bei der zuständigen Bezirksverwaltungsbehörde bzw. Bundespolizeidirektion ausreicht. Erfolgt binnen sechs Wochen keine Untersagung seitens der genannten Behörde, kann der Elternverein seine Tätigkeit aufnehmen (eine schulbehördliche Zustimmung oder Anerkennung ist nicht vorgesehen).

3 Dies kann z. B. dann der Fall sein, wenn für mehrere an einem Standort untergebrachte Schularten nur ein Elternverein besteht. – Davon zu unterscheiden ist der überregionale Zusammenschluss von Elternvereinen (z. B. Hauptverband katholischer Elternvereine, Verband der Elternvereine an den öffentlichen Pflichtschulen Österreichs).

4 Die Satzung muss insbesondere Angaben über den Zweck des Vereines, die Mitgliedschaft und die Organe enthalten.

5 Diese Rechte können nur geltend gemacht werden, wenn an der Schule nicht mehr als ein Elternverein besteht.

15.3 Lehrer, Schüler, Erziehungsberechtigte

15.3.1 Klassenforum und Schulforum

15.3.1.1 Aufgabenbereiche und Zuständigkeit

Zur Förderung und Festigung der Schulgemeinschaft ist an den allgemeinbildenden **Pflichtschulen** (ausgenommen die Polytechnischen Schulen und die entsprechenden Sonderschulen) für jede Klasse ein **Klassenforum** und für jede Schule ein **Schulforum** einzurichten.

In den folgenden Angelegenheiten[1] ist das **Klassenforum** zuständig, sofern nur **eine Klasse** betroffen ist, ansonsten das **Schulforum:**

- die **Entscheidung**[2] über
  - mehrtägige **Schulveranstaltungen**
  - die Erklärung einer Veranstaltung zu einer **schulbezogenen** Veranstaltung
  - die Bewilligung zur Durchführung von **Sammlungen**
  - die Durchführung von Veranstaltungen der **Schullaufbahnberatung** und der Schulgesundheitspflege
  - **schulautonome Schulzeit**regelungen[3]
  - die Festlegung der Ausstattung der Schüler mit **Unterrichtsmitteln;**
  - die Erstellung von Richtlinien über die **Wiederverwendung** von Schulbüchern
  - die Festlegung einer **alternativen** Form der **Beurteilung** der Leistungen[4]
- die **Beratung** insbesondere über
  - wichtige Fragen des **Unterrichtes** und der Erziehung
  - Fragen der Planung von **Schulveranstaltungen** (soweit diese Themen nicht ohnehin unter das obgenannte Entscheidungsrecht fallen)
  - Termine und Art der Durchführung von **Elternsprechtagen**
  - Verwendung von **Budgetmitteln** (soweit solche Mittel der Schule zur Verwaltung übertragen sind)
  - **Baumaßnahmen** im Bereich der Schule

---

1 Zu den im vorliegenden Zusammenhang angeführten Aufgabenbereichen siehe die jeweiligen Sachkapitel dieses Buches.

2 Die Entscheidungsrechte sind im SchUG erschöpfend aufgezählt, die Beratungsrechte nur beispielhaft.

3 Siehe S. 152, Fußnote 4.

4 Siehe S. 76, Fußnote 2.

Ausschließlich das **Schulforum** ist für die **Entscheidung** in folgenden Angelegenheiten zuständig:

- die Erstellung einer **Hausordnung**
- die **Bewilligung,** die Teilnahme von Schülern an **Veranstaltungen** zu organisieren, die weder Schulveranstaltungen oder schulbezogene Veranstaltungen noch solche der individuellen Berufs(aus)bildungsberatung sind
- die Erlassung schulautonomer **Lehrplanbestimmungen**
- die Festlegung schulautonomer **Eröffnungs-** und **Teilungsziffern**
- die Durchführung der **Wiederholungsprüfungen am Donnerstag und/oder Freitag der letzten Woche der Hauptferien**
- die **Kooperation** mit Schulen und außerschulischen Einrichtungen

15.3.1.2 Klassenforum (Zusammensetzung, Einberufung, Abstimmung)

Dem Klassenforum gehören der Klassenlehrer oder Klassenvorstand sowie die Erziehungsberechtigten der Schüler der betreffenden Klasse an. Den Vorsitz führt der Klassenlehrer oder Klassenvorstand.

Das Klassenforum ist vom Klassenlehrer (Klassenvorstand) **jedenfalls** innerhalb der ersten acht Wochen jedes Schuljahres zu einer Sitzung **einzuberufen**, ferner auch dann, wenn eine Entscheidung zu treffen ist oder eine Beratung zweckmäßig erscheint.[1]

Die Einberufung hat auch über **Verlangen** des Klassenelternvertreters oder der Erziehungsberechtigten mindestens eines Drittels der Schüler der betreffenden Klasse zu erfolgen (einem solchen Verlangen sind die zur Behandlung gewünschten Themen anzuschließen). Der **Klassenelternvertreter** und sein Stellvertreter sind in der ersten Sitzung aus dem Kreis der Erziehungsberechtigten der Schüler der Klasse in gleicher, unmittelbarer und persönlicher Wahl zu wählen.[2,3]

Beschließende Stimme kommt eine dem Klassenlehrer oder Klassenvorstand und jeweils eine den Erziehungsberechtigten jedes Schülers der Klasse gemeinsam zu.

---

1 Vgl. die oben genannten Aufgaben.

2 Die Klassenelternvertreter sind in der ersten Stufe jeder in Betracht kommenden Schulart (einschließlich der Vorschulstufe) zu wählen, in weiterer Folge nur bei Bedarf (z. B. bei Ausscheiden eines Klassenelternvertreters aus seiner Funktion oder bei Einbringung eines neuen Wahlvorschlages).

3 Geheim muss die Wahl nur durchgeführt werden, wenn dies wenigstens von einem der Wahlberechtigten verlangt wird. Gewählt ist, wer die unbedingte Mehrheit der abgegebenen Stimmen erhält (siehe das Nähere über die Wahl in der Verordnung BGBl. Nr. 285/1988 i. d. g. F.).

Sonstige Lehrer können mit **beratender** Stimme teilnehmen. Für die Beschlussfähigkeit ist die Anwesenheit des Klassenlehrers (des Klassenvorstandes) und die der Erziehungsberechtigten mindestens eines Drittels der Schüler der Klasse sowie die unbedingte Mehrheit der abgegebenen Stimmen erforderlich.[1,2]

15.3.1.3 Schulforum (Zusammensetzung, Einberufung, Abstimmung)

Dem Schulforum gehören der Schulleiter, alle Klassenlehrer oder Klassenvorstände und die Klassenelternvertreter aller Klassen der Schule an. Den Vorsitz führt der Schulleiter.

Das Schulforum ist vom Schulleiter **jedenfalls** innerhalb der ersten neun Wochen jedes Schuljahres **einzuberufen**, ansonsten über Verlangen mindestens eines Drittels der Mitglieder sowie in jenen Fällen, in denen eine Entscheidung erforderlich wird oder eine Beratung zweckmäßig erscheint (vgl. die auf S. 137 genannten Aufgaben).

Beschließende Stimme kommt jedem Klassenlehrer oder Klassenvorstand sowie jedem Klassenelternvertreter (nicht jedoch dem Schulleiter) zu. Für einen Beschluss ist die Anwesenheit und die Zustimmung von mehr als der Hälfte der Mitglieder mit beschließender Stimme erforderlich.[3,4] Mit **beratender** Stimme können z. B. der Schularzt, der Bildungsberater oder der Obmann des Elternvereines zu jenen Tagesordnungspunkten eingeladen werden, an denen deren Teilnahme zweckmäßig erscheint.[5]

---

1 Hinsichtlich der näheren Bestimmungen über Beschlussfähigkeit, Abstimmung, Übergang der Zuständigkeit auf das Schulforum u. a. siehe § 63a SchUG.

2 Für die Durchführung der Beschlüsse – auch jener des Schulforums – hat der Schulleiter zu sorgen. Hält er jedoch einen Beschluss für rechtswidrig oder undurchführbar, hat er diesen auszusetzen (d. h. nicht vollziehen zu lassen) und die Weisung der zuständigen Schulbehörde einzuholen.

3 Bei der Festlegung schulautonomer Lehrplanbestimmungen, Eröffnungs- und Teilungsziffern und Schulzeitregelungen, der alternativen Leistungsbeurteilung sowie der Erstellung einer Hausordnung ist jedoch hinsichtlich Anwesenheit und Beschlussfassung die Mehrheit von jeweils zwei Dritteln der Klassenlehrer (Klassenvorstände) und der Klassenelternvertreter erforderlich.

4 Einzelbestimmungen über Beschlussfähigkeit, Abstimmung, Durchführung der Sitzungen, Geschäftsordnung, Bildung eines Ausschusses u. a. enthält § 63a SchUG.

5 Der Vertreter der Klassensprecher ist mit beratender Stimme stets einzuladen (ausgenommen Beratungen über die Abgabe einer Stellungnahme im Verfahren zur Besetzung der Schulleitung gemäß § 26a LDG).

15.3.2 Schulgemeinschaftsausschuss

15.3.2.1 Zusammensetzung und Aufgaben

Zur Förderung und Festigung der Schulgemeinschaft ist an den Polytechnischen Schulen (und den entsprechenden Sonderschulen), an den Berufsschulen sowie an den mittleren und höheren Schulen ein Schulgemeinschaftsausschuss einzurichten, dem der Schulleiter und je **drei Vertreter** der Lehrer, der Schüler und der Erziehungsberechtigten[1] anzugehören haben.

Die **Aufgaben** des Schulgemeinschaftsausschusses unterscheiden sich von den oben in **Z. 15.3.1.1** aufgezählten nur insofern, als dieser

- über die Durchführung (einschließlich der Terminfestlegung) von Elternsprechtagen ein **Entscheidungsrecht** besitzt (das Klassenforum bzw. das Schulforum hat nur ein Beratungsrecht) und **zusätzlich**
- über Vorhaben betreffend die Mitgestaltung des Schullebens[2] sowie
- schulspezifische Reihungskriterien bei der Schüleraufnahme[3] entscheiden kann.[4]

15.3.2.2 Bestellungsweise

Die Bestellung der Mitglieder hat in folgender Weise zu erfolgen:

- Vertreter der **Lehrer:** Diese sind durch die Schulkonferenz aus dem Kreis aller an der Schule tätigen Lehrer zu wählen.
- Vertreter der **Schüler:** Diese sind der Schulsprecher und seine zwei Stellvertreter.
- Vertreter der **Erziehungsberechtigten:** Diese sind entweder von den Erziehungsberechtigten der Schüler[5] der betreffenden Schule aus deren Kreis zu wählen oder vom Elternverein (falls ein solcher an der Schule besteht) – aus demselben Personenkreis – zu entsenden.[6]

---

1 Vertreter der Erziehungsberechtigten an Berufsschulen nur dann, wenn dies von den Erziehungsberechtigten von mindestens 20 % der Schüler verlangt wird.

2 Siehe S. 127.

3 § 5 Abs. 1 SchUG.

4 Da die Festlegung der alternativen Form der Leistungsbeurteilung nur für die 1. und 2. Schulstufe der Grundschule vorgesehen ist, entfällt diese Kompetenz für den Schulgemeinschaftsausschuss.

5 Auch der volljährigen, sofern die betreffenden Personen bei Beendigung der Minderjährigkeit ihrer Kinder erziehungsberechtigt waren.

6 Sofern Vertreter der Lehrer, der Schüler oder der Erziehungsberechtigten nicht oder nicht in erforderlicher Zahl gewählt werden konnten, gehören dem Schulgemeinschaftsausschuss nur die tatsächlich gewählten Personen an.

Für jedes Mitglied ist jeweils ein Stellvertreter zu wählen.

Alle Wahlen sind nach den Grundsätzen der **Verhältniswahl** durchzuführen. Gewählt ist, wer die höchste Zahl an Wahlpunkten[1] auf sich vereinigt.[2]

15.3.2.3 Stimmrecht, Einberufung, Funktionsweise

Jedem **Mitglied** der im Schulgemeinschaftsausschuss vertretenen Gruppen (Lehrer, Schüler, Erziehungsberechtigte) kommt eine **beschließende** Stimme zu, Stimmenthaltung ist unzulässig; die Übertragung der Stimme auf eine andere Person ist unzulässig und unwirksam, sofern eine Geschäftsordnung nicht anderes festlegt. Der Schulleiter führt den **Vorsitz**, hat aber keine beschließende Stimme.[3] Für einen **Beschluss** ist die Anwesenheit von mehr als der Hälfte der Mitglieder mit beschließender Stimme (wobei aus jeder der drei Gruppen mindestens ein Mitglied anwesend sein muss) und die unbedingte Mehrheit der abgegebenen Stimmen erforderlich.[4]

Der Schulgemeinschaftsausschuss ist vom Schulleiter mindestens **zweimal** (an Berufsschulen mindestens einmal) im Schuljahr, ferner auf Verlangen mindestens eines Drittels der Mitglieder sowie dann **einzuberufen**, wenn eine Entscheidung notwendig ist oder eine Beratung zweckmäßig erscheint.[5] Mit jeder Einberufung ist eine Tagesordnung zu übermitteln.

Zu bestimmten Tagesordnungspunkten sind mit **beratender** Stimme der Schularzt, der Bildungsberater, Klassenvorstände und andere Personen einzuladen.[6]

Die näheren Bestimmungen zur Funktionsweise, zur Bildung von Unterausschüssen, zur Protokollführung u. a. sind durch **§ 64 SchUG** geregelt.

---

1 Allenfalls Stichwahl erforderlich.

2 Die genauen Wahlmodalitäten finden sich im § 64 Abs. 4 bis 7 SchUG und in den Verordnungen BGBl. Nr. 388/1993 i. d. g. F. und Nr. 389/1993 i. d. g. F.

3 Er hat allerdings ein Entscheidungsrecht bei Stimmengleichheit (und zwar in jenen Fällen, in denen der Schulgemeinschaftsausschuss eine Entscheidung zu treffen hat; vgl. oben S. 134 bzw. 137) sowie das Recht (und die Pflicht), einen Beschluss, den er für rechtswidrig hält, auszusetzen (d. h. nicht vollziehen zu lassen) und die Weisung der zuständigen Schulbehörde einzuholen.

4 Bei der Festlegung schulautonomer Lehrplanbestimmungen, Schulzeitregelungen, Reihungskriterien für die Schüleraufnahme, Eröffnungs- und Teilungszahlen, bei der Erstellung einer Hausordnung sowie der Anberaumung der Wiederholungsprüfungen für Donnerstag und/oder Freitag der letzten Woche der Hauptferien sind Anwesenheits- und Beschlusserfordernisse von zwei Dritteln in jeder der drei Gruppen erforderlich.

5 Vgl. die auf S. 134 bzw. S. 137 angeführten Aufgaben.

6 An AHS mit Unter- und Oberstufe sind die Vertreter der Klassensprecher zu den Sitzungen einzuladen.

15.4 Erweiterte Schulpartnerschaft

15.4.1 Berufsbildendes Schulwesen und Wirtschaftsleben

An **berufsbildenden** Schulen können zur Pflege und Förderung der notwendigen Verbindung zum **Wirtschaftsleben** Formen der erweiterten Schulgemeinschaft durch die zuständige Schulbehörde vorgesehen werden.

Solche Formen können an Berufsschulen **Schulausschüsse** und an den berufsbildenden mittleren und höheren Schulen **Kuratorien** sein, denen außer dem Schulleiter sowie Vertretern der Lehrer, der Schüler und der Erziehungsberechtigten auch Vertreter des Schulerhalters, der gesetzlichen Interessenvertretungen der Arbeitgeber und Arbeitnehmer sowie anderer Einrichtungen angehören.[1]

15.4.2 Schulkooperationen

Zur Förderung von Befähigungen für das **Berufsleben** und zur Erleichterung von **Übertritten** können (von allen Schulen) im Rahmen schulautonomer Lehrplanbestimmungen oder anderer eigenständiger Aktivitäten **Kooperationen** mit anderen **Schulen**[2] oder mit **außerschulischen**[3] Einrichtungen eingegangen werden.

Schulkooperationen haben der bestehenden Rechtslage[4] zu entsprechen und sind der zuständigen Schulbehörde[5] zur Kenntnis zu bringen.

15.5 Schulgesundheitspflege

Als wichtigste Träger der Schulgesundheitspflege sind die Schulärzte zu nennen. Diese haben die **Aufgabe**, die Lehrer in gesundheitlichen Fragen der Schüler, soweit diese Angelegenheiten den Unterricht und den Schulbesuch betreffen, zu **beraten**[6] und die erforderlichen **Untersuchungen** der Schüler vorzunehmen. Die Schüler sind (unabhän-

---

1 Eine Mustersatzung für solche Kuratorien findet sich im Erlass MVBl. Nr. 89/1998.

2 Etwa durch Schwerpunktsetzung im Lehrplan einer Neuen Mittelschule, um die Aufnahme bzw. den Übertritt in eine kooperierende AHS oder BHS wesentlich zu erleichtern.

3 Nicht nur mit Wirtschaftsbetrieben, sondern z. B. auch mit Einrichtungen der Sozialpartner oder des Arbeitsmarktservice.

4 Zivilrechtliche Verträge und ähnliche Rechtsgeschäfte können daher (mangels eigener Rechtspersönlichkeit der Schule) nicht abgeschlossen werden.

5 Diese hat rechtswidrige Kooperationsvereinbarungen (auch mit Wirkung für Dritte) aufzuheben.

6 Vgl. in diesem Zusammenhang die Beratungsrechte der Schulärzte im Rahmen von Lehrerkonferenzen und von Sitzungen des Klassen- und des Schulforums sowie des Schulgemeinschaftsausschusses.

gig von einer allfälligen Aufnahmsuntersuchung) verpflichtet, sich einmal im Schuljahr einer schulärztlichen Untersuchung zu unterziehen, wobei sie der Schularzt über festgestellte gesundheitliche Mängel in Kenntnis zu setzen hat.[1]

Die Vornahme ärztlicher Behandlungen ist im Rahmen der Schulgesundheitspflege jedoch nicht vorgesehen.

16 Verfahrensbestimmungen und Rechtsmittel

16.1 Vertretung der Schüler durch die Erziehungsberechtigten

Entsprechend den personen- und familienrechtlichen Bestimmungen des bürgerlichen Rechtes werden die nicht eigenberechtigten Schüler (das sind grundsätzlich alle Schüler bis zum vollendeten 18. Lebensjahr) auch in den Angelegenheiten des Schulunterrichtes von ihren Erziehungsberechtigten **vertreten.**[2]

16.2 Handlungsbefugnis des nicht eigenberechtigten Schülers

In **bestimmten**, in **§ 68 SchUG** erschöpfend aufgezählten Angelegenheiten ist auch der nicht eigenberechtigte Schüler ab der 9. Schulstufe zum **selbstständigen** Handeln gegenüber der Schule befugt, sofern die Kenntnisnahme der Erziehungsberechtigten nachgewiesen wird.[3,4]

Die Erziehungsberechtigten können dem Klassenvorstand gegenüber auch die Erklärung abgeben, dass sie auf die **Kenntnisnahme** im Einzelfall (entweder hinsichtlich bestimmter oder auch hinsichtlich aller Angelegenheiten) **verzichten**. Dieser Verzicht kann jedoch jederzeit schriftlich widerrufen werden.

---

1 Ein Grundsatzerlass zum Unterrichtsprinzip „Gesundheitserziehung" ist mit Erlass des BMUukA v. 4. März 1997, MVBl. Nr. 57/1997 ergangen.

2 Vgl. § 67 SchUG. – Über Eigenberechtigung und Handlungsfähigkeit siehe im Übrigen S. 192 ff.

3 Diese Handlungsbefugnis bedeutet keine (in allfälligem Widerspruch zum bürgerlichen Recht stehende) vorzeitige Übertragung einer vollen Handlungsfähigkeit an den Schüler, da die Kenntnisnahme durch die Erziehungsberechtigten stets vorausgesetzt wird. Sie ist vielmehr eine pädagogische Maßnahme, die den Schüler schrittweise zu eigenverantwortlichem Handeln führen soll.

4 An lehrgangsmäßigen Berufsschulen ist eine Kenntnisnahme nicht vorgesehen.

Von den in diese **Handlungsbefugnis** des nicht eigenberechtigten Schülers fallenden **Angelegenheiten** seien insbesondere erwähnt:

- Wahl zwischen **alternativen** Pflichtgegenständen (einschließlich des allfälligen späteren Wechsels)
- Anmeldung und Abmeldung betreffend die Teilnahme an **Freigegenständen** und unverbindlichen Übungen sowie am Förderunterricht
- Anmeldung zu **schulbezogenen** Veranstaltungen
- Ansuchen um **Stundung** einer Feststellungsprüfung sowie Antrag auf Zulassung zur Wiederholung einer Nachtragsprüfung
- Benachrichtigung von einer **Verhinderung** am Schulbesuch und Ansuchen um Erteilung der Erlaubnis zum **Fernbleiben** von der Schule[1]

Sofern der nicht eigenberechtigte Schüler von seiner Befugnis zum selbstständigen Handeln keinen Gebrauch macht, sind die Erziehungsberechtigten zum Handeln befugt (in diesem Fall gelten deren Handlungen, auch wenn der Schüler nachträglich tätig wird).

16.3 Verfahren nach dem Schulunterrichtsgesetz

Im Hinblick auf den Vorrang der pädagogischen Zielsetzungen in Unterricht und Erziehung ist die **Schule** bei der Vollziehung des Schulunterrichtsrechtes grundsätzlich an **keine** besonderen Verfahrensvorschriften gebunden.

Nur in jenen Angelegenheiten, die in der Bildungslaufbahn des Schülers von **entscheidender** Bedeutung sind (Z. 16.3.1), hat auch die Schule gewissen formalen Verfahrenserfordernissen zu entsprechen, wobei jedoch auch diese durch das Schulunterrichtsgesetz auf ein Mindestmaß begrenzt und auf die schulischen Bedürfnisse abgestimmt werden.[2,3]

---

1 Fraglich erscheint, ob die Handlungsbefugnis in diesen Angelegenheiten auch den der allgemeinen Schulpflicht unterliegenden Schülern zusteht (§ 9 SchPflG bietet nämlich keinen Anhaltspunkt dafür).

2 Anstelle der strengen Formerfordernisse des Allgemeinen Verwaltungsverfahrensgesetzes (AVG 1991) sind von den Organen der Schule die §§ 70 bis 74 SchUG anzuwenden. Im schulbehördlichen Verfahren ist die Anwendung des AVG vorgeschrieben, sofern das SchUG nicht auch in diesen Fällen besondere Regelungen vorsieht (vgl. etwa die auf S. 146 genannte Zulassung zu einer kommissionellen Prüfung).

3 Auch in diesem Verfahren werden die nicht eigenberechtigten Schüler von ihren Erziehungsberechtigten vertreten, soweit es sich nicht um eine Angelegenheit des § 68 SchUG handelt (vgl. oben Z. 16.2).

16.3.1 Anwendungsbereiche des Verfahrens

Die oben angesprochenen besonderen Verfahrensregelungen des SchUG sind von allen für die Schule tätig werdenden Organen (Schulleiter, Lehrerkonferenzen, Prüfungskommissionen u. a.) in **folgenden Angelegenheiten**[1] anzuwenden:

- Aufnahms- und Übertrittsverfahren (einschließlich der Zulassung zu Aufnahms- und Eignungsprüfungen)
- Besuch von Pflichtgegenständen, Freigegenständen, verbindlichen und unverbindlichen Übungen, von Förderunterricht sowie des Betreuungsteiles an ganztägigen Schulformen
- Stundung von Feststellungsprüfungen
- Zulassungsverfahren zu abschließenden Prüfungen[2] (einschließlich der Vorprüfungen und Zusatzprüfungen) und zu Externistenprüfungen
- Fernbleiben von der Schule
- Versetzung in eine Parallelklasse oder in einen anderen Lehrgang
- Festlegung besonderer Lehrplanmaßnahmen für Schüler mit sonderpädagogischem Förderbedarf
- Verlängerung der Höchstdauer des Schulbesuches
- Bestimmung von Beurteilungsgrundlagen für fremdsprachige Schüler (§ 18 Abs. 12 SchUG)

1 Zu diesen Angelegenheiten siehe die jeweiligen Sachkapitel des Buches.

2 Zu diesem Begriff siehe S. 95, Fußnote 3 und S. 101, Fußnote 1.

16.3.2 Verfahrensgrundsätze

Bei der Anwendung des Verfahrens haben die Organe der Schule folgende **Grundsätze**[1] zu **beachten:**

- **Entscheidungen**[2] können mündlich[3] **oder** schriftlich erlassen werden; eine Verpflichtung zur **schriftlichen** Ausfertigung besteht jedoch in jenen Fällen, in welchen einem Ansuchen[4] nicht vollinhaltlich stattgegeben wird und der von dieser Entscheidung Betroffene innerhalb einer Woche ein diesbezügliches Verlangen stellt.
- Der Erlassung jeder Entscheidung hat die Feststellung des maßgeblichen **Sachverhaltes** (sofern dieser nicht von vornherein klar gegeben ist)[5] durch Beweise voranzugehen, wobei als Beweismittel alles herangezogen werden kann, was zur Feststellung dieses Sachverhaltes geeignet und nach Lage des einzelnen Falles zweckdienlich ist.[6]
- Die **schriftlichen** Ausfertigungen der Entscheidungen haben jeweils folgende Angaben zu **enthalten:**
  - Bezeichnung des Standortes der **Schule** und des entscheidenden **Organes**

---

1 Von diesen darf nur abgewichen werden, wenn dies im Interesse verfahrensbeteiligter körper- und sinnesbehinderter Personen erforderlich ist (z. B. bloß mündliche Verkündung einer Entscheidung gegenüber Blinden).

2 Die von der Schule (Lehrerkonferenz, Prüfungskommission etc.) zu treffenden Erledigungen tragen stets die Bezeichnung „Entscheidung" und nicht „Bescheid" (die letztgenannte Bezeichnung ist nur für Erledigungen nach dem AVG 1991 vorgesehen).

3 Die mündliche Verkündung muss gegenüber der empfangsberechtigten Person (Erziehungsberechtigte des nicht eigenberechtigten Schülers; in den Angelegenheiten des § 68 SchUG auch der handlungsbefugte nicht eigenberechtigte Schüler selbst; eigenberechtigter Schüler) erfolgen; eine fernmündliche Mitteilung ist grundsätzlich nicht ausreichend (siehe jedoch S. 86, Fußnote 1). Ferner wird (schon aus Gründen der Beweissicherung) ein entsprechender Vermerk (z. B. im Schülerstammblatt) erforderlich sein. – Gleiches gilt für die Zustellung schriftlicher Ausfertigungen, wobei diese auch dem nicht eigenberechtigten Schüler zur Übergabe an die Erziehungsberechtigten ausgehändigt werden können (die Erziehungsberechtigten haben die Empfangnahme schriftlich zu bestätigen). Im Fall der Handlungsbefugnis des Schülers gemäß § 68 SchUG können die Erziehungsberechtigten innerhalb von zwei Wochen nach Beginn des Schuljahres verlangen, dass die Zustellung nicht nur an den Schüler, sondern auch an sie zu erfolgen hat.

4 Hiebei muss es sich nicht um ein förmliches (oder schriftlich gestelltes) Ansuchen handeln; es genügt, wenn dem Standpunkt des Schülers nicht stattgegeben wird.

5 Der Sachverhalt wird z. B. klar gegeben sein, wenn er aus einer öffentlichen Urkunde (etwa aus einem Zeugnis) hervorgeht.

6 Dem Schüler (Prüfungskandidaten, Aufnahmsbewerber) ist außerdem Gelegenheit zur Stellungnahme zu geben, sofern seinem Standpunkt nicht vollinhaltlich Rechnung getragen werden soll und der Sachverhalt nicht von vornherein klar gegeben ist. – Im Übrigen wird z. B. ein informatives Gespräch manches Missverständnis aufklären und die Einbringung aussichtsloser Rechtsmittel vermeiden helfen.

- Inhalt der **Entscheidung** samt Angabe der angewendeten **Rechtsvorschriften**
- **Begründung** der Entscheidung und Beifügung einer **Rechtsmittelbelehrung**, sofern dem Standpunkt des Schülers (Prüfungskandidaten, Aufnahmsbewerbers) nicht vollinhaltlich Rechnung getragen wurde
- **Datum** sowie **Unterschrift** des entscheidenden Organes (bei Kollegialorganen des Vorsitzenden)[1]

- Die **Entscheidung** ist innerhalb von **vier Wochen** ab Einlangen des Ansuchens (in den Angelegenheiten der Aufnahme und des Übertrittes innerhalb von zwei Wochen ab Erfüllung der Aufnahmsvoraussetzungen) zu erlassen.[2]

Die oben dargelegten **Verfahrensgrundsätze** (ausgenommen die Entscheidungsfristen) gelten **auch** für die unter den **„Speziellen Berufungsverfahren"** (S. 145) genannten Angelegenheiten.

16.3.3 Widerspruch

Das Rechtsmittel des **Widerspruchs** ist ein bedeutendes Instrument der **Rechtsstaatlichkeit** und kann daher auch aus dem Bereich der Schule nicht grundsätzlich ausgeschlossen bleiben. Allerdings darf der legitime Anspruch des Einzelnen auf behördliche Überprüfung schulischer Entscheidungen weder zur bürokratischen Überforderung der Schule noch zur Gefährdung ihrer pädagogischen Aufgaben führen.

Daher **begrenzt** das Schulunterrichtsgesetz die Angelegenheiten, in welchen Widerspruch erhoben werden kann, auf Entscheidungen von **besonderer Tragweite** und existenzieller Bedeutung für den Schüler.[3] Solche Angelegenheiten sind die bereits **oben** (**Z. 16.3.1**) angeführten **sowie jene,** in denen das Schulunterrichtsgesetz ein **spezielles** Verfahren zur Überprüfung schulischer Beurteilungen vorsieht (siehe den folgenden Abschnitt „Spezielle Widerspruchsverfahren").

---

[1] Z. B. des Klassenvorstandes als des Vorsitzenden der Klassenkonferenz.

[2] Bei Überschreiten dieser Frist geht die Zuständigkeit auf Antrag (sogenannter „Devolutionsantrag") des Schülers (Prüfungskandidaten, Aufnahmsbewerbers) auf die zuständige Schulbehörde über.

[3] In Angelegenheiten, in denen kein Widerspruchsrecht zusteht, kann nur „Aufsichtsbeschwerde" an die zuständige Schulbehörde erhoben werden. Diese Beschwerde gewährt jedoch keinen Anspruch auf rechtsförmliche Erledigung (sie entspricht rechtlich nur einer Mitteilung über behauptete Missstände).

Der **Widerspruch** ist jeweils innerhalb von **fünf Tagen**[1] schriftlich (in jeder technisch möglichen Form, nicht jedoch mit E-Mail) bei der Schule (im Falle von Externistenprüfungen bei der Prüfungskommission) einzubringen. Über den Widerspruch hat die zuständige **Schulbehörde** mit Bescheid zu entscheiden. Gegen diesen Bescheid kann eine **Beschwerde** an das **Bundesverwaltungsgericht** erhoben werden, die Frist dafür beträgt vier Wochen. Abweichende Beschwerdefristen bestehen nur in einigen Fällen (siehe den folgenden Abschnitt „Spezielle Widerspruchsverfahren").

Spezielle Widerspruchsverfahren

Gegen die Entscheidung,

- dass die Einstufungs-, Aufnahms- oder Eignungsprüfung **nicht bestanden** wurde,
- dass der Schüler zum **Aufsteigen nicht berechtigt** ist oder die letzte Stufe der besuchten Schulart **nicht erfolgreich** abgeschlossen hat,
- dass eine **Reifeprüfung,** Reife- und Diplomprüfung, Diplomprüfung oder Abschlussprüfung, eine Zusatzprüfung hiezu oder eine Externistenprüfung **nicht bestanden** wurde,
- dass die Aufnahmsprüfung in eine höhere Leistungsgruppe **nicht bestanden** wurde,[2]
- dass der Schüler auf der nächsten Schulstufe eine **niedrigere Leistungsgruppe** zu besuchen hat oder dass sein Antrag auf Umstufung in eine höhere Leistungsgruppe für die nächste Schulstufe abgelehnt wird,[3]
- betreffend den Wechsel von Schulstufen in der Grundstufe I der Volksschule,[4]
- dass dem Ansuchen um Überspringen einer Schulstufe an einer „Nahtstelle" (§ 26a SchUG) nicht vollinhaltlich stattgegeben wurde,

kann, ebenfalls binnen fünf Tagen, **Widerspruch**[5] (beim Schulleiter bzw. bei der Externistenprüfungskommission) eingebracht werden. Diese ist vom Schulleiter (Vorsitzen-

---

[1] Die Widerspruchsfrist beginnt bei schriftlicher Ausfertigung der Entscheidung mit deren Zustellung, ansonsten mit der mündlichen Verkündung zu laufen. Die Berechnung der Frist richtet sich nach § 74 SchUG. – Aus Gründen der Verfahrensbeschleunigung ist diese Widerspruchsfrist kurz.

[2] § 31b Abs. 4 SchUG.

[3] § 31c Abs. 4 und 6 SchUG.

[4] § 17 Abs. 5 SchUG. – Siehe hiezu S. 67, Fußnote 1.

[5] Der Widerspruch (= das Widerspruchsbegehren) kann sich niemals gegen eine einzelne (negative) Note richten, sondern gegen die (allenfalls auf einer solchen Beurteilung begründete) Entscheidung (z. B. gegen jene, dass der Schüler nicht zum Aufsteigen berechtigt ist, dass er eine Reifeprüfung nicht bestanden hat usw.). – Die Ausführungen über die (behauptete) unrichtige Beurteilung sind in der Begründung des Widerspruchs anzubringen (obwohl das SchUG die Begründung der Berufung nicht zwingend vorschreibt, wird eine stichhaltige Begründung nicht nur die Erfolgschancen erhöhen, sondern auch zur Beschleunigung des Verfahrens beitragen).

den der Externistenprüfungskommission) unter Anschluss einer **Stellungnahme**[1] jener Lehrer (Prüfer), auf deren Beurteilung sich die Entscheidung gründet, sowie unter Anschluss aller sonstigen Beweismittel[2] **unverzüglich** der zuständigen Schulbehörde vorzulegen.

Die **Behörde** hat alle Unterlagen und Stellungnahmen[3] zu überprüfen und wie folgt vorzugehen:

- Erlassung eines **Bescheides,** mit dem dem Widerspruch stattgegeben oder dieser abgewiesen[4] wird, sofern die Unterlagen für eine Entscheidung ausreichen.[5]
- **Unterbrechung** des Verfahrens und Zulassung des Widerspruchswerbers zu einer **kommissionellen Prüfung,** sofern sich die Berufung auf die Behauptung unrichtiger Beurteilungen mit „Nicht genügend" stützt und die Unterlagen **nicht** zur Feststellung **ausreichen,** ob die betreffende Beurteilung richtig war oder nicht.[6] Die Prüfung hat unter dem Vorsitz eines Schulaufsichtsbeamten (oder eines von diesem bestellten Vertreters)[7] stattzufinden,[8] die hiebei erreichte **Beurteilung** ist der

---

[1] In dieser Stellungnahme werden in einer für die Schulbehörde nachprüfbaren Weise alle Gründe darzulegen sein, die den Lehrer (Prüfer) zu der (den) negativen Beurteilung(en) bewogen haben. Hiebei wird die Argumentation auf die für die Leistungsfeststellung und die Leistungsbeurteilung maßgeblichen Bestimmungen des SchUG, der Leistungsbeurteilungsverordnung sowie allfälliger sonstiger Vorschriften (z. B. Reifeprüfungsvorschriften) zu stützen sein. – Vgl. auch die folgende Fußnote sowie das Kapitel 5.3 (S. 68 ff.).

[2] Dies werden in erster Linie die Unterlagen über das Zustandekommen der betreffenden Beurteilung sein (z. B. Schularbeiten, Tests, Aufzeichnungen über die Feststellung der Mitarbeit, Auszüge aus dem Klassenbuch oder Hauptkatalog etc.). – Da die Behörde den maßgeblichen Sachverhalt von Amts wegen aufzuklären hat, werden nur schlüssige und möglichst lückenlose Aufzeichnungen über vorschriftsgemäß vorgenommene Leistungsfeststellungen und Leistungsbeurteilungen zu einer Behördenentscheidung im Sinne der Stellungnahme führen können.

[3] Im Zuge des Verfahrens ist dem Widerspruchswerber auch Akteinsicht und Parteiengehör (vgl. §§ 17 und 45 Abs. 3 AVG) zu gewähren.

[4] Abweisung bedeutet die (negative) Entscheidung über das Widerspruchsbegehren selbst (sogenannte „meritorische" Entscheidung), die Zurückweisung erfolgt aus verfahrensrechtlichen Gründen (z. B. Überschreitung der Widerspruchsfrist).

[5] Dem Bescheid sind auch die Ergebnisse eigener Ermittlungen der Behörde zugrunde zu legen (z. B. ist die Möglichkeit zum Aufsteigen mit einem „Nicht genügend" [§ 25 Abs. 2 SchUG] auch dann zu prüfen, wenn im Widerspruch kein diesbezügliches Verlangen gestellt wurde).

[6] Auch durch diese Prüfung kann nicht mehr festgestellt werden, ob die ursprüngliche Beurteilung richtig war oder nicht; der Widerspruchswerber erhält jedoch eine zusätzliche Chance, wenn die Schulbehörde Zweifel an der Richtigkeit der negativen Beurteilung hegt.

[7] Bei Zentrallehranstalten (siehe hiezu S. 10) hat ein Vertreter der zuständigen Fachabteilung des Bundesministeriums den Vorsitz zu führen.

[8] Auf die Prüfung selbst sind die Bestimmungen über die Wiederholungsprüfung (vgl. S. 84 f.) anzuwenden, wobei der Vorsitzende den Lehrer, der den Unterrichtsgegenstand in der betreffenden Klasse unterrichtet hat, oder einen für den betreffenden Unterrichtsgegenstand lehrbefähigten anderen Lehrer als Prüfer und einen weiteren Lehrer als Beisitzer zu bestellen hat. – Wenn sich Prüfer und Beisitzer über die Beurteilung nicht einigen können, hat der Vorsitzende zu entscheiden.

behördlichen **Entscheidung** über den Widerspruch zugrunde zu legen.[1] Sofern der Schüler zu dieser Prüfung nicht erscheint, bleibt es bei der Beurteilung mit „Nicht genügend".[2]

- Erlassung des **Bescheides** aufgrund des Ergebnisses der kommissionellen Prüfung sowie der sonstigen behördlichen Erhebungen.[3] Der Bescheid ist – ob mit oder ohne Verfahrensunterbrechung – längstens binnen drei Wochen, in den Fällen der Nichterteilung der Berechtigung zum Aufsteigen oder des nicht erfolgreichen Abschlusses der letzten Stufe einer Schulart binnen zwei Wochen[4,5] (ab Einlangen des Widerspruchs bei der Behörde) zu erlassen.

Gegen den Bescheid der zuständigen Schulbehörde kann eine **Beschwerde** an das **Bundesverwaltungsgericht** erhoben werden.[6] Die Beschwerde ist bei der belangten Behörde (die den Bescheid erlassen hat) einzubringen. Dieser steht es frei, innerhalb von zwei Monaten eine Beschwerdevorentscheidung zu treffen.[7]

Die Beschwerdefrist beträgt vier Wochen, in den Fällen der Nichtberechtigung zum Aufsteigen bzw. bei nicht erfolgreichem Abschluss der letzten Schulstufe zwei Wochen[8]. Die Entscheidung durch das Bundesverwaltungsgericht hat innerhalb von längstens drei Monaten zu erfolgen, in den Fällen der Nichterteilung der Berechtigung zum

---

1 Durch diese Prüfung geht die Aufgabe der Ermittlung einer richtigen Beurteilung zur Gänze auf die Prüfungskommission über. Diese hat z. B. die Jahresbeurteilung unter Zugrundelegung des gesamten Jahresstoffes vorzunehmen, wobei sie nach ihrem pflichtgemäßen pädagogischen Ermessen alle nach der Sachlage erforderlichen Formen der Leistungsfeststellung anzuwenden hat (vgl. Erl. d. BMUK v. 9. Juni 1981, Zl. 25.311/1–4/81).

2 Die Anberaumung der kommissionellen Prüfung stellt eine Verfahrensanordnung dar und ist daher mit keinem gesonderten Rechtsmittel anfechtbar.

3 Vgl. S. 146, Fußnoten 3 und 5.

4 Diese Frist dient ebenfalls der Verfahrensbeschleunigung. Aus diesem Grund kann die kommissionelle Prüfung auch kurzfristig anberaumt werden. – Bei einer Fristüberschreitung kann beim Bundesverwaltungsgericht eine Säumnisbeschwerde eingebracht werden.

5 Bis zur bescheidmäßigen Entscheidung der zuständigen Schulbehörde ist der Schüler in diesen Fällen zum Besuch des Unterrichtes in der nächsten Schulstufe berechtigt.

6 Dies gilt auch für Bescheide des Bundesministeriums für Bildung und Frauen über Widersprüche in den Zentrallehranstalten (siehe S. 10).

7 Sie kann den Bescheid aufheben, abändern oder die Beschwerde abweisen bzw. zurückweisen. Binnen zwei Wochen nach der Zustellung der Beschwerdevorentscheidung kann die Partei den Antrag stellen, dass die Beschwerde dem Bundesverwaltungsgericht zur Entscheidung vorgelegt wird. – Will die Behörde von der Erlassung einer Beschwerdevorentscheidung absehen, hat sie die Beschwerde dem Bundesverwaltungsgericht vorzulegen.

8 Diese Frist dient ebenfalls der Verfahrensbeschleunigung. – In den Fällen der Entscheidung nach Ablegung von einer oder zwei Wiederholungsprüfungen beträgt die Beschwerdefrist fünf Tage.

Aufsteigen oder des nicht erfolgreichen Abschlusses der letzten Stufe einer Schulart binnen vier Wochen[1].

Gegen die Entscheidungen des Bundesverwaltungsgerichts steht nur in bestimmten Fällen das Rechtsmittel der **Revision** beim Verwaltungsgerichtshof[2] oder der Beschwerde beim Verfassungsgerichtshof[3] zu.[4]

16.3.4 Nostrifikation ausländischer Zeugnisse

Nostrifikation ist die **Anerkennung** einer ausländischen Ausbildung (Schulbesuch, Prüfung) als **gleichwertig** mit einer entsprechenden inländischen Ausbildung.

Das Schulunterrichtsgesetz sieht für seinen Geltungsbereich unter bestimmten Bedingungen[5] Nostrifikationen über im Ausland zurückgelegten Schulbesuch bzw. im Ausland abgelegte Prüfungen für Personen mit ordentlichem Wohnsitz im Inland und für österreichische Staatsbürger mit Wohnsitz im Ausland vor.

Die **Durchführung** von Nostrifikationen nach dem SchUG fällt in die unmittelbare Kompetenz des zuständigen **Bundesministers**. Der Nostrifikationswerber hat dem Ansuchen neben dem Nachweis des Wohnsitzes (gegebenenfalls auch der Staatsbürgerschaft) vor allem ausreichende **Unterlagen** über den im Ausland zurückgelegten Schulbesuch bzw. über die im Ausland abgelegte Prüfung (neben den Zeugnissen erforderlichenfalls auch Lehrpläne, Prüfungsvorschriften u. a.) anzuschließen.

---

1 Diese Frist dient ebenfalls der Verfahrensbeschleunigung. Bis zur Entscheidung des Bundesverwaltungsgerichts ist der Schüler in diesen Fällen zum Besuch des Unterrichtes in der nächsten Schulstufe berechtigt. – In den Fällen der Entscheidung nach Ablegung von einer oder zwei Wiederholungsprüfungen beträgt die Entscheidungsfrist des Bundesverwaltungsgerichts drei Wochen.

2 Dies ist der Fall, wenn das Erkenntnis des Bundesverwaltungsgerichts von der Lösung einer Rechtsfrage von grundlegender Bedeutung abhängt, insbesondere weil das Erkenntnis von der Rechtsprechung des Verwaltungsgerichtshofes abweicht, eine solche Rechtsprechung fehlt oder die Rechtsfrage in der bisherigen Rechtsprechung des Verwaltungsgerichtshofes nicht einheitlich beantwortet wird.

3 Die Beschwerde an den Verfassungsgerichtshof kann wegen behaupteter Verletzung verfassungsgesetzlich gewährleisteter Rechte erhoben werden.

4 In beiden Fällen beträgt die Frist sechs Wochen, in beiden Fällen muss die Revision bzw. Beschwerde von einem Rechtsanwalt unterschrieben sein.

5 Z. B. ist glaubhaft zu machen, dass die Nostrifikation für das Erlangen einer Berechtigung oder eines Anspruches erforderlich ist. – Sofern die Aufnahme in eine Schule angestrebt wird und die Ablegung einer Einstufungsprüfung gemäß § 3 Abs. 6 SchUG zulässig ist (vgl. S. 57 f.), besteht kein Rechtsanspruch auf Nostrifikation.

Die Nostrifikation kann, sofern nicht alle Voraussetzungen für eine Gleichhaltung erfüllt sind, auch von der Ablegung von **Prüfungen** abhängig gemacht werden.

16.3.5 Amtsschriften in der Schule

Die in der Schule zu führenden **Amtsschriften** sind in § 77 SchUG angeführt, wobei die Landesschulräte und der zuständige Bundesminister[1] zur Erlassung von **Verordnungen** über Form, Inhalt, Führung und Aufbewahrung dieser Dokumente ermächtigt werden.

Als Amtsschriften der Schule sind **insbesondere** zu nennen:[2]

- **Schülerstammblätter:** Diese werden für jeden Schüler geführt und enthalten insbesondere die für die Ausstellung der Zeugnisse erforderlichen Daten, die Noten der Jahreszeugnisse und die in diesem Zusammenhang getroffenen Entscheidungen und Verfügungen (z. B. Nichtberechtigung zum Aufsteigen, Berechtigung zur Ablegung einer Wiederholungsprüfung).
- **Gesundheitsblätter:** Diese werden ebenfalls für jeden Schüler geführt und enthalten die anlässlich der schulärztlichen Untersuchungen erhobenen Befunde.[3]
- **Klassenbücher:** Diese werden klassenweise geführt und enthalten neben den Namen der Schüler insbesondere Angaben über die täglich unterrichteten Gegenstände, den durchgenommenen Lehrstoff, die vom Unterricht ferngebliebenen Schüler und allfällige besondere Vorkommnisse.[4]
- **Prüfungsprotokolle:** Diese sind über die Durchführung bestimmter Prüfungen zu führen (z. B. über Aufnahms- und Eignungsprüfungen, Feststellungs- und Nachtragsprüfungen, Wiederholungsprüfungen, Reifeprüfungen, Reife- und Diplomprüfungen, Diplomprüfungen sowie Abschlussprüfungen) und enthalten die Daten der Prüfungskandidaten sowie Angaben über die Aufgabenstellung, die Beschreibung der Leistungen und ihre Beurteilung, die Prüfungsergebnisse sowie die auf deren Grundlage getroffenen Verfügungen und Entscheidungen.[5]

---

1 Die Verordnungen des Bundesministers werden nur nach Maßgabe des Bedarfes nach bundeseinheitlicher Regelung (vgl. die Verordnung über die Aufbewahrungsfristen der in den Schulen zu führenden Aufzeichnungen, BGBl. Nr. 449/1978, sowie den Erlass über Aufbewahrung und Rückgabe von Schularbeiten, Klausurarbeiten und Fachbereichsarbeiten, MVBl. Nr. 124/1992) erlassen.

2 Die von der Schule auszustellenden Zeugnisse und Schulnachrichten (vgl. S. 85 und 88 f.) fallen nicht unter § 77 SchUG.

3 Die Gesundheitsblätter werden vom Schularzt geführt und unterliegen der ärztlichen Schweigepflicht.

4 In manchen Schularten (z. B. an den Handelsakademien) stehen teilweise Verbindungen von Schülerstammblättern und Klassenbuch („Hauptkataloge") in Verwendung.

5 Die Prüfungsprotokolle sind Amtsschriften und von den Aufzeichnungen der Lehrer (z. B. über die Feststellung der Mitarbeit der Schüler im Unterricht) zu unterscheiden (vgl. S. 70).

Schul-
zeitrecht

1 Rechtsgrundlagen

Die Rechtsvorschriften des Schulzeitrechtes sind das **Schulzeitgesetz,** BGBl. Nr. 77/1985, zuletzt novelliert durch BGBl. I Nr. 48/2014, sowie mehrere **Schulzeitverordnungen,** mit welchen Sonderbestimmungen für einzelne Schularten erlassen werden.

Für die öffentlichen Pflichtschulen sind als Quellen des Schulzeitrechtes auch die **Ausführungsgesetze** der einzelnen Bundesländer zu den Grundsatzbestimmungen[1] des Schulzeitgesetzes heranzuziehen.

Für die Pädagogischen Hochschulen gelten § 36 des Hochschulgesetzes 2005, BGBl. I Nr. 30/2006 i. d. g. F., und die Hochschul-Zeitverordnung, BGBl. II Nr. 202/2007.[2]

1.1 Schulzeitgesetz

Das Schulzeitgesetz umfasst einerseits Bestimmungen, die **unmittelbar** (und zwar insbesondere für die im Schulorganisationsgesetz geregelten öffentlichen mittleren und höheren Schulen und die öffentlichen Praxisschulen)[3] anzuwenden sind, andererseits

---

[1] Die Regelung der Schulzeit zählt zu den Angelegenheiten der äußeren Organisation des Schulwesens, sodass dem Bund hinsichtlich der Pflichtschulen nur die Grundsatzgesetzgebung zukommt (vgl. auch Seite 2, Fußnote 7).

[2] Auf die Pädagogischen Hochschulen ist das Schulzeitgesetz nicht anwendbar.

[3] Unmittelbar anwendbar ist das Schulzeitgesetz auch für das Bundes-Blindenerziehungsinstitut, das Bundesinstitut für Gehörlosenbildung und die Bundes-Berufsschule für Uhrmacher in Karlstein. – Im Land- und forstwirtschaftlichen Schulwesen erstreckt sich der unmittelbare Anwendungsbereich auf die durch das Land- und forstwirtschaftliche Bundesschulgesetz erfassten Schularten, auf die Forstfachschule und die land- und forstwirtschaftlichen Fachschulen des Bundes.

Grundsatzbestimmungen (für die öffentlichen Pflichtschulen), die der Ausführung durch die Landesgesetzgebung bedürfen.

Für jene Privatschulen mit Öffentlichkeitsrecht, die einer gesetzlich geregelten Schulart entsprechen, gilt der Anwendungsbereich in analoger Weise.

1.1.1 Unmittelbar anzuwendende Bestimmungen

- **Schuljahr:** Dieses besteht aus dem
  - **Unterrichtsjahr** und den
  - **Hauptferien.**

  Es beginnt in den Bundesländern Burgenland, Niederösterreich und Wien am ersten Montag, in den übrigen Bundesländern am zweiten Montag im September, und dauert bis zum Beginn des nächsten Schuljahres.
- **Unterrichtsjahr:** Dieses gliedert sich in **zwei Semester,** wobei
  - das erste Semester mit dem Schuljahr beginnt und mit dem Anfang der Semesterferien endet und
  - das zweite Semester mit dem auf das Ende der Semesterferien folgenden Montag beginnt und mit dem Anfang der Hauptferien endet.[1]
- **Semesterferien:** Diese dauern eine Woche und beginnen in den Bundesländern Niederösterreich und Wien am ersten Montag im Februar, in den Bundesländern Burgenland, Kärnten, Salzburg, Tirol und Vorarlberg am zweiten Montag im Februar, in den Bundesländern Oberösterreich und Steiermark am dritten Montag im Februar.[2]
- **Hauptferien:** Diese beginnen in den Bundesländern Burgenland, Niederösterreich und Wien am Samstag, der frühestens der 28. Juni und spätestens der 4. Juli ist, in den übrigen Bundesländern eine Woche später. Sie enden mit dem Beginn des nächsten Schuljahres.
- **Schulfreie Tage während des Unterrichtsjahres:**
  - **Sonntage,** gesetzliche Feiertage,[3] Allerseelentag, Festtag des jeweiligen Landespatrons des Bundeslandes[4]

---

[1] Für die letzte Stufe jener Schulen, in welchen Reifeprüfungen, Reife- und Diplomprüfungen, Diplomprüfungen oder Abschlussprüfungen vorgesehen sind, endet das zweite Semester mit dem Tag vor dem Beginn der Klausurprüfung.

[2] Dieser Termin kann durch Verordnung des zuständigen Bundesministers um eine Woche verlegt werden, wenn der Landesschulrat und das Land aus Rücksichtnahme auf den Tourismus (z. B. zur Verkehrsentflechtung) einen entsprechenden (gleichlautenden) Antrag stellen.

[3] Die gesetzlichen Feiertage sind im Feiertagsruhegesetz festgelegt.

[4] Ein allenfalls arbeitsfreier Landesfeiertag (besteht derzeit in keinem Bundesland) wäre ebenso schulfrei.

- **Weihnachtsferien** vom 24. Dezember[1] bis einschließlich 6. Jänner[2]
- **Osterferien** vom Samstag vor Palmsonntag bis einschließlich Dienstag nach Ostern
- **Pfingstferien** vom Samstag vor bis einschließlich Dienstag nach Pfingsten
- **Samstage** (ausgenommen die Oberstufe der AHS und die BMHS)[3]
- höchstens fünf Tage, die aus Anlässen des schulischen oder sonstigen öffentlichen Lebens vom Klassen- oder Schulforum bzw. vom Schulgemeinschaftsausschuss für schulfrei erklärt werden; davon sind jedoch zwei Schultage in jedem Unterrichtsjahr für jene mit Unter- und Oberstufe geführten allgemeinbildenden höheren Schulen, an denen für alle Klassen und Schulstufen der Samstag schulfrei ist, von der zuständigen Schulbehörde durch Verordnung schulfrei zu erklären (diese zwei Tage müssen zwischen unterrichtsfreie Tage fallen)[4]
- höchstens **ein weiterer** Tag,[5] der in besonderen Fällen des schulischen oder sonstigen öffentlichen Lebens von der zuständigen Schulbehörde durch Verordnung für schulfrei erklärt werden kann
- **Tage,** die wegen Unbenützbarkeit des Schulgebäudes, in Katastrophenfällen oder aus sonstigen **zwingenden** oder im öffentlichen Interesse gelegenen **Gründen** durch Verordnung[6] für schulfrei erklärt werden

- **Schultag:** Die im Lehrplan der jeweiligen Schulart vorgesehene Gesamtzahl der Wochenstunden ist vom Schulleiter möglichst gleichmäßig auf die einzelnen Schultage zu verteilen, wobei die Zahl der Unterrichtsstunden an einem Schultag für Schüler der fünften bis achten Schulstufe höchstens acht, ab der neunten Schul-

---

1 Auch der 23. Dezember ist bereits unterrichtsfrei, sofern er auf einen Montag fällt.

2 Wenn es für einzelne Schulen aus Gründen der Ab- oder Anreise der Schüler zweckmäßig ist, können der 23. Dezember und der 7. Jänner von der zuständigen Schulbehörde durch Verordnung für schulfrei erklärt werden (dies erfolgte z. B. in der Schulzeitverordnung für die Höheren land- und forstwirtschaftlichen Lehranstalten).

3 Wegen besonderer regionaler Erfordernisse kann der schulfreie Samstag durch das Klassenforum, das Schulforum oder den Schulgemeinschaftsausschuss (für einzelne Klassen, Schulstufen oder die ganze Schule) zum Schultag erklärt werden. Unter den gleichen Bedingungen kann der Schulgemeinschaftsausschuss an Schularten, an denen der Samstag ein Schultag ist, diesen (für einzelne Klassen, Schulstufen oder die ganze Schule) schulfrei erklären.

4 Diese „schulautonomen Tage" sollten z. B. zur Freigabe allgemeiner Elternsprechtage oder für die schulinterne Lehrerfortbildung genutzt werden, jedoch nicht primär der Ferienverlängerung dienen.

5 Die Ermächtigung zur Schulfreigabe der ersten beiden Tage des Schuljahres zur Abhaltung von Wiederholungs- und Nachtragsprüfungen besteht nicht mehr.

6 Von der zuständigen Schulbehörde höchstens drei Schultage, vom Bundesministerium für Bildung und Frauen auch die darüber hinausgehende unumgänglich notwendige Zeit. Die über sechs Schultage in Anspruch genommene Zeit ist jedenfalls einzubringen.

stufe höchstens zehn betragen darf. Dabei ist auch auf die in den Lehrplänen vorgesehenen Blockungen und schulautonomen Gestaltungen Bedacht zu nehmen.

Der Unterricht darf in der Regel nicht vor 8 Uhr beginnen und darf nicht länger als bis 18 Uhr, ab der 9. Schulstufe bis 19 Uhr dauern. An Samstagen ist der Unterricht um längstens 12:45 Uhr zu beenden.

Die Vorverlegung des Unterrichtsbeginns auf 7 Uhr kann vom Schulgemeinschaftsausschuss (Schulforum, Klassenforum) aus wichtigen Gründen (z. B. aus Rücksichtnahme auf Fahrschüler) verfügt werden.

- **Unterrichtsstunden und Pausen:** Die Dauer der Unterrichtsstunde hat 50 Minuten zu betragen (ausnahmsweise Verkürzung auf 45 Minuten durch die Schulbehörde ist zulässig), die Pausen müssen mindestens fünf Minuten dauern. Erforderlichenfalls können bis zur 8. Schulstufe höchstens zwei, ab der 9. Schulstufe höchstens drei Unterrichtsstunden ohne Pause aneinander anschließen. In praktischen Unterrichtsgegenständen kann dieses Ausmaß überschritten werden, die Ruhepausen sind den Schülern entsprechend dem Arbeitsablauf zu gewähren.

  In der Mittagszeit ist eine ausreichende Pause zur Einnahme des Mittagessens und zur Vermeidung von Überanstrengung der Schüler festzusetzen.

  An ganztägigen Schulformen ist der Betreuungsteil bis mindestens 16 Uhr und höchstens 18 Uhr (ausgenommen am Samstag) anzubieten.

- **Sonderbestimmungen:** Für einzelne Schularten (z. B. Schulen für Berufstätige, Schulen für Tourismusberufe und wirtschaftliche Berufe, Höhere land- und forstwirtschaftliche Lehranstalten, Praxisschulen) bestehen aufgrund des Schulzeitgesetzes selbst sowie aufgrund von ministeriellen **Verordnungen** besondere Bestimmungen, welche u. a. die Ferienregelung, die Aufteilung der Wochenstunden auf die einzelnen Schultage sowie An- und Abreisetage der Schüler betreffen.[1]

- **Befreiung vom Schulbesuch aus religiösen Gründen:**[2]
  Solche Befreiungen bestehen für Schüler, die der Evangelischen Kirche (A. B. oder H. B.) angehören, am 31. Oktober (Reformationstag), für Schüler, die der Israelitischen Religionsgesellschaft angehören, u. a. an den beiden ersten und den beiden letzten Tagen des Passahfestes und des Laubhüttenfestes.[3,4]

---

1 Siehe insbesondere die Verordnung BGBl. Nr. 176/1991 i. d. g. F.

2 Hinsichtlich der Teilnahme von Schülern an Schülergottesdiensten und religiösen Übungen siehe S. 161.

3 Die Tage selbst sind dem jeweiligen Kalender zu entnehmen.

4 Ferner hat der Schulleiter jene Schüler, deren Religionsbekenntnis bestimmte Tätigkeiten an Samstagen verbietet, über Ansuchen ihrer Erziehungsberechtigten vom Schulbesuch an diesem Tag zu befreien, sofern ein solcher Anspruch für das betreffende Religionsbekenntnis durch den zuständigen Bundesminister festgestellt wurde (er findet sich z. B. für israelitische Schüler im Erl. des BMUKK v. 5. 3. 2007, RS Nr. 5/2007). – Der versäumte Lehrstoff ist jedoch stets vom Schüler selbst nachzuholen.

1.1.2 Grundsatzgesetzliche Bestimmungen

Diese nicht unmittelbar anwendbaren Bestimmungen enthalten die **Grundsätze** über die Unterrichtszeit an den Volks- und Hauptschulen, Neuen Mittelschulen, Sonderschulen sowie an den Polytechnischen Schulen und den Berufsschulen. Sie sind als **Rahmenbestimmungen** gestaltet und entsprechen im Wesentlichen den oben (Z. 1.1.1) dargestellten Regelungen.[1,2]

Die **ausführungsgesetzlichen** Bestimmungen der Länder sind entweder als selbstständige Gesetze oder im Rahmen der Ausführungsgesetze zur Pflichtschulorganisation ergangen.[3]

1.2 Schulzeitverordnungen

Aufgrund der Ermächtigung des Schulzeitgesetzes sind für eine Reihe von Schularten durch **Verordnung** des zuständigen Bundesministers ergänzende Bestimmungen erlassen worden, die eine Anpassung der gesetzlichen Regelungen an **schulartspezifische** Besonderheiten ermöglichen.[4]

1.3 Hochschul-Zeitverordnung[5]

Für die **Pädagogischen Hochschulen** gelten folgende schulzeitrechtliche Bestimmungen (das Schulzeitgesetz findet keine Anwendung):

- **Studienjahr:** Dieses besteht aus dem Wintersemester, dem Sommersemester und der lehrveranstaltungsfreien Zeit.

  Das Wintersemester beginnt am 1. Oktober und endet mit dem Beginn der Semesterferien, die eine Woche dauern. Deren Beginn ist von der Studienkommission mit dem 1., 2. oder 3. Montag im Februar festzulegen. Das Sommersemester endet am 30. Juni.

---

1 Die Ermächtigung zur Schulfreierklärung aus Anlässen des schulischen oder sonstigen öffentlichen Lebens umfasst insgesamt höchstens 6 Schultage. – Die Ausführungsgesetzgebung kann die Entscheidung über die Freigabe auch den einzelnen Schulen übertragen (in diesem Fall ist hiefür die Zuständigkeit des Klassen- oder Schulforums bzw. des Schulgemeinschaftsausschusses festzulegen).

2 Für die Erklärung des Samstags zum Schultag gilt ebenfalls die in Fußnote 1 beschriebene Zuständigkeit.

3 Hinsichtlich der allgemeinbildenden Pflichtschulen ist die Ausführungsgesetzgebung verpflichtet, eine Übereinstimmung mit den unter Z. 1.1.1 dargestellten Regelungen anzustreben.

4 Siehe hiezu auf S. 153 den Absatz „Sonderbestimmungen".

5 BGBl. II Nr. 202/2007.

- **Lehrveranstaltungsfreie Tage** sind im Wesentlichen die gleichen wie nach den Bestimmungen des Schulzeitgesetzes (ausgenommen die schulautonomen Tage).
- **Dauer von Lehrveranstaltungen:** Eine Wochenstunde ist mit 45 Minuten[1] zu bemessen.

[1] Bei Teilnahme am Unterricht einer Praxisschule, deren Unterrichtsstunden 50 Minuten dauern, jedoch ebenfalls 50 Minuten.

Schulerhaltungsrecht

1 Rechtsgrundlagen

Von den die Schulerhaltung betreffenden Rechtsvorschriften soll im Folgenden nur auf die wichtigsten Bestimmungen des **Pflichtschulerhaltungs-Grundsatzgesetzes,** BGBl. Nr. 163/1955 i. d. g. F., eingegangen werden.[1] Dieses enthält die bundesgesetzlichen Grundsätze[2] für die von den Ländern zu erlassenden **Ausführungsgesetze** auf dem Gebiet der Errichtung, Erhaltung, Auflassung und Sprengelfestlegung der öffentlichen **Pflichtschulen** und der einschlägigen öffentlichen **Schülerheime.**[3,4]

2 Pflichtschulerhaltungs-Grundsatzgesetz

Aus diesem Bundesgesetz sind folgende wichtige Bestimmungen zu nennen:

- **Gesetzlicher Schulerhalter**
  Als gesetzliche Schulerhalter der öffentlichen Pflichtschulen (Volks-, Haupt- und Sonderschulen, Neuen Mittelschulen, Polytechnische Schulen, Berufsschulen) sind durch die Ausführungsgesetzgebung der Länder diese selbst, die Gemeinden oder

[1] Andere Rechtsquellen (z. B. Bundesgesetz über die Ausbildung von Leibeserziehern und Sportlehrern, Land- und forstwirtschaftliches Bundesschulgesetz, Bundes-Grundsatzgesetz für land- und forstwirtschaftliche Berufsschulen, aber auch die einschlägigen Ausführungsgesetze der Länder) können in diesem Rahmen nicht behandelt werden. – Über die Erhaltung von Privatschulen siehe S. 163 ff.

[2] Hinsichtlich der Kompetenzverteilung zwischen Bund und Ländern vgl. S. 1 ff.

[3] Ausgenommen vom Geltungsbereich dieses Gesetzes sind die land- und forstwirtschaftlichen Berufsschulen, die den Pädagogischen Hochschulen eingegliederten Praxisschulen, das Bundes-Blindeninstitut in Wien, das Bundesinstitut für Gehörlosenbildung in Wien und die Bundes-Berufsschule für Uhrmacher in Karlstein (NÖ).

[4] Eine erhaltungsgesetzliche Regelung für die im SchOG genannten Schulen des Bundes wurde bisher nicht erlassen.

Gemeindeverbände[1] zu bestimmen. Den Schulerhaltern obliegt die Errichtung, Erhaltung und Auflassung der öffentlichen Pflichtschulen.

- **Errichtung, Erhaltung, Auflassung**
  Unter Errichtung ist die Gründung der Schule und die Festsetzung ihrer örtlichen Lage,[2] unter Erhaltung die Bereitstellung und Instandhaltung des Schulgebäudes und der übrigen Schulliegenschaften, deren Reinigung, Beleuchtung und Beheizung, die Deckung des Sachaufwandes einschließlich der Lehrmittel sowie die Beistellung des zur Betreuung des Schulgebäudes und der Schulliegenschaft erforderlichen Hilfspersonals (Schulwart, Heizer, Reinigungspersonal) zu verstehen.[3] Die Errichtung, aber auch die Auflassung,[4] bedarf der Bewilligung der Landesregierung (diese hat vorher den Landesschulrat anzuhören).
- **Bereitstellung der Pflichtschulen**
  Öffentliche Pflichtschulen müssen in solcher **Zahl** und in jenen **Orten** bestehen, dass alle in Betracht kommenden Schulpflichtigen bei einem ihnen zumutbaren Weg die betreffende Pflichtschule besuchen können.[5] Für öffentliche Hauptschulen und Neue Mittelschulen gilt dies nur für die Kinder, die in dichtbesiedelten und verkehrsbegünstigten Gebieten wohnen.
- **Schulsprengel**
  Unter diesem Begriff wird das **Gebiet** jener Gemeinden oder Gemeindeteile verstanden, deren Schulpflichtige in die im Sprengel gelegene und für sie in Betracht kommende öffentliche Pflichtschule aufgenommen werden **müssen** („Einzugsgebiet der Schule"). Hiebei sind jene Schulpflichtigen als **sprengelangehörig** zu verstehen, die im Schulsprengel (wenn auch nur zum Zweck des Schulbesuches) wohnen.[6] Schulsprengel sind für **jede** öffentliche Pflichtschule[7] festzulegen, wobei

---

1 Als Gemeindeverbände zum Zweck der Schulerhaltung können sogenannte „Schulgemeinden", die jeweils aus mehreren Ortsgemeinden bestehen, geschaffen werden.

2 Im Sinne des Gesetzes handelt es sich bei der „Errichtung" somit um einen Rechtsakt, nicht um den bloßen Bau der Schule.

3 Die Beistellung der erforderlichen Lehrer an öffentlichen Pflichtschulen obliegt jedoch dem Land.

4 Eine Auflassung kommt nur in Betracht, wenn die Voraussetzungen für den Bestand der Schule nicht mehr gegeben sind.

5 Diese Vorsorge hat sich auch auf die Bereitstellung von Sonderschulen zu erstrecken. – Bei der Errichtung ist insbesondere auf die zur Schulführung erforderliche Mindestzahl von Schülern Bedacht zu nehmen. Hinsichtlich der Zumutbarkeit des Schulweges sind neben der topografischen Situation vor allem das Alter und allfällige Behinderungen der Schulpflichtigen zu berücksichtigen.

6 Bei Berufsschülern ist an Stelle des Wohnortes der Standort des Ausbildungsbetriebes maßgeblich.

7 Für Vorschulklassen an Volksschulen können Schulsprengel festgelegt werden, die von jenen der anderen Stufen abweichen.

für die Haupt- und Sonderschulen sowie für die Neuen Mittelschulen die Teilung in einen **Pflicht**- und einen **Berechtigungssprengel**[1,2] zulässig ist.[3]

- **Unentgeltlichkeit des Schulbesuches**
  Der Besuch der **öffentlichen** Pflichtschulen ist für **alle** Schüler **unentgeltlich**. Beiträge dürfen (in höchstens kostendeckendem Umfang) nur für Unterbringung, Verpflegung und Betreuung in einem öffentlichen Schülerheim sowie im Freizeitbereich einer ganztägigen Schulform, an Berufsschulen sowie im Betreuungsteil der allgemein bildenden Pflichtschulen auch für Lern- und Arbeitsmittel, eingehoben werden.[4]
  Eine Änderung der Schulgeldfreiheit könnte im Nationalrat nur in Anwesenheit von mindestens der Hälfte der Mitglieder und mit einer Mehrheit von mindestens zwei Dritteln der abgegebenen Stimmen beschlossen werden (Art. 14 Abs. 10 B-VG). – Siehe hiezu auch S. 6.
- **Ausstattung der Pflichtschulen**
  In jeder öffentlichen Pflichtschule ist eine der Anzahl der Klassen entsprechende Zahl von Unterrichtsräumen und Nebenräumen einzurichten.[5] Jede Schule hat in ihrer baulichen Gestaltung und Einrichtung den Grundsätzen der **Pädagogik** und der **Schulhygiene**[6] zu entsprechen und jene Lehrmittel aufzuweisen, die im Lehrplan der betreffenden Schulart vorgesehen sind. Als staatliche Symbole sind zumindest in jedem Klassenraum das Bundeswappen und in jeder Schule ein Bild des Bundespräsidenten anzubringen.[7]

---

1 Die Bezeichnung „Pflichtsprengel" bedeutet, dass die innerhalb seiner Grenzen wohnenden Schulpflichtigen, die für den Besuch der betreffenden Schulart in Betracht kommen, grundsätzlich die zuständige Sprengelschule besuchen **müssen** (soweit sie eine öffentliche Schule besuchen). – Hingegen bedeutet die Bezeichnung „Berechtigungssprengel", dass die darin wohnenden und für die betreffende Schulart in Betracht kommenden Schulpflichtigen das (unabweisbare) **Recht** haben, diese Schule zu besuchen.

2 Die Schulsprengel der Volksschulen und (mit Abweichungsmöglichkeiten) der Polytechnischen Schulen sowie zumindest die Berechtigungssprengel der Hauptschulen, Neuen Mittelschulen und Sonderschulen, ferner die Schulsprengel der für die einzelnen Lehrberufe in Betracht kommenden Berufsschulen, haben lückenlos aneinanderzugrenzen. – Erstreckt sich ein Schulsprengel auf mehr als ein Bundesland (etwa bei Berufsschulen für bestimmte Lehrberufe), haben die betreffenden Bundesländer einvernehmlich vorzugehen.

3 Die Festlegung der Schulsprengel erfolgt durch die nach dem Ausführungsgesetz zuständige Behörde (der Landesschulrat hat ein Mitwirkungsrecht, die betroffenen Schulerhalter und Gebietskörperschaften sind anzuhören).

4 Vgl. hiezu auch die Schulgeldfreiheit gemäß § 5 SchOG (siehe S. 21).

5 Dazu gehören auch die erforderlichen Sonderunterrichtsräume (z. B. Schulwerkstätten, Schulküchen) sowie ein Turn- und Spielplatz.

6 Ob das Schulgebäude diesen Erfordernissen entspricht, ist in einem Bewilligungsverfahren (für die Benutzung) festzustellen.

7 In jenen Schulen, an denen die Mehrzahl der Schüler einem christlichen Religionsbekenntnis angehört, ist gemäß § 2b RelUntG vom Schulerhalter in allen Klassenräumen ein Kreuz anzubringen (diese Pflicht besteht im Übrigen nicht nur für Pflichtschulen, sondern für alle Schularten, an denen der Religionsunterricht Pflichtgegenstand ist).

Religionsunterrichtsrecht

1 Rechtsgrundlagen

Die wichtigste Rechtsgrundlage für den Religionsunterricht in den Schulen ist das **Religionsunterrichtsgesetz,** BGBl. Nr. 190/1949, zuletzt novelliert durch BGBl. I Nr. 36/2012. Auf seiner Grundlage sind mehrere Durchführungserlässe des zuständigen Bundesministers sowie die Bekanntmachungen der Lehrpläne für den Religionsunterricht der gesetzlich anerkannten Kirchen und Religionsgesellschaften erfolgt.[1,2]

Ferner sind das Schule-Kirche-Gesetz, der Vertrag zwischen dem Hl. Stuhl und der Republik Österreich **(Konkordat)** samt Protokollen, das Bundesgesetz über äußere Rechtsverhältnisse der Evangelischen Kirche, das Bundesgesetz über äußere Rechtsverhältnisse der orientalisch-orthodoxen Kirchen in Österreich (OrientKG) sowie das Bundesgesetz über die religiöse Kindererziehung zu nennen.

1 Zu den verfassungsrechtlichen Grundlagen des Religionsunterrichtes siehe S. 7, Fußnote 3.

2 Der Erwerb der Rechtspersönlichkeit und der Bezeichnung „gesetzlich eingetragene Bekenntnisgemeinschaft" gemäß Bundesgesetz, BGBl. I Nr. 19/1998 i. d. F. BGBl. I Nr. 75/2013, durch eine religiöse Vereinigung bedeutet noch keine gesetzliche Anerkennung. Daher sind die Bestimmungen des Religionsunterrichtsgesetzes auf diese Gemeinschaften und deren Mitglieder nicht anwendbar.

2 Religion als Unterrichtsgegenstand

Der Religionsunterricht ist für alle Schüler, die einer gesetzlich anerkannten[1] Kirche oder Religionsgesellschaft angehören, **Pflichtgegenstand**[2] in den öffentlichen und mit dem Öffentlichkeitsrecht ausgestatteten allgemeinbildenden Pflichtschulen, allgemeinbildenden höheren Schulen, mittleren und höheren berufsbildenden Schulen, Pädagogischen Hochschulen[3] sowie land- und forstwirtschaftlichen Berufsschulen.

In den übrigen **Berufsschulen** ist der Religionsunterricht nur in den Bundesländern Tirol und Vorarlberg Pflichtgegenstand, ansonsten **Freigegenstand**.

3 Abmeldung vom Religionsunterricht

Die Abmeldung von der Teilnahme am Religionsunterricht ist jeweils zu Beginn[4] des Schuljahres zulässig. Sie ist in schriftlicher Form beim Schulleiter einzubringen,

---

[1] Derzeit sind in Österreich folgende Kirchen und Religionsgesellschaften gesetzlich anerkannt: Die Römisch-katholische Kirche (mit folgenden Riten: römisch-katholisch, maronitisch-katholisch, italo-albanisch, chaldäisch-katholisch, syro-malabar-katholisch, koptisch-katholisch, armenisch-katholisch, syrisch-katholisch, äthiopisch-katholisch, syro-malankar-katholisch, melkitisch-katholisch, ukrainisch-katholisch, ruthenisch-katholisch, rumänisch-katholisch, griechisch-katholisch, byzantinisch-katholisch, bulgarisch-katholisch, slowakisch-katholisch und ungarisch-katholisch), die Evangelische Kirche (A. B. und H. B.), die Altkatholische Kirche Österreichs, die Griechisch-orientalische Kirche in Österreich (griechisch-orthodox, serbisch-orthodox, rumänisch-orthodox, russisch-orthodox, bulgarisch-orthodox), die Armenisch-apostolische Kirche in Österreich, die Syrisch-orthodoxe Kirche in Österreich, die Koptisch-orthodoxe Kirche in Österreich, die Israelitische Religionsgesellschaft, die Evangelisch-methodistische Kirche in Österreich, die Kirche Jesu Christi der Heiligen der Letzten Tage, die Neuapostolische Kirche in Österreich, die Islamische Glaubensgemeinschaft in Österreich, die Österreichische Buddhistische Religionsgesellschaft, Jehovas Zeugen in Österreich, die Islamische Alevitische Glaubensgemeinschaft in Österreich und die Freikirchen in Österreich.

[2] Wie weit der Unterricht im Klassenverband oder in einer übergreifenden Form geführt wird, hängt jeweils von der Schülerzahl ab (vgl. § 7a RelUntG).

[3] An den Pädagogischen Hochschulen trägt der Gegenstand die Bezeichnung „Religionspädagogik". – Unter bestimmten Voraussetzungen (und nach einer ergänzenden Ausbildung) kann von den Absolventen eine Lehrbefähigung für den Religionsunterricht erworben werden.

[4] Die Frist wird im Erlass des BMUKK v. 5. 3. 2007, RS Nr. 5/2007 i. d. F. RS Nr. 20/2013, mit den ersten fünf Kalendertagen des Schuljahres festgesetzt. – Das genannte Rundschreiben enthält neben der Auflistung der gesetzlich anerkannten Kirchen und Religionsgesellschaften sowie der gesetzlich eingetragenen Bekenntnisgemeinschaften auch Regelungen über die Teilnahmemöglichkeit von konfessionslosen Schülern und solchen gesetzlich eingetragener Bekenntnisgemeinschaften am Religionsunterricht gesetzlich anerkannter Kirchen und Religionsgesellschaften, über die Anwesenheit im Religionsunterricht aus dem Grund der Beaufsichtigung, über die Befreiung vom Schulbesuch aus religiösen Gründen und über die Beurkundung des Religionsunterrichtes gesetzlich eingetragener Bekenntnisgemeinschaften in Zeugnissen und Schulnachrichten.

wobei Schüler, die das 14. Lebensjahr noch nicht vollendet haben, durch ihre Erziehungsberechtigten[1] abzumelden sind, während Schüler jenseits dieser Altersgrenze diese Abmeldung selbst vornehmen dürfen.[2]

4 Teilnahme an Schülergottesdiensten

Die Teilnahme an den von den gesetzlich anerkannten Kirchen und Religionsgesellschaften zu besonderen Anlässen des schulischen oder staatlichen Lebens, insbesondere zu Beginn und am Ende des Schuljahres, abgehaltenen Schülergottesdiensten sowie die Teilnahme an religiösen Übungen oder Veranstaltungen ist den Lehrern und Schülern freigestellt.[3]

5 Lehrpläne sowie Besorgung und Beaufsichtigung des Unterrichtes

Die Lehrpläne für den Religionsunterricht werden von den gesetzlich anerkannten Kirchen und Religionsgesellschaften autonom erlassen und vom zuständigen Bundesminister nur bekannt gemacht.[4,5] Ebenso unterliegen die Lehrbücher und sonstigen Unterrichtsmittel keiner staatlichen Approbation.

Die Besorgung, Leitung und unmittelbare Beaufsichtigung[6] des Unterrichtes erfolgt ebenfalls durch die betreffende Kirche oder Religionsgesellschaft, wobei jedoch dem

---

1 Während aufrechter Ehe ist für die Abmeldung das Einvernehmen beider Elternteile erforderlich (vgl. auch S. 194).

2 Mit der Vollendung des 14. Lebensjahres wird die „Religionsmündigkeit" erreicht.

3 Hiebei handelt es sich um keine Veranstaltungen der Schule. Daher besteht auch keine Pflicht zur Beaufsichtigung der teilnehmenden Schüler. Den Schülern ist die Erlaubnis zum Fernbleiben vom Unterricht im erforderlichen Ausmaß zu gewähren.

4 Das Stundenausmaß ist staatlich festgesetzt und geht aus der Stundentafel der jeweiligen Lehrplanverordnung hervor (vor der Festsetzung und vor jeder Änderung der Stundenzahl ist der betreffenden Kirche oder Religionsgesellschaft Gelegenheit zur Stellungnahme zu geben). – Die katholischen Privatschulen können gemäß dem Vertrag zwischen dem Hl. Stuhl und der Republik Österreich nach Anzeige an die staatliche Schulbehörde auch ein höheres Stundenausmaß festsetzen.

5 Die Bekanntmachung hat seitens des Staates nur deklaratorischen Charakter.

6 Für die unmittelbare Beaufsichtigung sind von den Kirchen und Religionsgesellschaften Fachinspektoren bestellt.

Bund die Beaufsichtigung in organisatorischer und schuldisziplinärer Hinsicht[1] zusteht. Daher unterstehen die Religionslehrer hinsichtlich der Vermittlung des Lehrstoffes den kirchlichen Vorschriften und Anordnungen, im Übrigen aber den allgemeinen schulrechtlichen[2] Bestimmungen.

6 Bestellung der Religionslehrer

Die Religionslehrer an den öffentlichen Schulen werden entweder von der **Gebietskörperschaft**, welche die Diensthoheit[3] über die Lehrer der betreffenden Schule ausübt, angestellt **oder** von der **Kirche** oder Religionsgesellschaft bestellt.[4] Die Gebietskörperschaften dürfen nur solche Personen anstellen, die von der zuständigen kirchlichen (religionsgesellschaftlichen) Behörde als hiezu befähigt und ermächtigt[5] erklärt worden sind.[6]

1 Diese Aufgabe wird durch die staatlichen Organe der Schulaufsicht (vgl. hiezu S. 13) wahrgenommen.

2 Dazu gehören insbesondere die Vorschriften über die Schulorganisation, die Schulzeit und den Schulunterricht (einschließlich der Bestimmungen über die Leistungsbeurteilung, die Schulordnung und die Pflichten des Lehrers). – Die von den Gebietskörperschaften angestellten Lehrer unterliegen auch dem staatlichen Dienstrecht und gegebenenfalls der damit verbundenen disziplinarrechtlichen Verantwortlichkeit (vgl. auch S. 188 ff.).

3 Siehe hiezu S. 174.

4 Auch die kirchlich bestellten Lehrer müssen die für Religionslehrer jeweils geltenden (dienstrechtlichen) Anstellungserfordernisse erfüllen. Der finanzielle Aufwand wird auch bei kirchlicher Bestellung von staatlicher Seite getragen.

5 Im Kirchenrecht der röm.-kath. Kirche wird diese Ermächtigung als „missio canonica“ bezeichnet.

6 Aus diesem Grund ist vor der Übernahme eines Religionslehrers in das öffentlich-rechtliche Dienstverhältnis die zuständige kirchliche Behörde zu hören. – Der spätere Verlust der kirchlichen Ermächtigung kann sogar zur Auflösung des Dienstverhältnisses (auch des öffentlich-rechtlichen) führen. – Zum Dienstrecht siehe S. 169 ff.

Privat-schulrecht

1 Rechtsgrundlagen

Wichtigste Rechtsgrundlage des Privatschulrechtes ist das **Privatschulgesetz** (Bundesgesetz vom 25. Juli 1962, BGBl. Nr. 244 i. d. F. des Bundesgesetzes BGBl. I Nr. 75/2013). Die Grundlagen der **Privatschulfreiheit** finden sich jedoch bereits in Art. 17 des Staatsgrundgesetzes vom 21. Dezember 1867 über die allgemeinen Rechte der Staatsbürger.[1]

2 Begriff der Schule[2] und der Privatschule

Das Privatschulgesetz definiert **Schulen** als Einrichtungen, in denen eine **Mehrzahl** von Schülern gemeinsam nach einem festen **Lehrplan** unterrichtet wird, wobei im Zusammenhang mit der Vermittlung von allgemeinbildenden und berufsbildenden Kenntnissen und Fertigkeiten ein **erzieherisches Ziel** angestrebt wird. Ein solches Ziel ist gegeben, wenn durch den Unterricht auch die Festigung der charakterlichen Anlagen der Schüler in sittlicher Hinsicht[3] bezweckt wird.

---

1 Gemäß Art. 17 Abs. 2 StGG ist jeder Staatsbürger, der seine Befähigung in gesetzlicher Weise (vgl. die Z. 3 und 4 dieses Kapitels) nachgewiesen hat, berechtigt, Unterrichtsanstalten zu gründen und an diesen Unterricht zu erteilen. – Vgl. auch S. 7.

2 Vgl. Art. 14 Abs. 6a B-VG, § 2 SchOG§ 2 PrivSchG. – Siehe hiezu S. 4 und 19 f.

3 In Ermangelung eines derartigen erzieherischen Zieles sind daher nach der Judikatur des VerfGH Tanzschulen, Fahrschulen, Schischulen u. Ä. keine Schulen im Sinne des oben genannten Begriffes und fallen sohin nicht unter die Bestimmungen des Privatschulgesetzes.

Privatschulen sind daher jene unter den vorstehend definierten Begriff fallenden Schulen, die von **anderen** als den gesetzlichen Schulerhaltern[1] errichtet und erhalten werden.

3 Errichtung und Erhaltung[2] von Privatschulen

Zur Errichtung und Erhaltung von Privatschulen sind **berechtigt:**

- österreichische **Staatsbürger,**[3] die voll handlungsfähig sowie in sittlicher Hinsicht verlässlich sind und in deren Person keine Umstände vorliegen, die nachteilige Auswirkungen auf das österreichische Schulwesen erwarten lassen
- **Gebietskörperschaften,**[4] gesetzlich anerkannte **Kirchen** und Religionsgesellschaften sowie andere Körperschaften öffentlichen Rechtes[5]
- sonstige inländische **juristische Personen,**[6] deren vertretungsbefugte Organe die obgenannten persönlichen Voraussetzungen erfüllen[7]

Aufgabe des **Schulerhalters** ist die finanzielle, personelle und räumliche **Vorsorge** für die Führung der Schule.

Die **Errichtung** ist der zuständigen Schulbehörde[8] spätestens drei Monate vor der beabsichtigten Eröffnung **anzuzeigen.**[9] Wird die Errichtung nicht binnen zwei Monaten ab Einbringung der Errichtungsanzeige von der Behörde untersagt, kann die Schule eröffnet werden.[10]

---

1 Zum Begriff des gesetzlichen Schulerhalters siehe S. 5.

2 Siehe zu diesen Begriffen S. 156.

3 Staatsbürger der EU und des EWR sind Österreichern grundsätzlich gleichgestellt.

4 Bund, Länder, Gemeinden (Gemeindeverbände).

5 Insbesondere die Kammern und deren Teilorganisationen.

6 Z. B. private Schulvereine.

7 Personen ohne österreichische Staatsbürgerschaft sowie ausländische juristische Personen können bei Erfüllung der sonstigen Voraussetzungen ebenfalls Privatschulen errichten, wobei ausländische juristische Personen einen Zustellungsbevollmächtigten mit österreichischer Staatsbürgerschaft und inländischem Wohnsitz zu bestellen haben. – Die aufgrund von Staatsverträgen (Kulturabkommen) errichteten Schulen (z. B. das Lycée Français in Wien) fallen nicht unter die Bestimmungen des PrivSchG.

8 Siehe hiezu Z. 8 (S. 167 f.).

9 In der Errichtungsanzeige sind der Zweck und die Bezeichnung der Schule anzugeben, wobei die Führung einer gesetzlich geregelten Schulartbezeichnung (z. B. Gymnasium, Handelsakademie) einer Bewilligung bedarf.

10 Die Behörde kann die „Nichtuntersagung“ bescheidmäßig aussprechen oder sich verschweigen.

4 Schulleiter und Lehrer

Für die pädagogische und schuladministrative **Leitung** der Privatschule ist ein Leiter[1] zu bestellen, der neben der österreichischen Staatsbürgerschaft[2] und der Eignung zum Lehrer in sittlicher und gesundheitlicher Hinsicht die **Lehrbefähigung** für die betreffende oder eine verwandte Schulart oder eine sonstige geeignete (auf die Schule bezogene) Befähigung besitzen muss.

Dieselben Voraussetzungen sind auch von den an der Privatschule verwendeten **Lehrern** zu erbringen.

Die Bestellung des Leiters und der Lehrer ist der Schulbehörde ebenfalls anzuzeigen.

5 Schulräume und Lehrmittel

Der Schulerhalter hat nachzuweisen, dass er über geeignete Schulräume[3] verfügt, die dem Zweck und der Organisation der Schule sowie den Grundsätzen der Pädagogik und Schulhygiene entsprechen. Ebenso ist das Vorhandensein der erforderlichen Lehrmittel und der sonstigen Ausstattungen und Einrichtungen nachzuweisen.

6 Öffentlichkeitsrecht

Durch die Verleihung des Öffentlichkeitsrechtes wird der Privatschule das Recht übertragen, Zeugnisse über den Schulerfolg auszustellen, die mit der Beweiskraft öffentlicher Urkunden und mit den **gleichen Rechtswirkungen** ausgestattet sind wie die Zeugnisse gleichartiger öffentlicher Schulen.[4]

Ferner können (mit gleicher Rechtswirkung wie an öffentlichen Schulen) die für die betreffende Schulart vorgesehenen **Prüfungen** (z. B. Reifeprüfungen) abgehalten werden.[5]

---

1 Sofern der Schulerhalter die Befähigung besitzt, kann er die Leitung der Schule auch selbst übernehmen.

2 Hievon kann die Schulbehörde unter bestimmten Voraussetzungen Nachsicht erteilen. – Vgl. aber S. 164, Fußnote 3.

3 Hiezu gehören auch die erforderlichen Sonderunterrichtsräume (Turnsaal, Küche, Werkstätten u. a.). – Als Nachweis der Eignung kommen neben schulbehördlichen Kommissionierungen bau- und sanitätsbehördliche Gutachten in Betracht.

4 Über die Zuständigkeit für die Verleihung siehe S. 167 f.

5 Privatschulen mit Öffentlichkeitsrecht können auch die Funktion von Praxisschulen haben. Ferner ist an ihnen die Ableistung der Schul- und Unterrichtspraktika mit denselben Rechtswirkungen wie an öffentlichen Schulen zulässig.

Rechtsanspruch auf die Verleihung des Öffentlichkeitsrechtes besteht, **wenn**

- der Schulerhalter[1], der Leiter und die Lehrer Gewähr[2] für einen ordnungsgemäßen und den Aufgaben des österreichischen Schulwesens entsprechenden **Unterrichtserfolg** bieten und
- bei Schulen mit gesetzlich geregelter Schulartbezeichnung der Unterrichtserfolg[3] jenem einer **gleichartigen öffentlichen** Schule entspricht bzw.
- in den übrigen Fällen die Organisation, der Lehrplan und die Ausstattung der Schule, ferner die Lehrbefähigung des Leiters und der Lehrer, mit einem vom zuständigen Bundesminister erlassenen oder genehmigten **Organisationsstatut** übereinstimmt und die Privatschule sich hinsichtlich ihrer Unterrichtserfolge bewährt hat.

Das Öffentlichkeitsrecht wird zunächst nur für die bereits bestehenden Schulstufen und jeweils für ein Schuljahr, erst nach dem vollen lehrplanmäßigen Ausbau auf mehrere Jahre verliehen. Wenn Gewähr für die fortdauernde Erfüllung der gesetzlichen Bedingungen besteht und der **volle** lehrplanmäßige **Ausbau** erreicht ist, erfolgt die Verleihung auf die **Dauer** der Erfüllung der gesetzlichen Bedingungen.[4]

7 Subventionierung von Privatschulen

Die Gewährung staatlicher **Unterstützung** (Subventionierung) an Privatschulen ist in folgenden Fällen vorgesehen:

- Die gesetzlich anerkannten **Kirchen** und Religionsgesellschaften haben für die von ihnen erhaltenen konfessionellen Privatschulen[5] **Anspruch** auf die Gewährung von Subvention zum Lehrerpersonalaufwand. Diese Subvention erfolgt entweder

---

1 Bei juristischen Personen die vertretungsbefugten Organe.

2 Bei gesetzlich anerkannten Kirchen und Religionsgesellschaften, Gebietskörperschaften und sonstigen Körperschaften des öffentlichen Rechtes nimmt das Gesetz diese Gewähr als gegeben an.

3 Dieser Erfolg ist durch die Organe der Schulaufsicht festzustellen.

4 Wenn die gesetzlichen Voraussetzungen nicht mehr (voll) erfüllt werden, ist (nach Fristsetzung zur Behebung der festgestellten Mängel) das Öffentlichkeitsrecht zu entziehen bzw. nicht mehr weiter zu verleihen. – Im Übrigen ist bei späterer Nichterfüllung gesetzlicher Voraussetzungen (vgl. oben Z. 2 bis 5) die Weiterführung der Schule zu untersagen.

5 Konfessionelle Privatschulen werden nicht nur von den gesetzlich anerkannten Kirchen und Religionsgesellschaften und deren Einrichtungen (z. B. Diözesen, Pfarren, Orden) erhalten, sondern auch von Vereinen, Stiftungen und Fonds (in diesen Fällen muss die Anerkennung der zuständigen kirchlichen Oberbehörde vorliegen). – Der Rechtsanspruch auf Subventionierung kommt aber nur der Kirche (Religionsgesellschaft) selbst zu.

durch Zuweisung von Bundes- oder Landeslehrern („lebende Subventionierung“) oder durch den Ersatz der Kosten für Privatlehrer.[1,2]

- **Anderen** Privatschulerhaltern **kann** der Bund nach Maßgabe der im Budget jeweils zur Verfügung stehenden Mittel (also ohne Rechtsanspruch seitens des Schulerhalters) Subventionen zum Personalaufwand gewähren, wenn die Privatschule einem Bedarf der Bevölkerung entspricht, die Führung der Schule nicht auf Gewinn ausgerichtet ist und für die Aufnahme von Schülern dieselben Bedingungen gelten wie für die Aufnahme in öffentliche Schulen.[3] Weiters muss die Schule bereits das Öffentlichkeitsrecht besitzen.

8 Behördenzuständigkeit und Schulaufsicht

In den Angelegenheiten des Privatschulwesens sind die **Schulbehörden** wie folgt **zuständig:**

- der **Landesschulrat** (Stadtschulrat für Wien) für das Errichtungsverfahren[4] (einschließlich der Bewilligung zur Führung einer gesetzlich geregelten Schulartbezeichnung)
- der zuständige **Bundesminister** für die Verleihung des Öffentlichkeitsrechtes und die Subventionierung

Die **Schulaufsicht**[5] über die Privatschulen unterscheidet sich nicht grundsätzlich[6] von jener über die öffentlichen Schulen. Sie umfasst eine Rechtsaufsicht (diese betrifft die Einhaltung des Privatschulgesetzes und der sonstigen schulrechtlichen Bestimmungen) und eine Fachaufsicht (diese betrifft die pädagogischen und unterrichtlichen Angelegenheiten).

---

1 Das Ausmaß der Subventionierung umfasst alle zur Erfüllung des Lehrplanes erforderlichen Lehrerdienstposten (einschließlich jenes für den Schulleiter) entsprechend den für vergleichbare öffentliche Schulen bestehenden Rechtsvorschriften.

2 Die finanziellen Mittel werden in allen Fällen durch den Bund zur Verfügung gestellt.

3 Vgl. hiezu S. 20 f.

4 Die Gründungsanzeige und die sonstigen Ansuchen (ausgenommen solche um Subventionierung konfessioneller Privatschulen) sind beim örtlich zuständigen Landesschulrat einzubringen.

5 Zur instanzenmäßigen Zuständigkeit vgl. S. 10 ff., zu Inhalt und Durchführung S. 13 f.

6 Hinsichtlich der Privatschulen mit Öffentlichkeitsrecht besteht kein Unterschied, bei solchen ohne Öffentlichkeitsrecht bestehen teilweise Einschränkungen (z. B. besteht bei Schulen ohne gesetzlich geregelte Schulartbezeichnung nur eine Rechtsaufsicht bezüglich der Einhaltung der einschlägigen Vorschriften des PrivSchG).

9 Schulaufnahme, Schulgeld

Für Privatschulen gilt die durch § 4 SchOG festgelegte allgemeine Zugänglichkeit der Schulen nur mit Einschränkungen (so können etwa die gesetzlich anerkannten Kirchen und Religionsgesellschaften, aber auch Einzelpersonen und juristische Personen des privaten Rechtes [z. B. private Schulvereine] eine Auswahl der Schüler nach dem Bekenntnis oder der Sprache treffen).

Die Aufnahme in eine Privatschule erfolgt durch einen privatrechtlichen Aufnahmevertrag,[1] in welchem die Einhebung eines Schulgeldes,[2] aber auch andere Vereinbarungen (z. B. Verhaltensvereinbarungen[3] und zusätzliche, in § 49 SchUG nicht vorgesehene **Ausschließungsgründe**[4]) vorgesehen sein können.

[1] Die Aufnahme in eine öffentliche Schule erfolgt durch behördlichen Verwaltungsakt (vgl. auch S. 57 f.).

[2] Subventionierte Privatschulerhalter dürfen Schulgeld nur zur Abdeckung des Sachaufwandes einheben.

[3] Vgl. hiezu auch S. 110 f.

[4] Zum Ausschlussverfahren siehe S. 114 ff.

Grundzüge des Dienst- und Besoldungsrechtes der Lehrer[1]

1 Rechtsgrundlagen

Aus der überaus umfangreichen Materie des Dienst- und Besoldungsrechtes der Lehrer seien folgende wichtige Rechtsvorschriften genannt:[2]

- Beamten-Dienstrechtsgesetz 1979 (BDG 1979), BGBl. Nr. 333/1979 i. d. g. F.
- Vertragsbedienstetengesetz 1948 (VBG), BGBl. Nr. 86/1948 i. d. g. F.
- Landeslehrer-Dienstrechtsgesetz (LDG 1984), BGBl. Nr. 302/1984 i. d. g. F.
- Landesvertragslehrpersonengesetz 1966 (LVG), BGBl. Nr. 172/1966 i. d. g. F.
- Landeslehrer-Diensthoheitsgesetze der einzelnen Bundesländer
- Gehaltsgesetz 1956, BGBl. Nr. 54/1956 i. d. g. F.
- Dienstrechtsverfahrensgesetz 1984 (DVG), BGBl. Nr. 29/1984 i. d. g. F.
- Dienstrechtsverfahrensverordnung (DVV 1981), BGBl. Nr. 162/1981 i. d. g. F.
- Bundesgesetz über die Lehrverpflichtung der Bundeslehrer (Bundeslehrer-Lehrverpflichtungsgesetz-BLVG), BGBl. Nr. 244/1965 i. d. g. F.
- Reisegebührenvorschrift 1955, BGBl. Nr. 133/1955 i. d. g. F.
- Beamten-Kranken- und Unfallversicherungsgesetz, BGBl. Nr. 200/1967 i. d. g. F.
- Bundes-Personalvertretungsgesetz (PVG), BGBl. Nr. 133/1967 i. d. g. F.
- Pensionsgesetz 1965 (PG 1965), BGBl. Nr. 340/1965 i. d. g. F.

---

[1] Die im Dezember 2013 kundgemachte „Dienstrechts-Novelle 2013 – Pädagogischer Dienst“, BGBl. I Nr. 211/2013 (das sogenannte „Neue Dienstrecht“), ist hier noch nicht berücksichtigt, weil für alle Änderungen der früheste Inkrafttretenstermin der 1. September 2015 ist. Personen, die in den ersten fünf Jahren der Umstellung auf das neue Dienstrecht (in den Schuljahren 2014/15 bis 2018/2019) erstmals in ein Dienstverhältnis als Lehrkraft aufgenommen werden, können bei der ersten Anstellung in den Schuljahren 2015/16 bis 2018/2019 zwischen dem Einstieg in das alte oder das neue System wählen. Für Lehrpersonen, deren (erstes) Dienstverhältnis mit dem Schuljahr 2019/2020 oder danach beginnt, gilt jedenfalls das neue Dienstrecht.

[2] Da die angeführten Rechtsquellen ständigen Novellierungen unterliegen, wird an dieser Stelle aus Gründen der Zweckmäßigkeit nur jeweils das Stammgesetz angegeben.

Außer den vorstehend genannten Gesetzen, die speziell für Dienstnehmer des öffentlichen Dienstes gelten, sind zum Teil auch andere Quellen des Arbeits- und Sozialrechtes (z. B. Allgemeines Sozialversicherungsgesetz – ASVG, Allgemeines Pensionsgesetz – APG, Mutterschutzgesetz u. a.) auf diesen Personenkreis anwendbar. Ferner ergeben sich auch aus weiteren Rechtsgebieten (z. B. Amtshaftungsgesetz, Organhaftpflichtgesetz, ABGB u. a.) Rückwirkungen dienst- oder besoldungsrechtlicher Art.

Schließlich ist auf Grundlage der angeführten Gesetze eine große Zahl von Verordnungen und Durchführungserlässen ergangen, die im vorliegenden Buch nicht näher behandelt werden können.

Da das Dienstrecht der Landeslehrer (das sind die in einem Dienstverhältnis zu einem Bundesland stehenden Lehrer für Volks-, Haupt-, Neue Mittelschulen, Sonderschulen, Polytechnische Schulen und Berufsschulen)[1] in weiten Bereichen mit jenem der Bundeslehrer[2] übereinstimmt, werden in den folgenden Ausführungen nur solche Bestimmungen des Dienstrechtes der Landeslehrer gesondert behandelt, in denen grundsätzliche Abweichungen oder Unterschiede zum Dienstrecht der Bundeslehrer bestehen.[3] Dasselbe gilt für inhaltliche Abweichungen zwischen den für Lehrer im öffentlich-rechtlichen Dienstverhältnis und den für Vertragslehrer anzuwendenden dienstrechtlichen Vorschriften.

Im Folgenden können nur einige wichtige Bestimmungen überblicksweise dargestellt werden, sodass die Beschäftigung mit den Rechtsquellen selbst bzw. mit der einschlägigen Fachliteratur dringend angeraten wird (siehe hiezu auch die Literaturhinweise auf S. 208).

---

[1] Sofern Landeslehrer als Subventionslehrer an Privatschulen verwendet werden, gelten für diese ebenfalls die Bestimmungen des Landeslehrer-Dienstrechtes. – Das Land- und forstwirtschaftliche Landeslehrer-Dienstrechtsgesetz, BGBl. Nr. 296/1985 i. d. g. F., kann hier nicht gesondert erörtert werden.

[2] Bundeslehrer sind die in einem Dienstverhältnis zum Bund stehenden Lehrer. Sie werden überwiegend an den mittleren und höheren Schulen sowie den Pädagogischen Hochschulen des Bundes, aber auch (als Subventionslehrer) an diesen Schularten entsprechenden Privatschulen und privaten Pädagogischen Hochschulen, ferner an Universitäten sowie anderen Institutionen des Bundes, verwendet.

[3] Die für die Landeslehrer geltenden Rechtsnormen (LDG, Landesvertragslehrpersonengesetz [LVG] u. a.) verweisen vielfach auf die für Bundeslehrer geltenden Bestimmungen (BDG, VBG, Gehaltsgesetz u. a.) bzw. stimmen mit diesen (teilweise wörtlich) überein.

2 Grundsätze des Dienstrechtes der Bundeslehrer und der Landeslehrer

2.1 Privatrechtliches und öffentlich-rechtliches Dienstverhältnis

Die **Begründung** des Dienstverhältnisses[1] als Lehrer erfolgt in der Regel zunächst mittels **Dienstvertrages** auf Grundlage des Vertragsbedienstetengesetzes (bei Landeslehrern des Landesvertragslehrpersonengesetzes) in einem **privatrechtlichen** Dienstverhältnis.[2] Dieses kann etwa mit einem solchen nach dem Angestelltengesetz verglichen werden, bei dem einander Dienstgeber und Dienstnehmer als gleichberechtigte (Vertrags-)Partner gegenüberstehen.[3]

Dagegen steht im **öffentlich-rechtlichen** (auch „pragmatisch" genannten[4]) Dienstverhältnis der Dienstgeber (für Bundeslehrer der Bund, für Landeslehrer das betreffende Bundesland) dem Dienstnehmer (Lehrer) nicht in einem gleichrangigen, sondern in einem „hoheitlichen" Rechtsverhältnis gegenüber. Daher beruht das Dienstverhältnis auch nicht auf einem (privatrechtlichen) Vertrag, sondern auf einem (dem öffentlichen Recht zuordenbaren) **Bescheid.**[5] Die Begründung des öffentlich-rechtlichen Dienstverhältnisses wird auch als „Ernennung" bezeichnet.[6]

Im Lichte der aktuellen Entwicklungstendenzen im Dienstrecht wurde die Zahl der Begründungen öffentlich-rechtlicher Dienstverhältnisse (siehe hiezu S. 174) stark eingeschränkt.

---

1 Kein Dienstverhältnis, sondern ein Ausbildungsverhältnis wird durch das Unterrichtspraktikum begründet.

2 Möglich ist auch eine „provisorische" Ernennung in ein öffentlich-rechtliches Dienstverhältnis (siehe dazu im Folgenden).

3 Daher sind allfällige Rechtsstreitigkeiten des Vertragslehrers (sofern nicht einvernehmlich lösbar) vor dem zuständigen Gericht (Arbeits- und Sozialgericht) auszutragen.

4 Die Begründung eines öffentlich-rechtlichen Dienstverhältnisses wird daher des Öfteren als „Pragmatisierung" bezeichnet. – Diese darf jedoch nicht mit der Definitivstellung (siehe hiezu S. 175) verwechselt werden.

5 Aus diesem Grund ist im Falle eines Rechtsstreites nicht das Gericht, sondern die sachlich in Betracht kommende Dienstbehörde (siehe hiezu Z. 2.4) zuständig. Gegen deren Entscheidung kann von Bundeslehrern das Rechtsmittel der Beschwerde an das Bundesverwaltungsgericht, von Landeslehrern an das Landesverwaltungsgericht eingelegt werden. Nur unter bestimmten Voraussetzungen ist gegen die Entscheidung des Bundes- bzw. Landesverwaltungsgerichts eine Revision beim Verwaltungsgerichtshof (gegebenenfalls auch eine Beschwerde beim Verfassungsgerichtshof) zulässig. – Vgl. dazu auch S. 148, Fußnote 3.

6 Jede Ernennung bedeutet rechtlich die bescheidmäßige Verleihung einer Planstelle. Als Ernennung gilt hiebei nicht nur die Neubegründung eines Dienstverhältnisses, sondern auch die Verleihung einer anderen bzw. einer höheren Planstelle (z. B. die Ernennung zum Direktor).

Mit der Ernennung in das öffentlich-rechtliche Dienstverhältnis ist auch die Berechtigung zur Führung des entsprechenden Amtstitels verbunden (hiebei kommen für Lehrer der Verwendungsgruppe L 2 a 2 insbesondere die **Amtstitel** „Volksschullehrer/-lehrerin", „Hauptschullehrer/-lehrerin", „Lehrer/Lehrerin an der Neuen Mittelschule", „Berufsschullehrer/-lehrerin", „Fachlehrer/-lehrerin" (ab der 10. Gehaltsstufe jeweils „...oberlehrer"), für Lehrer der Verwendungsgruppe L 1 der Amtstitel „Professor/Professorin" in Betracht.[1,2] Für Vertragslehrer sind vergleichbare Verwendungsbezeichnungen vorgesehen.

Das öffentlich-rechtliche Dienstverhältnis ist zunächst provisorisch. Es kann daher – ebenso wie der Dienstvertrag[3] – unter Einhaltung der gesetzlich vorgeschriebenen Fristen gekündigt werden.[4]

2.2 Planstellen, Aufnahms- und Ernennungserfordernisse

Sowohl die Aufnahme in das privatrechtliche als auch die Ernennung in das öffentlich-rechtliche Dienstverhältnis setzt das Bestehen einer entsprechenden **Planstelle** voraus. Die Planstellen der Lehrer des Bundes sind im jährlichen Bundesfinanzgesetz festgelegt (Personalplan[5]), jene für die Landeslehrer im Jahresvoranschlag des Landes.[6,7]

Allgemeine Erfordernisse für die Aufnahme in das privatrechtliche Dienstverhältnis sind insbesondere die österreichische Staatsbürgerschaft oder der unbeschränkte Zugang zum österreichischen Arbeitsmarkt sowie die persönliche und fachliche Eignung des Bewerbers. Für die Ernennung in das öffentlich-rechtliche Dienstverhältnis bestehen spezielle zusätzliche Erfordernisse („Ernennungserfordernisse"), die insbesondere

---

1 Zu den Begriffen „Verwendungsgruppe" und „Gehaltsstufe" siehe S. 176 f.

2 Unterscheide die Amtstitel von den Berufstiteln (z. B. „Oberschulrat", „Oberstudienrat"). Diese werden vom Bundespräsidenten verliehen und setzen ein öffentlich-rechtliches Dienstverhältnis nicht zwingend voraus.

3 Zum Unterschied vom Dienstvertrag ist das öffentlich-rechtliche Dienstverhältnis jedoch mittels Bescheides zu kündigen.

4 Kündigungsgründe sind insbesondere die Nichterfüllung von Definitivstellungsvoraussetzungen (siehe hiezu Z. 2.5), unbefriedigender Arbeitserfolg sowie Bedarfsmangel.

5 Die Bezeichnungen „Planstelle" und „Stellenplan" bzw. „Personalplan" sind an die Stelle der Ausdrücke „Dienstposten" und „Dienstpostenplan" getreten.

6 Hinsichtlich der Planstellen der Landeslehrer besitzt der Bund ein Zustimmungsrecht.

7 Die Planstellen der Bundeslehrer sind gemäß §§ 203 ff. und 207 ff. BDG auszuschreiben. Auch im LDG sind Ausschreibungen bestimmter Planstellen (z. B. gemäß § 26 für Schulleiterstellen) vorgesehen.

den erfolgreichen Abschluss der für die betreffende Planstelle vorgeschriebenen Ausbildung[1] sowie den Nachweis einer allenfalls erforderlichen Berufspraxis[2] betreffen.

2.3 Zuweisung, Dienstzuteilung, Versetzung

Entsprechend der Planstelle, für welche der Lehrer aufgenommen bzw. auf welche er ernannt wurde, ist der Lehrer einer Schule (gegebenenfalls auch mehreren Schulen) zur Dienstleistung zuzuweisen. Landeslehrer können auch der Lehrerreserve[3] zugewiesen werden.

Darüber hinaus ist aus dienstlichen Gründen die vorübergehende Zuweisung[4] (Dienstzuteilung) des Lehrers an eine andere Dienststelle[5] zulässig.[6]

Eine **Versetzung** (das ist die Zuweisung zu einer anderen Dienststelle zur dauernden Dienstleistung) darf, wenn sie von Amts wegen (also ohne Zustimmung des Lehrers) erfolgt, nur aus wichtigen dienstlichen Interessen vorgenommen werden.[7]

---

1 Die vorgeschriebene Ausbildung für Lehrer ist in der Regel mit der erfolgreichen Ablegung der jeweils erforderlichen Lehramtsprüfungen (und gegebenenfalls des Unterrichtspraktikums) erfüllt.

2 Der Nachweis einer Berufspraxis nach Abschluss des Lehramtsstudiums ist im berufsbildenden Schulwesen u. a. für Absolventen der Wirtschaftspädagogik sowie für jene der Haushalts- und Ernährungswissenschaften erforderlich. – Unterscheide dieses (dienstrechtliche) Erfordernis von den (studienrechtlichen) Aufnahmsvoraussetzungen in die Pädagogische Hochschule (vgl. S. 44).

3 Diese hat den Zweck, den Unterricht an den Pflichtschulen auch bei Ausfall von Lehrern aufrechterhalten zu können. Ein der Lehrerreserve zugewiesener Lehrer ist einer Stammschule und von dieser nach Bedarf anderen Schulen (vorübergehend) zur Dienstleistung zuzuweisen. Die Zuweisung zur Lehrerreserve ist ohne Zustimmung des Lehrers für höchstens zwei Jahre zulässig.

4 Im BDG wird die Bezeichnung „Dienstzuteilung" gebraucht, im LDG die Bezeichnung „vorübergehende Zuweisung" oder „vorübergehende Verwendung".

5 Dies wird in der Regel eine andere Schule sein, unter bestimmten Voraussetzungen kann aber auch eine sonstige Dienststelle (z. B. eine Schulbehörde) in Betracht kommen.

6 Sofern diese Zuweisung bzw. Versetzung ohne Zustimmung des Lehrers erfolgt, bestehen zeitliche und sachliche Einschränkungen (insbesondere ist auf die persönlichen, familiären und sozialen Verhältnisse des Lehrers Bedacht zu nehmen).

7 Die Versetzung von Amts wegen ist (auch bei Vorliegen wichtiger dienstlicher Interessen) ebenfalls Einschränkungen unterworfen (die Behörde hat bei Versetzung an einen anderen Dienstort auf die persönlichen, familiären und sozialen Verhältnisse des Lehrers Bedacht zu nehmen, der Lehrer hat die Möglichkeit, gegen die beabsichtigte Maßnahme Einwendungen vorzubringen und gegen den Versetzungsbescheid Beschwerde zu erheben bzw. als Vertragslehrer das Arbeits- und Sozialgericht anzurufen).

2.4 Dienstbehörden und Dienstrechtsverfahren

Für den einzelnen Lehrer sind jeweils folgende Behörden als **Dienstbehörden** zuständig:

- für **Bundeslehrer** die Schulbehörden des Bundes entsprechend ihrem im Bundes-Schulaufsichtsgesetz festgelegten örtlichen und sachlichen Wirkungsbereich[1,2]
- für **Landeslehrer** die nach den Diensthoheitsgesetzen[3] der einzelnen Bundesländer zuständigen Behörden: hiefür kommen die Landesregierung, ferner – im übertragenen[4] Wirkungsbereich – der Landesschulrat (Stadtschulrat für Wien), schließlich auch sonstige landesgesetzlich bestimmte Behörden (z. B. der Gewerbliche Berufsschulrat für Niederösterreich) in Betracht.[5] Oberste Dienstbehörde ist aber stets die Landesregierung

Für **Verfahren** vor den Dienstbehörden sind für die in einem öffentlich-rechtlichen Dienstverhältnis stehenden Bundeslehrer und Landeslehrer das Dienstrechtsverfahrensgesetz 1984 und die Dienstrechtsverfahrensverordnung 1981 anzuwenden, sofern nicht ohnehin spezielle Verfahrensvorschriften (wie etwa für das Disziplinarverfahren) bestehen.[6]

Das Dienstrechtsverfahrensgesetz enthält vor allem Sonderbestimmungen, die vom AVG 1991 – dieses Gesetz ist (subsidiär)[7] auch für das Verfahren in Angelegenheiten des Dienstrechtes anzuwenden – abweichen.[8]

---

1 Siehe hiezu S. 10 ff.

2 Zur Zuständigkeit von Leistungsfeststellungskommissionen und Disziplinarkommissionen siehe S. 186 ff.

3 Die Zuständigkeit der Länder zur Erlassung solcher Gesetze ergibt sich aus Art. 14 Abs. 3 B-VG (siehe hiezu S. 1 f.). – Unter Diensthoheit ist nach der Judikatur des VerfGH die „Gesamtheit der dem Dienstgeber gegenüber dem Dienstnehmer zukommenden Funktionen“ zu verstehen.

4 LSR sind Schulbehörden des Bundes, welche in diesen Fällen in Angelegenheiten der Landesvollziehung tätig werden.

5 Auch die für die Leistungsfeststellung und für Disziplinarangelegenheiten zuständigen Kommissionen sind landesgesetzlich vorgesehen.

6 In den Angelegenheiten des Dienstrechtes der öffentlich-rechtlich bestellten Lehrer und Beamten des Bundes und der Länder findet das gesamte Verfahren vor Verwaltungsbehörden (das sind die Dienstbehörden) statt. Gegen deren Entscheidung kann von Bundeslehrern das Rechtsmittel der Beschwerde an das Bundesverwaltungsgericht, von Landeslehrern an das Landesverwaltungsgericht eingelegt werden. Nur unter bestimmten Voraussetzungen ist gegen die Entscheidung des Bundes- bzw. Landesverwaltungsgerichts eine Revision beim Verwaltungsgerichtshof (gegebenenfalls auch eine Beschwerde beim Verfassungsgerichtshof) zulässig.

7 D. h., sofern die betreffenden dienstrechtlichen Vorschriften (z. B. BDG, LDG) und das Dienstrechtsverfahrensgesetz keine speziellen Verfahrensbestimmungen enthalten.

8 So wird z. B. festgelegt, dass die Tage des Laufes des Dienstweges nicht in den Fristenlauf (wichtig etwa bei der Berechnung der Rechtsmittelfrist) einzurechnen sind, ferner dass Ernennungen und Verleihungen von Amtstiteln weder der Bezeichnung als Bescheid noch einer Begründung oder Rechtsmittelbelehrung bedürfen.

Das Dienstrechtsverfahrensgesetz überträgt die Zuständigkeit in den Angelegenheiten des Dienst- und Besoldungsrechtes den Landesschulräten bzw. dem Stadtschulrat für Wien als nachgeordnete Dienstbehörden.

2.5 Definitivstellung

Auf **Antrag** des Beamten (Lehrers) wird das Dienstverhältnis **definitiv** (= **unkündbar**),[1] wenn die Definitivstellungsvoraussetzungen[2] erfüllt sind und der Beamte (Lehrer) sechs Jahre im provisorischen Dienstverhältnis verbracht hat (diese Zeit kann durch Einrechnung von Vordienstzeiten, insbesondere auch solcher aus dem vertraglichen Dienstverhältnis, verkürzt werden).[3]

Das definitive Dienstverhältnis kann seitens des Dienstgebers nur aus den im Gesetz (§ 20 BDG, § 16 LDG) taxativ (= erschöpfend) aufgezählten Gründen aufgelöst werden, während dem Dienstnehmer das Recht, seinen Austritt zu erklären, unbenommen bleibt (siehe hiezu S. 185).

2.6 Schulfeste Stellen

Die Bestimmungen im BDG und LDG über schulfeste Stellen wurden mit Wirksamkeit vom 1. September 2008 **aufgehoben.** Die Übergangsbestimmungen sehen vor, dass die Bestimmungen über schulfeste Stellen für die Inhaber von solchen Stellen weiter anzuwenden sind.

Der Inhaber einer schulfesten Stelle kann nur aus **bestimmten** (im BDG bzw. im LDG erschöpfend aufgezählten) **Gründen** (insbesondere bei Aufhebung der Schulfestigkeit der Planstelle oder der Planstelle selbst) an eine andere Schule **versetzt** werden.

---

1 Die Definitivstellung ist durch Bescheid festzustellen. Sie ist von der „Pragmatisierung" zu unterscheiden.

2 Zur aktuellen Einschränkung der Ernennungen siehe S. 171 unten.

3 Ernennungs- und Definitivstellungsvoraussetzungen stimmen für Lehrer überein (für eine Reihe von Verwendungsgruppen der Beamten sind aber zusätzliche Voraussetzungen für die Definitivstellung, wie etwa die Ablegung von Dienstprüfungen, vorgesehen).

2.7 Verwendungsgruppen (Entlohnungsgruppen)

Entsprechend ihrer **Ausbildung** und ihrer **Verwendung** an den einzelnen Schularten sind für Lehrer, die in einem öffentlich-rechtlichen Dienstverhältnis stehen, insgesamt fünf **Verwendungsgruppen**[1] vorgesehen, wobei für Absolventen der Pädagogischen Hochschulen, Pädagogischen Akademien und der Berufspädagogischen Akademien die Verwendungsgruppe **L 2a 2**, für Absolventen der Universitäten (in manchen Fällen der Fachhochschulen) die Verwendungsgruppe **L 1** in Betracht kommt.

Bei den Vertragslehrern entsprechen den Verwendungsgruppen die (in gleicher Zahl bestehenden) **Entlohnungsgruppen** (für die angeführten Lehrer sind die Entlohnungsgruppen **l 2a 2** bzw. **l 1** vorgesehen; an Berufsschulen sowie an berufsbildenden mittleren und höheren Schulen (fachpraktischer Unterricht) sind Vertragslehrer, welche die erforderliche Lehramtsprüfung noch nicht abgelegt haben, in die Entlohnungsgruppe l 2b 1 einzureihen).[2]

Vertragslehrer, die ausschließlich in nicht gesicherter Verwendung stehen (z. B. zur Vertretung aufgenommen wurden),[3] sind in das Entlohnungsschema II L, ansonsten in das Entlohnungsschema I L einzureihen.[4]

2.8 Gehaltsstufen (Entlohnungsstufen), Stichtag

Die Verwendungsgruppen sind in **Gehaltsstufen**, die Entlohnungsgruppen in **Entlohnungsstufen** gegliedert, innerhalb deren der Lehrer in Abständen von jeweils zwei Jahren um eine Stufe **vorrückt** (Vorrückung, auch „Biennalvorrückung“[5]).

Das Gehalt[6] (bei Vertragslehrern das Monatsentgelt) richtet sich somit nach der Verwendungsgruppe (Entlohnungsgruppe) und nach der Gehaltsstufe (Entlohnungsstufe). – Das Gehalt bzw. das Monatsentgelt ergibt zusammen mit den Zulagen[7] den „Monatsbezug“.

---

1 In einigen der Verwendungsgruppen (Entlohnungsgruppen) werden Dienstverhältnisse nur mehr in geringem Umfang begründet.

2 Die übrigen Voraussetzungen (insbesondere jene für die Studienzulassung) müssen aber vorliegen.

3 Die nicht gesicherten Verwendungen sind im Gesetz taxativ (= erschöpfend) aufgezählt.

4 Der Unterschied besteht insbesondere darin, dass im Entlohnungsschema II L die Entlohnung nicht auf Basis eines Monatsentgeltes, sondern nach Jahreswochenstunden erfolgt.

5 Für die Vorrückung in die zweite Stufe sind jedoch fünf Jahre erforderlich.

6 Die Bezeichnung „Gehalt“ wird nur für Bedienstete im öffentlich-rechtlichen Dienstverhältnis verwendet.

7 Diese sind z. B. die Erzieherzulage. Sie gebührt auch Vertragslehrern des Entlohnungsschemas II L.

Die Einreihung in eine bestimmte Gehaltsstufe (Entlohnungsstufe) erfolgt bei Dienstantritt entsprechend dem **Vorrückungsstichtag.**[1] Dieser wird dadurch errechnet, dass vor dem Dienstantritt als Lehrer liegende Zeiten vorangesetzt werden; manche (z. B. Dienstzeiten bei einer anderen Gebietskörperschaft, Zeiten der erforderlichen Berufspraxis) zur Gänze, andere – soweit sie insgesamt drei Jahre nicht übersteigen – zur Hälfte.

2.9 Dienstpflichten des Lehrers[2]

Die Dienstpflichten des Lehrers können in **allgemeine** Dienstpflichten und **besondere,** mit dem Lehramt verbundene Dienstpflichten, eingeteilt werden.

- **Allgemeine** Dienstpflichten (diese hat jeder Beschäftigte des öffentlichen Dienstes zu erfüllen) sind insbesondere die treue und gewissenhafte Wahrnehmung aller dienstlichen Aufgaben, die Befolgung der Weisungen der Vorgesetzten sowie die Einhaltung der Amtsverschwiegenheit.
- **Besondere** Dienstpflichten sind mit dem Lehramt verbunden und sowohl im Dienstrecht[3] als auch im Schulunterrichtsrecht[4] festgelegt. Sie betreffen insbesondere die Erteilung des regelmäßigen Unterrichtes im Rahmen der Lehrverpflichtung und die Erfüllung aller mit der lehramtlichen Stellung zusammenhängenden sonstigen Obliegenheiten.[5]

2.9.1 Dienstpflichten gegenüber Vorgesetzten und Befolgung von Weisungen

Der Lehrer ist verpflichtet, seine Vorgesetzten (dies ist insbesondere der Schulleiter) zu unterstützen und die ihm erteilten **Weisungen** zu befolgen.

Die Befolgung einer Weisung darf **abgelehnt** werden, wenn

- diese von einem **unzuständigen** Organ erteilt wurde oder
- die Befolgung der Weisung gegen **strafrechtliche** Vorschriften verstoßen würde.

---

1 Bei Vertragslehrern des Entlohnungsschemas II L entfällt die Stichtagsberechnung, da für jede Jahreswochenstunde ein fixer Entlohnungsbetrag vorgesehen ist.

2 Bei Dienstantritt hat der Lehrer die Erfüllung der Dienstpflichten zu geloben (Angelobung).

3 Vgl. insbesondere § 211 BDG und § 31 LDG. – Diese Bestimmungen sind sinngemäß auch auf Vertragslehrer anzuwenden.

4 Siehe insbesondere die §§ 17, sowie 51 bis 57 SchUG.

5 Hiezu gehört u. a. auch die Pflicht zur Übernahme der Funktion eines Klassenvorstandes, eines Kustos oder eines Fachkoordinators, zur Abhaltung der Sprechstunden, zur Führung der Amtsschriften, zur Teilnahme an Lehrerkonferenzen und zur Beaufsichtigung der Schüler (vgl. die in Fußnote 3 angegebenen Gesetzesstellen).

Hält der Lehrer eine Weisung aus anderen Gründen (z. B. wegen eines vermuteten Verstoßes gegen das Schulunterrichtsgesetz) für rechtswidrig, hat er diese Bedenken dem Vorgesetzten mitzuteilen. Der Vorgesetzte hat, sofern er auf seiner Weisung beharrt, diese **schriftlich** zu erteilen (andernfalls gilt die Weisung als zurückgezogen).[1]

Dieser schon in der **Bundesverfassung** (Art. 20 Abs. 1 B-VG) verankerte und für die gesamte hoheitliche[2] Verwaltung des Bundes und der Länder geltende strenge **Weisungsbegriff**[3] erstreckt sich auch auf die Unterrichts- und Erziehungstätigkeit[4] (einschließlich der Auswahl von Unterrichtsmitteln und der Leistungsbeurteilung).

Der Lehrer kann jedoch (nachträglich) seitens der vorgesetzten Dienstbehörde[5] die Feststellung verlangen, dass die Befolgung eines bestimmten Dienstauftrages (einer bestimmten Weisung) nicht zu seinen Dienstpflichten zählt.[6]

2.9.2 Amtsverschwiegenheit[7]

Der Lehrer ist verpflichtet, über alle ihm ausschließlich aus seiner **amtlichen** Stellung bekanntgewordenen Tatsachen, deren Geheimhaltung (z. B. im überwiegenden Interesse von Schülern oder Erziehungsberechtigten, an Privatschulen auch im Interesse der Privatschule) geboten ist, **Stillschweigen** zu bewahren. Hievon kann ihn nur seine vorgesetzte Dienstbehörde (etwa bei Notwendigkeit einer Aussage vor Gericht) entbinden.

2.9.3 Lehrverpflichtung

Das Ausmaß der Lehrverpflichtung richtet sich für Bundeslehrer nach dem **Bundesgesetz** über das Ausmaß der **Lehrverpflichtung** der Bundeslehrer, für Landeslehrer

---

[1] Sofern es sich um eine Maßnahme handelt, die wegen Gefahr im Verzug keinen Aufschub zulässt (z. B. eine dringende Maßnahme die Beaufsichtigung der Schüler betreffend), ist die Weisung sofort zu befolgen.

[2] Für die Privatwirtschaftsverwaltung gelten andere Grundsätze.

[3] Vgl. § 44 BDG und § 30 LDG.

[4] Auch das Schulrecht zählt zum (hoheitlichen) Verwaltungsrecht.

[5] Zum Begriff der Dienstbehörde siehe S. 174.

[6] Dieses Verlangen kann bei Vorliegen eines rechtlichen Interesses (z. B. um künftig gleichartige Weisungen nicht mehr befolgen zu müssen) vom pragmatisch (öffentlich-rechtlich) bestellten Lehrer im Wege des Dienstrechtsverfahrens bei der zuständigen vorgesetzten Dienstbehörde gestellt werden (für Vertragslehrer besteht die Möglichkeit, eine entsprechende Feststellungsklage beim Arbeits- und Sozialgericht einzubringen).

[7] Die Pflicht zur Wahrung der Amtsverschwiegenheit besteht auch nach Beendigung des Dienstverhältnisses weiter.

nach den die Lehrverpflichtung betreffenden Bestimmungen (§§ 43 bis 53) des **Landeslehrer-Dienstrechtsgesetzes.**

Hiebei werden bei den **Bundeslehrern** die vom einzelnen Lehrer jeweils unterrichteten **Gegenstände** entsprechend der Lehrverpflichtungsgruppe, in welche diese Fächer eingereiht sind, auf die zu leistende Lehrverpflichtung von zwanzig Wochenstunden **angerechnet**. Die Lehrverpflichtungsgruppe der Unterrichtsgegenstände geht entweder aus dem genannten Gesetz unmittelbar hervor oder ist dem betreffenden Lehrplan zu entnehmen.[1]

Für die **Landeslehrer** – **ausgenommen** die **Berufsschullehrer** – gilt eine **abweichende** Regelung.[2]

Dabei wird von einer für jedes Schuljahr festzusetzenden **Jahresnorm**[3] an Arbeitsstunden (Jahresstunden) ausgegangen, die sich wie folgt zusammensetzt:

- 720 bis 792 Jahresstunden an Volks- und Sonderschulen, 720 bis 756 Jahresstunden an Hauptschulen, Neuen Mittelschulen und Polytechnischen Schulen für die **Unterrichtsverpflichtung** (Tätigkeit im Kontakt mit Schülern) einschließlich der Wahrnehmung der gesetzlich vorgesehenen Aufsichtspflichten
- 600 bis 660 Jahresstunden für die **Vor- und Nachbereitung** des Unterrichts sowie für Korrekturarbeiten, wobei fünf Sechstel einer solchen Jahresstunde mit jeder vorgesehenen Jahresstunde der Unterrichtsverpflichtung verbunden sind
- Differenzbetrag zwischen der Summe der angeführten Jahresstunden und der Jahresnorm für die Erfüllung **sonstiger** lehramtlicher **Pflichten,**[4] die jedem Landeslehrer obliegen

Die Jahresnorm und ihre Aufteilung entspricht der regelmäßigen Dienstzeit für das jeweilige Schuljahr unter Berücksichtigung des Entfalls von Dienstleistungen an Feiertagen.[5] Die Aufteilung auf die einzelnen Lehrer (Diensteinteilung) ist durch das landes-

---

1 Die einzelnen Lehrverpflichtungsgruppen werden mit den Ziffern I bis VI bezeichnet (die Lehrverpflichtungsgruppe IV ist zusätzlich in IV, IVa und IVb, die Lehrverpflichtungsgruppe V in V und Va gegliedert). Die Gegenstände der Lehrverpflichtungsgruppe I werden mit 1,167 Werteinheiten, jene der Lehrverpflichtungsgruppe VI mit 0,75 Werteinheiten je Unterrichtsstunde auf die Lehrverpflichtung von 20 Wochenstunden angerechnet.

2 Budgetbegleitgesetz 2002, BGBl. I Nr. 47/2001.

3 Diese entspricht insgesamt der regelmäßigen Dienstzeit eines sonstigen öffentlich Bediensteten für den dem betreffenden Schuljahr entsprechenden Zeitraum.

4 Z. B. für die Aufgabe des Klassenvorstandes bzw. der Klassenführung (jeweils 66 Jahresstunden), für die Teilnahme an verpflichtenden Fortbildungsveranstaltungen (15 Jahresstunden), ferner für Kustodiate, Teilnahme an Schul- und Klassenforen, unvorhersehbare Vertretungen u. a.

5 Die Gesamtzahl aller Jahresstunden entspricht der Zahl der zugewiesenen Planstellen.

gesetzlich zuständige Organ[1] unter Bedachtnahme auf die Schulart (Stundentafel) und auf die Zahl der geführten Klassen vorzunehmen.

Bei den **Berufsschullehrern** richtet sich das Ausmaß der Lehrverpflichtung nach den von ihnen unterrichteten **Fachgruppen.**[2]

Für bestimmte **Nebenleistungen** (z. B. für die Funktion eines Klassenvorstandes oder eines Kustos) sind sowohl für Bundeslehrer als auch für Landeslehrer zusätzliche **Abgeltungen** vorgesehen (als monatliche Fixbeträge, nicht mehr als Einrechnung in die Lehrverpflichtung).

Wenn es wichtige dienstliche Gründe erfordern, kann der Lehrer auch zur Unterrichtserteilung in Gegenständen, für die er nicht lehrbefähigt[3] ist, verpflichtet werden.[4]

2.9.4 Mehrdienstleistungen, Ermäßigung der Lehrverpflichtung

Aus zwingenden Gründen kann der Lehrer zur Erbringung von Mehrdienstleistungen verpflichtet werden.[5]

Eine Ermäßigung der Lehrverpflichtung[6] kann dem Lehrer auf sein Ansuchen aus gesundheitlichen Gründen, ferner im öffentlichen Interesse[7] oder zur Ausübung anderer den Aufgaben der österreichischen Schule gemäßer Tätigkeiten auf kulturellem,

---

[1] Die Zuständigkeit richtet sich nach dem Landeslehrer-Diensthoheitsgesetz des jeweiligen Bundeslandes (vgl. hiezu auch S. 174). – In den meisten Fällen wird dies der Schulleiter sein.

[2] Für Lehrer an Berufsschulen beträgt die Lehrverpflichtung in den Unterrichtsgegenständen der Fachgruppe I (allgemeinbildender und betriebswirtschaftlicher Unterricht) und der Fachgruppe II (fachlich-theoretischer Unterricht) jeweils 23 Wochenstunden, in den Unterrichtsgegenständen der Fachgruppe III (fachpraktischer Unterricht) 24,25 Wochenstunden (zusätzliche Anrechnungen finden in den Fachgruppen I und II für Gegenstände, in welchen Schularbeiten vorgesehen sind, statt).

[3] Für die Erteilung des Religionsunterrichtes ist allerdings in jedem Fall auch die kirchliche (religionsgesellschaftliche) Befähigung und Ermächtigung erforderlich (vgl. S. 162).

[4] Bei Bundeslehrern ist nur eine vorübergehende Verwendung dieser Art zulässig (§ 212 Abs. 2 BDG).

[5] Das Höchstausmaß darf bei Bundeslehrern ein Viertel der Lehrverpflichtung, bei Landeslehrern 5 Wochenstunden nicht überschreiten. Bei Landeslehrern an allgemeinbildenden Pflichtschulen darf eine Überschreitung der Jahresnorm nur vorgesehen werden, soweit dies zur Aufrechterhaltung eines ordnungsgemäßen Schulbetriebes zwingend notwendig und durch andere Maßnahmen nicht vermeidbar ist.

[6] Im LDG „Herabsetzung der Jahresnorm bzw. Lehrpflichtermäßigung".

[7] Etwa im Rahmen der Lehrerfortbildung oder der Erwachsenenbildung, aber auch zur Ausübung von Tätigkeiten, die eine positive Rückwirkung auf die Unterrichtsarbeit erwarten lassen (z. B. Berufspraxis).

sozialem, religiösem, sportlichem oder wissenschaftlichem Gebiet gewährt werden.[1] Hinsichtlich des Ausmaßes und der Dauer bestehen je nach Anlass (teils unterschiedliche) Höchstgrenzen.

2.9.5 Meldepflichten, Einhaltung des Dienstweges, Nebenbeschäftigung

Der Lehrer hat alle Tatsachen, welche für sein Dienstverhältnis **Bedeutung** besitzen (dies sind insbesondere Änderung des Namens, des Familienstandes, des Wohnsitzes u. a.), zu **melden.** Ebenso besteht Meldepflicht über jede **Dienstverhinderung,** wobei im Falle krankheits- oder unfallbedingter Verhinderung von mehr als drei Tagen Dauer eine ärztliche Bestätigung vorzulegen ist (bei kürzerer Verhinderung nur auf Verlangen des Schulleiters bzw. der Dienstbehörde).

Bei allen Meldungen und sonstigen Anbringen ist der **Dienstweg** einzuhalten (der Lehrer muss also auch Schriftstücke, die er an die Schulbehörde richtet, beim Schulleiter als seinem unmittelbaren Vorgesetzten einbringen).[2] Die Einhaltung des Dienstweges darf nur bei Gefahr im Verzug sowie in jenen Fällen unterbleiben, in welchen diese dem Lehrer billigerweise nicht zugemutet werden kann.[3]

Der Lehrer darf keine **Nebenbeschäftigung** ausüben, die ihn an der Erfüllung seiner dienstlichen Aufgaben behindert oder seine Unbefangenheit in Zweifel ziehen könnte. Jede **erwerbsmäßige** Nebenbeschäftigung unterliegt der **Meldepflicht,** der Betrieb einer Privatschule sowie der Privatunterricht an Schüler der eigenen Schule bedarf der Genehmigung durch die Dienstbehörde.

---

[1] Die Bezüge werden entsprechend gekürzt, sofern dem Bund die Kosten nicht von dritter Seite (z. B. von jener Institution, an welcher der Lehrer tätig ist) ersetzt werden.

[2] Der Schulleiter ist zur Weiterleitung der Schriftstücke an die Schulbehörde verpflichtet.

[3] Dies könnte etwa bei der Einbringung einer Beschwerde gegen den Schulleiter angenommen werden.

2.10 Herabsetzung der Lehrverpflichtung

Diese besteht unabhängig von der unter Z. 2.9.4 genannten Ermäßigung[1] der Lehrverpflichtung und wird auf Antrag des Lehrers und unter anteilsmäßigem **Entfall** der **Bezüge**

- zur Betreuung eines eigenen Kindes oder Pflegekindes,[2]
- aus beliebigem Anlass[3]

gewährt. Das Ausmaß kann jeweils bis zur Hälfte der Lehrverpflichtung betragen.

2.11 Urlaub und Sonderurlaub

Ein Anspruch auf Erholungsurlaub besteht für Lehrer während der **Schulferien,** soweit nicht besondere Verpflichtungen (z. B. Vertretung des Schulleiters, Abhaltung von Prüfungen) entgegenstehen.[4] Die Rückberufung aus dem Ferienurlaub ist nur aus wichtigen dienstlichen Gründen und nur für die unbedingt notwendige Zeit zulässig.

Sonderurlaub (während eines solchen bleibt der Anspruch auf die vollen Bezüge erhalten) kann dem Lehrer auf sein **Ansuchen** aus wichtigen persönlichen oder familiären Gründen oder aus einem sonstigen besonderen Anlass gewährt werden,[5] sofern keine zwingenden Erfordernisse entgegenstehen.[6]

---

1 Das LDG macht terminologisch keinen Unterschied zu der unter Z. 2.9.4 beschriebenen Ermäßigung.

2 In diesem Fall besteht ein grundsätzlicher Rechtsanspruch auf die Herabsetzung. Sie wird für die Dauer eines oder mehrerer Schuljahre gewährt und endet spätestens mit dem Schuleintritt des Kindes.

3 Diese Herabsetzung kann, sofern dienstliche Interessen nicht entgegenstehen, für die Dauer eines oder mehrer Schuljahre gewährt werden. Die Gesamtdauer darf zehn Jahre nicht übersteigen (andernfalls bleibt es für immer bei der reduzierten Lehrverpflichtung).

4 Der Lehrer hat die Adresse, unter der ihn während der Hauptferien amtliche Verständigungen auf kürzestem Wege erreichen können, zu melden.

5 Im LDG ist die Fortbildung (als solche kommt z. B. ein Studiengang zur Erweiterung der Lehrbefähigung oder zum Erwerb zusätzlicher Kenntnisse in der Informations- und Kommunikationstechnologie in Betracht) als derartiger Anlass genannt. – Vertragslehrer an Berufsschulen besitzen gemäß § 4 Landesvertragslehrpersonengesetz sogar einen Rechtsanspruch auf Gewährung eines Sonderurlaubes bis zu einem Jahr zum Zweck der Lehramtsausbildung an der Pädagogischen Hochschule, wenn die Voraussetzungen für eine solche Ausbildung vorliegen und wichtige dienstliche Gründe nicht entgegenstehen.

6 Die Gefährdung des ordnungsgemäßen Unterrichtes stellt einen Verweigerungsgrund dar.

2.12 Pflegefreistellung, Karenzurlaub, Sabbatical[1]

Auf die Gewährung von **Pflegefreistellung** im Höchstausmaß von 20 Wochenstunden[2] im Schuljahr hat der Lehrer Anspruch, wenn er wegen der notwendigen Pflege eines in seinem Haushalt lebenden erkrankten oder verunglückten nahen Angehörigen nachweislich an der Dienstleistung verhindert ist.

Karenzurlaub (dieser ist ein Urlaub unter Entfall der Bezüge)[3] kann dem Lehrer gewährt werden, sofern nicht zwingende dienstliche Gründe entgegenstehen.

Rechtsanspruch auf Karenzurlaub besteht u. a. zur Pflege eines behinderten Kindes, soweit die Arbeitskraft des Lehrers hiedurch gänzlich beansprucht wird. Dieser Anspruch endet spätestens mit der Vollendung des 40. Lebensjahres des Kindes. Ein ähnlicher Anspruch besteht bei Pflege naher Angehöriger mit Anspruch auf Pflegegeld zumindest der Stufe 3.

Der Lehrer kann auf Antrag für den Zeitraum eines Schuljahres gegen anteilige Bezugskürzung innerhalb einer Rahmenzeit von zwei bis fünf Schuljahren vom Dienst freigestellt werden **(„Sabbatical")**.

1 Das „Sabbatical" kann gewährt werden, sofern kein wichtiger dienstlicher Grund entgegensteht und das Dienstverhältnis mindestens fünf Jahre gedauert hat. – Siehe hiezu §§ 78e, 213a BDG und § 58d LDG, ferner § 47a VBG.

2 Unter bestimmten Voraussetzungen besteht Anspruch bis zu 20 weiteren Wochenstunden. Für einen längeren dringend erforderlichen Zeitraum kann allenfalls ein Sonderurlaub gewährt werden.

3 Dieser Urlaub ist vom Karenzurlaub im Sinne des § 15 des Mutterschutzgesetzes zu unterscheiden, welcher der Lehrerin nach Ende des Beschäftigungsverbotes bis zum Ablauf des zweiten Lebensjahres des Kindes zusteht. Er kann jedoch im Anschluss an einen solchen nach dem Mutterschaftsgesetz gewährt werden. – Sonderbestimmungen enthält auch das Väter-Karenzgesetz, BGBl. Nr. 651/1989, i. d. g. F.

2.13 Übertritt und Versetzung in den Ruhestand

Das **öffentlich-rechtliche** Dienstverhältnis wird durch den Eintritt in den Ruhestand nicht beendet, sondern nur rechtlich umgestaltet.[1]

Hiebei sind der **Übertritt** (mit Ablauf jenes Jahres, in welchem der Lehrer sein 65. Lebensjahr vollendet hat)[2] und die **Versetzung** in den Ruhestand (ab Vollendung des in § 236c Abs. 1 BDG bzw. in den gleichlautenden Bestimmungen des LDG angeführten Antrittsalters[3] über eigene schriftliche Erklärung,[4] aus wichtigen dienstlichen Interessen auch von Amts wegen, ferner – ohne bestimmte Altersgrenze – wegen dauernder Dienstunfähigkeit[5]) zu unterscheiden.

Der Lehrer kann seine Versetzung in den Ruhestand frühestens mit Vollendung des 62. Lebensjahres bewirken, wenn er eine ruhegenussfähige Gesamtdienstzeit von 450 Monaten aufweist (Pensionskorridor[6]).

Auslaufend bestehen Sonderbestimmungen für Lehrer mit beitragsgedeckter Gesamtdienstzeit von 40 Jahren.

1 Aus diesem Grund bleibt ein Teil der Rechte und Pflichten auch im Ruhestand erhalten. – Zum Unterschied dazu wird das privatrechtliche Dienstverhältnis mit der Pensionierung beendet (die Pension wird von der zuständigen Pensionsversicherung ausbezahlt).

2 Der Übertritt erfolgt von Gesetzes wegen (bei wichtigem dienstlichem Interesse am Verbleib kann Aufschub gewährt werden).

3 Dieses ist entsprechend dem Geburtsjahr der betreffenden Person nach Lebensmonaten (738.–779. Lebensmonat) gestaffelt. – Ab dem Jahre 2017 ist – ausgenommen den Fall der dauernden Dienstunfähigkeit – nur mehr der Übertritt in den Ruhestand (ab dem 65. Lebensjahr) möglich.

4 Diese Erklärung kann schon ein Jahr vorher abgegeben werden, wird jedoch frühestens mit Ablauf des Monats, in welchem der Beamte (Lehrer) das für sein Geburtsjahr in Betracht kommende Antrittsalter (siehe Fußnote 3) vollendet, wirksam. Die Annahme oder Zustimmung durch die Dienstbehörde ist nicht erforderlich.

5 Bei Wiedererlangung der vollen Dienstfähigkeit ist eine Wiederaufnahme in den Dienststand möglich.

6 Seit dem 1. Jänner 2013 wird die für die Korridorpension erforderliche ruhegenussfähige Gesamtdienstzeit schrittweise auf 480 Monate erhöht. Bis zum 31. Dezember 2016 bestehen Übergangsregelungen.

2.14 Beendigung des Dienstverhältnisses

Das **öffentlich-rechtliche** Dienstverhältnis wird durch Austritt,[1] Kündigung des provisorischen Dienstverhältnisses,[2] Entlassung,[3] Verurteilung wegen bestimmter Vorsatzdelikte,[4] Amtsverlust infolge strafgerichtlicher Verurteilung,[5] Verlust der österreichischen Staatsbürgerschaft[6] sowie Tod des Beamten (Lehrers) aufgelöst.[7]

Das **vertragliche** Dienstverhältnis endet durch Zeitablauf (sofern das Dienstverhältnis auf bestimmte Zeit abgeschlossen wurde), einverständliche Lösung, Übernahme des Vertragsbediensteten in ein öffentlich-rechtliches Dienstverhältnis, Kündigung,[8] vorzeitige Auflösung (Entlassung,[9] Austritt,[10] Auflösung infolge strafgerichtlicher Verurteilung[11]) sowie Tod des Vertragsbediensteten (Vertragslehrers).

---

1 Es handelt sich hiebei um eine einseitige Willenserklärung des Beamten, die keiner Annahme oder Zustimmung durch die Dienstbehörde bedarf. Sie wird frühestens mit Ablauf jenes Monats wirksam, in welchem sie abgegeben wurde.

2 Kündigungsgründe sind insbesondere Nichterfüllung von Definitivstellungsvoraussetzungen, mangelnde Eignung, unbefriedigender Arbeitserfolg, pflichtwidriges Verhalten sowie Bedarfsmangel. Die Kündigungsfrist beträgt ein bis drei Monate.

3 Die Entlassung tritt entweder als gesetzliche Folge der Feststellung des mangelnden Arbeitserfolges (siehe S. 186) ein oder kann als Disziplinarstrafe (siehe S. 188) verhängt werden. – Für Beamte (Lehrer) des Ruhestandes kommt als Auflösungsgrund die Disziplinarstrafe des Verlustes aller aus dem Dienstverhältnis fließenden Rechte und Ansprüche in Betracht.

4 Z. B. wegen Quälens oder Vernachlässigens Unmündiger oder wegen strafbarer Handlungen gegen die sexuelle Integrität und Selbstbestimmung (jeweils unabhängig vom Strafausmaß).

5 Es muss sich hiebei um eine mehr als einjährige Freiheitsstrafe wegen vorsätzlich begangener Delikte handeln (wobei der unbedingt ausgesprochene Strafanteil 6 Monate übersteigen muss) oder um eine Verurteilung wegen des Missbrauchs eines Autoritätsverhältnisses (§ 212 StGB). – Siehe hiezu § 27 StGB, BGBl. Nr. 60/1974 i. d. g. F. – Dieser Auflösungsgrund kommt auch für Beamte des Ruhestandes in Betracht.

6 Bzw. Verlust des unbeschränkten Zugangs zum österreichischen Arbeitsmarkt.

7 Durch die Auflösung erlöschen, soweit gesetzlich nicht anderes (z. B. hinsichtlich der Ansprüche der Hinterbliebenen im Todesfall) bestimmt ist, alle Rechte, Ansprüche und Anwartschaften des Beamten (und seiner Angehörigen).

8 Kündigungsgründe sind insbesondere gröbliche Verletzung der Dienstpflichten (sofern nicht die Entlassung in Betracht kommt), mangelnde Eignung und mangelnder Arbeitserfolg. Je nach Dauer des Dienstverhältnisses sind unterschiedliche Kündigungsfristen einzuhalten, unter bestimmten Voraussetzungen gebührt auch eine Abfertigung.

9 Entlassung bedeutet die fristlose Auflösung seitens des Dienstgebers und kommt vor allem bei besonders schwerwiegenden Dienstpflichtverletzungen sowie dann in Betracht, wenn der Dienstnehmer seine Aufnahme durch unwahre Angaben erschlichen hat.

10 Der Austritt nach dem Vertragsbedienstetenrecht bedeutet die fristlose Auflösung des Dienstverhältnisses seitens des Dienstnehmers (dieser ist insbesondere dann zum Austritt berechtigt, wenn er zur Dienstleistung unfähig wird oder den Dienst nicht ohne gesundheitlichen Schaden fortsetzen kann).

11 Vgl. oben Fußnoten 4 und 5.

2.15 Leistungsfeststellung

Das Beamtendienstrecht (BDG und LDG) trifft keine so exakte Unterscheidung zwischen den Begriffen „Leistungsfeststellung“ und „Leistungsbeurteilung“ wie das Schulunterrichtsrecht. Daher wird in diesen Rechtsquellen unter der **Leistungsfeststellung** die rechtsverbindliche **Feststellung**[1] verstanden, dass der Beamte (Lehrer) im vorangegangenen Beurteilungszeitraum (dies ist bei Lehrern das vorangegangene Schuljahr) den zu erwartenden **Arbeitserfolg**[2,3]

- durch besondere Leistungen erheblich **überschritten,**
- **aufgewiesen,**
- troz nachweislich erfolgter Ermahnung **nicht** aufgewiesen hat.

Die Leistungsfeststellung ist grundsätzlich dann[4] vorgesehen, wenn sie Einfluss auf die dienst- und besoldungsrechtliche Stellung[5] des Lehrers haben kann oder wenn der Lehrer selbst einen entsprechenden Antrag stellt.[6]

Solange keine anderslautende Feststellung getroffen wurde, ist davon auszugehen, dass der Lehrer den zu erwartenden Arbeitserfolg aufweist.

Wird jedoch durch **zwei** aufeinanderfolgende Schuljahre die Feststellung getroffen, dass der Lehrer den zu erwartenden **Arbeitserfolg nicht** aufweist, ist dieser mit Rechtskraft der Feststellung über das zweite Schuljahr (von Gesetzes wegen) **entlassen**.

---

1 Diese „Feststellung“ ist ihrem rechtlichen Gehalt nach zweifellos eine Beurteilung (vgl. die Ausdrücke „Beurteilungszeitraum“ und „Beurteilungsergebnis“ im BDG).

2 Die Kriterien dieses Arbeitserfolges finden sich für Landeslehrer unmittelbar im LDG (§ 62), für Bundeslehrer in einer eigenen, aufgrund des § 81 Abs. 2 BDG erlassenen Verordnung des BMUKS (BGBl. Nr. 242/1985). Sie sind inhaltlich aus den mit dem Lehramt verbundenen Dienstpflichten (vgl. insbesondere §§ 17 und 51 SchUG) abzuleiten (siehe auch S. 66 f., 116 ff. und 177 ff.).

3 Für Vertragslehrer finden sich keine so detaillierten Vorschriften über die Leistungsfeststellung. Für diese ist nur eine „Feststellung des Verwendungserfolges“ durch die zuständige Personalstelle vorgesehen.

4 Eine Leistungsfeststellung ist aber auch vorgesehen, wenn die bisherige nicht mehr zutrifft oder die vorangegangene negativ war.

5 Dies wird z. B. dann der Fall sein, wenn sich der Lehrer um die Ernennung zum Direktor beworben hat (hingegen ist für die Definitivstellung keine Leistungsfeststellung, sondern nur ein Bericht des Vorgesetzten darüber erforderlich, ob der Beamte den im Hinblick auf seine dienstliche Stellung zu erwartenden Arbeitserfolg aufweist).

6 Der Lehrer wird einen solchen Antrag stellen, sofern er der Meinung ist, er habe den zu erwartenden Arbeitserfolg durch besondere Leistungen erheblich überschritten, dies jedoch in der bisherigen Leistungsfeststellung nicht zum Ausdruck gekommen sei. – Der Vorgesetzte hat unverzüglich Stellung zu nehmen, der Lehrer hat für seine Äußerungen hiezu eine Frist von 2 Wochen.

Das **Verfahren** zur Leistungsfeststellung wird entweder durch einen Bericht des Vorgesetzten[1] oder einen Antrag des Lehrers eingeleitet, wobei folgende Grundsätze zu beachten sind:

- Der **Vorgesetzte** hat seine Absicht, einen **Bericht** zu erstatten, dem Lehrer mitzuteilen und mit ihm die Gründe hiefür zu besprechen. Vor der Weiterleitung des Berichtes an die vorgesetzte Dienstbehörde hat er dem **Lehrer** Gelegenheit zur **Stellungnahme** binnen zwei Wochen zu geben (im Fall der Antragstellung durch den Lehrer hat der Vorgesetzte unverzüglich Stellung zu nehmen und dem Lehrer Gelegenheit zu geben, sich binnen zwei Wochen zu dieser Stellungnahme zu äußern).
- Die zuständige **Dienstbehörde** (vgl. oben Z. 2.4) hat aufgrund der übermittelten **Unterlagen** (Bericht des Vorgesetzten oder Antrag des Lehrers, allfällige Stellungnahmen und Äußerungen), aber auch auf Grund eigener **Ermittlungen** und Wahrnehmungen,[2] dem Lehrer binnen vier Wochen **mitzuteilen**,[3] welches Beurteilungsergebnis sie für gerechtfertigt hält (bei Landeslehrern hat die zur Leistungsfeststellung zuständige Behörde[4] binnen sechs Wochen einen **Bescheid** über die Leistungsfeststellung zu erlassen, sofern nicht die Einstellung[5] des Verfahrens verfügt wird).
- Der **Bundeslehrer** hat das Recht, sofern er mit dem mitgeteilten Beurteilungsergebnis nicht einverstanden ist, binnen zwei Wochen die Leistungsfeststellung durch die Leistungsfeststellungskommission zu beantragen, der **Landeslehrer** kann binnen zwei Wochen Beschwerde[6] gegen den Bescheid einlegen.
- **Leistungsfeststellungskommissionen**[7] sind bei der Dienstbehörde einzurichten, wobei die Hälfte der Mitglieder von der Personalvertretung (zuständige Zentralausschüsse)[8] zu bestellen ist. Die Entscheidungen werden in **Senaten** (Vorsitzen-

---

1 Für Lehrer kommt als Vorgesetzter grundsätzlich der Schulleiter in Betracht (vgl. auch § 56 Abs. 2 SchUG).

2 Dies werden insbesondere die Ermittlungen und Wahrnehmungen der zuständigen Organe der Schulaufsicht sein.

3 Diese Mitteilung ist noch kein Bescheid. Das mitgeteilte Ergebnis gilt erst als endgültige Leistungsfeststellung, wenn weder der Lehrer noch die Dienstbehörde die Leistungsfeststellungskommission anrufen.

4 Dies ist die diensthoheitsgesetzlich zuständige Leistungsfeststellungskommission.

5 Davon ist der Lehrer zu verständigen. Er kann binnen zwei Wochen die Leistungsfeststellung beantragen.

6 Über die Beschwerde entscheidet das Landesverwaltungsgericht.

7 Für Bundeslehrer (ausgenommen jene des land- und forstwirtschaftlichen Schulwesens) bestehen Leistungsfeststellungskommissionen bei den Landesschulräten (beim Stadtschulrat für Wien) sowie (für Lehrer an Zentrallehranstalten und an Pädagogischen Hochschulen) beim zuständigen BM. Für Landeslehrer sind derzeit Kommissionen in allen Bundesländern vorgesehen (siehe die Fußnote 4).

8 Siehe hiezu S. 191.

der und zwei weitere Mitglieder, von denen eines vom zuständigen Zentralausschuss zu bestellen ist) getroffen. Die Leistungsfeststellung ist längstens binnen sechs Wochen ab Antragstellung mittels **Bescheides** zu erlassen.[1]

2.16 Disziplinarrecht

Das Disziplinarrecht ist **nur** auf jene Lehrer anzuwenden, die in einem **öffentlich-rechtlichen**[2] Dienstverhältnis stehen und die schuldhaft[3] ihre Dienstpflichten verletzen. Es enthält keine ausdrücklich umschriebenen Tatbestände und ist auch neben einem allfälligen strafbehördlichen Verfahren anzuwenden.[4]

Als **Disziplinarstrafen** sind der Verweis, die Geldbuße (bis zur Höhe eines halben Monatsbezuges), die Geldstrafe (bis zur Höhe von fünf Monatsbezügen) sowie die Entlassung[5] vorgesehen.

Für die **Bemessung** der Strafe ist die Schwere der Pflichtverletzung unter Bedachtnahme auf die persönlichen Verhältnisse und die wirtschaftliche Leistungsfähigkeit des Lehrers maßgeblich. Hiebei ist jeweils nur jene Strafe zu verhängen, die erforderlich ist, um den Lehrer bzw. andere Lehrkräfte von (weiteren) Dienstpflichtverletzungen abzuhalten.[6]

Disziplinarbehörden sind die Dienstbehörden und die Disziplinarkommissionen.[7]

Die Disziplinarkommissionen entscheiden jeweils in Senaten (Vorsitzender und zwei weitere Mitglieder).[8]

---

1 Gegen diesen Bescheid kann von Bundeslehrern Beschwerde an das Bundesverwaltungsgericht erhoben werden.

2 Bei Vertragslehrern kommt nur die Kündigung oder Entlassung in Betracht, die vor den Arbeitsgerichten angefochten werden kann.

3 Die Dienstpflichtverletzung muss dem Lehrer konkret zum Vorwurf gemacht werden können.

4 Der Lehrer kann also auch ohne strafgerichtliche Verurteilung eine Disziplinarstrafe erhalten (die Disziplinarbehörde ist jedoch an die in einem allfälligen Gerichtsverfahren rechtskräftig getroffenen Tatsachenfeststellungen gebunden).

5 Siehe auch S. 185 (Kapitel 2.14), Fußnote 3.

6 Sofern ausreichend, den Beamten (Lehrer) von weiteren Pflichtverletzungen abzuhalten, kann auch ein Schuldspruch ohne Strafe verhängt werden.

7 Die Kommissionen bestehen für Bundeslehrer beim zuständigen Landesschulrat (für Lehrer an Zentrallehranstalten und Pädagogischen Hochschulen beim zuständigen BM). Für Landeslehrer sind sie (derzeit in allen Bundesländern) nach Maßgabe der Diensthoheitsgesetze eingerichtet.

8 Nach den Bestimmungen des BDG muss ein Mitglied des Senates der Disziplinarkommission Lehrer möglichst an jener Schulart sein, an welcher der beschuldigte Lehrer hauptsächlich verwendet wird. – Für Landeslehrer bestehen (landesgesetzlich) ähnliche Bestimmungen.

Die **Einleitung** des Disziplinarverfahrens erfolgt grundsätzlich über **Anzeige.**[1] Im Verfahren werden die dienstlichen Interessen durch einen **Disziplinaranwalt** (bei Landeslehrern muss ein solcher im Diensthoheitsgesetz des Landes vorgesehen sein) vertreten, zur Verteidigung kann sich der Beschuldigte eines **Verteidigers** (dies kann z. B. auch ein Kollege sein) bedienen.

In bestimmten Fällen (z. B. bei Verhängung der Untersuchungshaft) ist die (vorläufige) **Suspendierung** durch die Dienstbehörde bzw. die Disziplinarkommission zu verfügen.

Bei **geringen** Dienstpflichtverletzungen, die der Beamte (Lehrer) dem Vorgesetzten oder der Dienstbehörde gegenüber eingestanden hat, kann die Dienstbehörde ohne weiteres Verfahren eine **Disziplinarverfügung** erlassen (als Strafe kann jedoch nur der Verweis oder eine Geldbuße bis höchstens 50 % eines Monatsbezuges ausgesprochen werden).[2]

Das **eingeleitete** Verfahren ist von der zuständigen Disziplinarbehörde entweder **einzustellen** oder durch Disziplinarerkenntnis (dieses hat auf Schuldspruch oder Freispruch zu lauten) **abzuschließen.** Dagegen steht sowohl dem Beschuldigten als auch dem Disziplinaranwalt die Beschwerde an das Verwaltungsgericht zu.[3,4]

Das Disziplinarrecht ist auch auf Beamte (Lehrer) des **Ruhestandes** anzuwenden.

---

1 Die Anzeige kann z. B. durch den Schulleiter erstattet werden. – Der Lehrer kann jedoch auch selbst die Einleitung eines Verfahrens beantragen (Selbstanzeige), um etwa einen Sachverhalt klären zu lassen, der Gegenstand von Verdächtigungen ist. – Die Einleitung selbst erfolgt durch Beschluss der Disziplinarkommission.

2 Dagegen kann binnen zwei Wochen Einspruch erhoben werden (in diesem Fall tritt die Disziplinarverfügung außer Kraft, die Disziplinarbehörde hat zu entscheiden, ob ein Verfahren eingeleitet wird).

3 Siehe auch die vorstehend angeführten Bestimmungen für Landeslehrer.

4 Für die Entscheidung über Beschwerden gegen Einleitungsbeschlüsse und Erkenntnisse der Disziplinarkommission ist bei Bundeslehrern das Bundesverwaltungsgericht, bei Landeslehrern das Landesverwaltungsgericht zuständig.

3 Personalvertretung

3.1 Aufgaben

Die Personalvertretung hat die **Aufgabe**, die beruflichen, wirtschaftlichen, sozialen, kulturellen und gesundheitlichen Interessen der Bediensteten zu fördern.[1] Hiebei hat sie insbesondere auf die Einhaltung der zugunsten der Bediensteten bestehenden Gesetze, Verordnungen und sonstigen Vorschriften zu achten.[2]

3.2 Organe

Die **Organe** der Personalvertretung sind:

- **Dienststellenversammlung:** Sie umfasst alle an der betreffenden Dienststelle (diese ist für Lehrer insbesondere die Schule)[3] beschäftigten Bediensteten, sofern deren Zahl wenigstens fünf beträgt.[4]
- **Dienststellenausschuss:** Dieser ist bei jeder Dienststelle zu wählen, an der mindestens 20 Bedienstete beschäftigt sind[5,6,7] (sofern die Einrichtung eines Dienststellenausschusses nicht in Betracht kommt, sind Vertrauenspersonen[8] zu wählen).
- **Fachausschuss:** Ein solcher besteht für Bundeslehrer[9] bei dem für ihre Schule zuständigen Landesschulrat (beim Stadtschulrat für Wien), wobei jeweils einer für die Lehrer an allgemeinbildenden Schulen und einer für die Lehrer an berufsbildenden Schulen und Anstalten der Lehrer- und Erzieherbildung eingerichtet ist.

---

1 Diese Interessenvertretung kommt Vertragsbediensteten in gleicher Weise zu wie den öffentlich-rechtlich Bediensteten.

2 Bei der Wahrnehmung dieser Aufgaben sind auch die Erfordernisse eines geordneten, wirtschaftlichen und zweckmäßigen Dienstbetriebes im Auge zu behalten.

3 Für die nicht an Schulen tätigen Lehrer sind die an diesen Dienststellen (z. B. Landesschulrat) bestehenden Organe zuständig.

4 Für Dienststellen mit weniger als fünf Beschäftigten ist die Personalvertretung gemeinsam mit anderen Dienststellen einzurichten.

5 Für Lehrer und sonstige Bedienstete der Schule (z. B. Schulwarte, Kanzleipersonal) bestehen getrennte Personalvertretungen.

6 Für Lehrer an allgemeinbildenden Pflichtschulen besteht der Dienststellenausschuss bei der für den Standort der Schule zuständigen Bezirksverwaltungsbehörde.

7 Die Zahl der Mitglieder des Dienststellenausschusses und die Zahl der Vertrauenspersonen hängt von der Zahl der Beschäftigten ab. Gleiches gilt für die Mitgliederzahl der Fach- und Zentralausschüsse.

8 Vertrauenspersonen werden u. a. auch an Privatschulen gewählt.

9 Die Zuständigkeit erstreckt sich auch auf die an den entsprechenden Schülerheimen beschäftigten Bundeslehrer. Für die sonstigen Bundesbediensteten (Kanzleipersonal, Schulwarte u. a.) der Schulen und der sonstigen nachgeordneten Dienststellen besteht ein eigener Fachausschuss.

- **Zentralausschuss**: Dieser ist für **Bundeslehrer** beim zuständigen **BM** (dzt. **BMBF)** eingerichtet, wobei einer für Lehrer an allgemein bildenden Schulen, einer für Lehrer an berufsbildenden Schulen (einschließlich der Bildungsanstalten für Kindergartenpädagogik und der Bildungsanstalten für Sozialpädagogik) und einer für Lehrer an Pädagogischen Hochschulen[1] besteht;[2,3] **Landeslehrer** für allgemeinbildende Pflichtschulen, für Berufsschulen sowie für land- und forstwirtschaftliche Berufsschulen und Fachschulen werden durch je einen Zentralausschuss bei der **Landesregierung** vertreten.
- **Dienststellen**(Fach-, Zentral-)**wahlausschuss**: Die Funktionen dieser Ausschüsse bestehen im Rahmen der alle fünf Jahre durchzuführenden Personalvertretungswahlen (die Ausschüsse sind jeweils vor der Wahl einzurichten).

3.3 Zuständigkeit und Wirkungsbereich

Im Rahmen der von ihr wahrzunehmenden Aufgaben hat die Personalvertretung insbesondere in den Angelegenheiten des **Dienstnehmerschutzes**, bei der Ernennung von Bediensteten in das öffentlich-rechtliche Dienstverhältnis, bei sonstigen **Ernennungen** und Überstellungen, bei der Auswahl der Bediensteten zur Ausbildung und **Fortbildung**, bei der Lehrfächerverteilung, bei der Gewährung von Sonderurlauben sowie bei **Kündigungen** und **Entlassungen** ein Mitwirkungsrecht.[4,5]

Hiebei haben die zuständigen Fachausschüsse und Zentralausschüsse jene Angelegenheiten wahrzunehmen, die über den Wirkungsbereich der Dienststellenausschüsse hinausgehen.

Zur Aufsicht über die gesamte Personalvertretung des Bundes ist eine **Personalvertretungsaufsichtsbehörde** (drei rechtskundige Mitglieder, neben dem Vorsitzenden je ein Vertreter des Dienstgebers und der Dienstnehmer) beim Bundeskanzleramt eingerichtet.

---

1 Dieser Zentralausschuss ist für die durch das Hochschulgesetz 2005 (§§ 1 und 4) erfassten öffentlichen und privaten Pädagogischen Hochschulen sowie die anerkannten privaten Studiengänge, Hochschullehrgänge und Lehrgänge zuständig.

2 Der Zentralausschuss ist auch für die Lehrer an Zentrallehranstalten zuständig.

3 Ein weiterer Zentralausschuss besteht für die sonstigen Bediensteten der Schulen und der nachgeordneten Dienststellen.

4 In bestimmten Angelegenheiten (z. B. allgemeine Personalangelegenheiten, Dienstplan, Diensteinteilung) ist das Einvernehmen mit der Personalvertretung erforderlich.

5 Ferner besteht ein Recht zur Abgabe von Vorschlägen und Anregungen u. a. in Angelegenheiten, die dem allgemeinen Nutzen und den Interessen der Bediensteten sowie dem Dienstbetrieb förderlich sind.

Aus dem Personen-, Familien- und Jugendwohlfahrtsrecht

1 Rechtsgrundlagen

Das folgende Kapitel beruht auf den einschlägigen Bestimmungen des Allgemeinen Bürgerlichen Gesetzbuches (ABGB)[1], des Bundes-Kinder- und Jugendhilfegesetzes 2013[2] und einigen grundsätzlichen Ausführungen zu den Jugendschutzgesetzen der Bundesländer.

2 Handlungsfähigkeit und rechtlich bedeutsame Altersstufen

Die Fähigkeit, durch eigene Handlungen Rechte erwerben und übertragen sowie Verpflichtungen eingehen zu können, wird als **Handlungsfähigkeit**[3,4] bezeichnet. Sie ist hinsichtlich ihres Umfanges vom **Alter** und vom (geistigen) **Gesundheitszustand**[5] des betreffenden Menschen abhängig.

---

[1] Besonders berücksichtigt wurde im vorliegenden Zusammenhang das Kindschaftsrechts-Änderungsgesetz 2001, BGBl. I Nr. 135/2000.

[2] BGBl. I Nr. 69/2013

[3] Die Handlungsfähigkeit gliedert sich in die Geschäftsfähigkeit (das ist die Fähigkeit zum Abschluss von Rechtsgeschäften) und die Deliktsfähigkeit (das ist die Fähigkeit, durch eigene Handlungen haftbar [allenfalls auch strafbar] bzw. schadenersatzpflichtig zu werden). – Hievon zu unterscheiden ist die Rechtsfähigkeit (das ist die jedem Menschen angeborene und von Alter und Gesundheitszustand unabhängige Fähigkeit, Träger von Rechten und Pflichten zu sein).

[4] Auch juristische Personen (z. B. Vereine, Körperschaften) sind rechtsfähig, können jedoch nur durch ihre Organe (z. B. Obmann, Geschäftsführer) rechtswirksam handeln.

[5] Der den Umfang der Handlungsfähigkeit vermindernde Gesundheitszustand (geistige Behinderung oder psychische Krankheit) muss sich dahingehend auswirken, dass der betreffende Mensch seine Angelegenheiten nicht ohne Nachteil für sich besorgen kann. In diesem Fall ist ein Sachwalter zu bestellen.

Personen, welche die Handlungsfähigkeit nicht oder nicht in vollem Umfang besitzen, bedürfen eines **gesetzlichen Vertreters** (z. B. Eltern, Pflegeeltern, Sachwalter).[1]

Soweit die Handlungsfähigkeit (und damit die Geschäftsfähigkeit) vom **Lebensalter** abhängt, sind folgende Stufen zu unterscheiden:

- Altersstufe **bis zu 7 Jahren** (Kinder): **keine** Geschäftsfähigkeit, wobei aber Geschäfte in geringfügigem Umfang („alterstypische" Rechtsgeschäfte, wie etwa der Kauf von Süßigkeiten) durch sofortige Erfüllung (Bezahlung) Gültigkeit erlangen.[2]
- Altersstufe von **7 bis zu 14 Jahren** (Unmündige Minderjährige): beschränkte Geschäftsfähigkeit, wobei diese Personen unentgeltliche Zuwendungen annehmen und „alterstypische" Rechtsgeschäfte abschließen dürfen.[3,4]
- Altersstufe von **14 bis zu 18 Jahren** (Mündige Minderjährige): beschränkte Geschäftsfähigkeit, wobei diese Personen nicht nur unentgeltliche Zuwendungen annehmen und „alterstypische" Rechtsgeschäfte[5] abschließen, sondern auch über Einkommen aus eigenem Erwerb sowie über jene Sachen selbst bestimmen dürfen, die ihnen zur freien Verfügung überlassen wurden.[6] Darüber hinaus können auch Dienstverträge – ausgenommen Lehr- und Ausbildungsverträge – abgeschlossen werden.[7]

  Mit Vollendung des 14. Lebensjahres ist auch die Religionsmündigkeit verbunden (d. h. der Minderjährige kann sein Religionsbekenntnis frei wählen).

  Ebenso besteht ab dem vollendeten 14. Lebensjahr eine (eingeschränkte) Schadenersatzpflicht und eine grundsätzliche strafrechtliche Verantwortlichkeit nach dem Jugendgerichtsgesetz.

1 Der Begriff „Vormund" wird vom Gesetz nicht mehr gebraucht. An dessen Stelle wird die Bezeichnung „andere mit der Obsorge betraute Person" verwendet (§§ 204 und folgende ABGB i. d. F. der Bundesgesetze, BGBl. I Nr. 135/2000 und Nr. 15/2013). – Sachwalter werden für Volljährige bestellt.

2 Darüber hinausgehende von Kindern getätigte Geschäfte sind nichtig (rechtsunwirksam).

3 Auch das Jugendgerichtsgesetz versteht unter „Unmündigen", Personen, die das 14. Lebensjahr noch nicht vollendet haben. Diese sind strafrechtlich (auch im Sinne des Jugendstrafrechtes) noch nicht deliktsfähig und daher „strafunmündig".

4 Siehe 2. Satz von Fußnote 5.

5 Der Umfang und Wert solcher Rechtsgeschäfte hängt vom Alter und dem frei verfügbaren Einkommen ab (z. B. Taschengeld, Lehrlingsentschädigung). Aber auch darüber hinausgehende Handlungen, die zu einer Rechtsverpflichtung führen, sind nicht grundsätzlich nichtig, sondern bedürfen der (nachträglichen) Genehmigung des gesetzlichen Vertreters (bis zur Genehmigung „schwebende", auch „hinkende" Rechtsgeschäfte [„negotia claudicantia"]).

6 Der Minderjährige darf jedoch durch seine Verfügungen die Befriedigung seiner Lebensbedürfnisse nicht gefährden.

7 Diese können jedoch vom gesetzlichen Vertreter aus wichtigen Gründen vorzeitig gelöst werden.

Die volle **Eigenberechtigung** (Volljährigkeit) wird mit Vollendung des **18. Lebensjahres** erreicht.[1] Zu diesem Zeitpunkt endet auch die gesetzliche Vertretung des Erziehungsberechtigten.[2]

3 Gesetzliche Vertretung Minderjähriger[3]

3.1 Vertretung ehelicher Kinder

Bei ehelichen Kindern steht – während aufrechter Ehe – das Recht der gesetzlichen Stellvertretung des Kindes **Vater und Mutter** in gleicher Weise[4] zu, wobei das Vertretungsrecht nur einen Teilbereich jener **Obsorge** darstellt, welche auch die Pflege und **Erziehung**[5] sowie die Vermögensverwaltung[6] des Kindes einschließt.

Hiebei sollen die Eltern **einvernehmlich** vorgehen und auch auf den Willen des Kindes Bedacht nehmen (je älter und einsichtiger ein Kind ist, umso mehr).

Sofern in diesem Zusammenhang (z. B. fehlendes Einvernehmen),[7] aber auch in anderen Angelegenheiten des Kindeswohles, gerichtliche Entscheidungen erforderlich werden (siehe auch die folgenden Z. 3.3 bis 3.5), ist hiezu das für den Wohnort (allenfalls Aufenthaltsort) des Kindes zuständige **Pflegschaftsgericht** berufen (in der Regel das Bezirksgericht; in Wien, Graz und Linz bestehen zusätzliche Sonderzuständigkeiten im Zusammenhang mit der Jugendgerichtsbarkeit).

---

[1] Mit der Volljährigkeit ist auch die volle strafrechtliche Verantwortlichkeit (allerdings mit gewissen Einschränkungen bis zum 21. Lebensjahr) verbunden.

[2] Auch jene der Schule gegenüber. Diese Tatsache schließt jedoch die Auskunftserteilung durch die Schule an Eltern volljähriger Schüler nicht von vornherein aus (vgl. hiezu auch den Erlass des BMBWK v. 8. 11. 2002, RS Nr. 49/2002).

[3] Unter diesem Begriff werden im Folgenden (soweit im Einzelnen nicht weiter differenziert wird) alle noch nicht volljährigen Personen verstanden.

[4] Dies bedeutet, dass jeder Elternteil für sich allein (ausgenommen bestimmte Angelegenheiten wie Namenswechsel, Wechsel des Religionsbekenntnisses, Übergabe in fremde Pflege u. a.) berechtigt ist, das Kind rechtswirksam zu vertreten, auch wenn der andere Teil nicht einverstanden ist.

[5] Die Pflege umfasst insbesondere die Wahrung des körperlichen Wohles und der Gesundheit sowie die unmittelbare Aufsicht. – Die Erziehung besteht in der Förderung der körperlichen, geistigen und sittlichen Entwicklung sowie in der Ausbildung in Schule und Beruf. In diesem Sinne ist auch der Begriff „Erziehungsberechtigte" nach dem SchUG (vgl. insbesondere §§ 60, 67 und 68) zu verstehen. – Das ABGB verwendet diese Bezeichnung übrigens nicht.

[6] Da die Vermögensverwaltung die Angelegenheiten der Schule nicht berührt, wird auf sie im vorliegenden Zusammenhang nicht eingegangen.

[7] Vgl. auch die gem. § 48 SchUG bestehende Verständigungspflicht des Schulleiters, falls die Aufgabe der Schule durch die Uneinigkeit der Erziehungsberechtigten gefährdet erscheint (siehe S. 114).

3.2 Vertretung unehelicher Kinder

Bei unehelichen Kindern steht die gesamte Obsorge (einschließlich des Rechtes der gesetzlichen Stellvertretung) der **Mutter** allein zu. Die Eltern können jedoch vor dem Standesbeamten persönlich und unter gleichzeitiger Anwesenheit bestimmen, dass sie beide mit der Obsorge betraut sind, sofern diese nicht bereits gerichtlich geregelt ist. Wenn beide Eltern mit der Obsorge betraut sind und sie nicht in häuslicher Gemeinschaft leben, haben sie festzulegen, bei welchem Elternteil sich das Kind hauptsächlich aufhalten soll. Dieser Elternteil muss grundsätzlich mit der gesamten Obsorge betraut sein.[1]

3.3 Rechtslage bei Trennung der Eltern

Im Fall der **Trennung** der Eltern (bei Scheidung, Aufhebung oder Nichtigerklärung der Ehe) bleibt die Obsorge **beider** Eltern aufrecht, wenn diese dem Gericht eine Vereinbarung über den hauptsächlichen Aufenthaltsort des Kindes („Domizilvereinbarung") vorlegen und die Vereinbarung dem Kindeswohl entspricht.[2]

Kommt keine Vereinbarung zustande oder widerspricht diese dem Kindeswohl, hat das Gericht **einen** Elternteil mit der gesamten Obsorge zu betrauen. Es hat seiner Entscheidung stets das **Wohl**[3] des Kindes zugrunde zu legen.

Der Elternteil, dem die **Obsorge nicht** (mehr) zukommt, behält neben dem Recht auf persönlichen Verkehr mit dem Kind auch jenes, von wichtigen Angelegenheiten (z. B. Namensänderung, Wechsel des Religionsbekenntnisses, Lösung eines Lehr-, Ausbildungs- oder Dienstvertrages) verständigt zu werden und sich hiezu zu äußern **(Informations- und Äußerungsrecht).**[4,5] Wenn sich das Kind rechtmäßig bei ihm auf-

---

[1] Die Eltern können dem Gericht auch in Abänderung einer bestehenden Regelung eine Vereinbarung über die Obsorge vorlegen, wobei die Betrauung eines Elternteils oder eine gemeinsame Obsorge festgelegt werden kann.

[2] In dieser Vereinbarung kann auch die Betrauung eines Elternteils mit Teilbereichen (z. B. bestimmte medizinische Heilbehandlungen betreffend) oder mit der alleinigen Obsorge vorgesehen werden. – In jedem Fall muss jener Elternteil mit der gesamten Obsorge betraut sein, bei dem sich das Kind hauptsächlich aufhalten soll.

[3] Bei der Beurteilung des Wohles sind die Persönlichkeit und die Bedürfnisse des Kindes, insbesondere dessen Anlagen, Fähigkeiten, Neigungen und Entwicklungsmöglichkeiten, aber auch die Lebensverhältnisse der Eltern zu berücksichtigen.

[4] Diese Äußerung ist zu berücksichtigen, wenn dadurch dem Wohl des Kindes besser entsprochen wird.

[5] Der Begriff „Informations- und Äußerungsrecht" ist an die Stelle der Bezeichnung „elterliche Mindestrechte" getreten.

hält, hat er den mit der Obsorge betrauten Elternteil in Angelegenheiten des täglichen Lebens zu vertreten.

Nimmt der nicht mit der Obsorge betraute Elternteil diese Rechte in rechtsmissbräuchlicher oder für den anderen Teil oder das Kind unzumutbarer Weise in Anspruch, hat das Gericht diese Rechte einzuschränken oder ganz zu entziehen.

Aus der Perspektive der **Schule** bleibt festzuhalten, dass **Auskünfte** über die Leistungs- und Erziehungssituation des Kindes (einschließlich der Vorlage von Schulnachrichten und Zeugnissen) **nur** dem obsorgeberechtigten Elternteil gegenüber abzugeben sind.[1,2]

3.4 Bestellung einer anderen Person zur Obsorge

Eine **andere** geeignete Person für die **Obsorge** des Minderjährigen ist nur dann zu bestellen, wenn weder Eltern noch Großeltern die Obsorge wahrnehmen bzw. damit betraut werden können.[3] Die Bestellung erfolgt durch das **Gericht,** wobei der nächste für diese Aufgabe geeignete Verwandte zu bestellen ist, soweit nicht eine anderweitige letztwillige (testamentarische) Verfügung der Eltern vorliegt.[4]

Diese mit der Obsorge betraute Person[5] bzw. Einrichtung hat insbesondere für das persönliche Wohl des Minderjährigen zu sorgen (also die Pflege und Erziehung einschließlich der gesetzlichen Stellvertretung wahrzunehmen), zugleich aber auch dessen Vermögen zu verwalten.

1 Das „Informations- und Äußerungsrecht" besteht nur im Innenverhältnis zwischen den beiden (getrennten) Elternteilen ohne Rechtswirkung nach außen (es besteht auch nicht gegenüber der Schule). Ausnahme: Bei beharrlicher grober Verletzung der Informationspflicht durch den obsorgeberechtigten Elternteil kann das Gericht entscheiden, dass der nicht Obsorgeberechtigte Informationen unmittelbar bei der Schule einholen darf. Der Schule muss ein diesbezüglicher Gerichtsbeschluss vorgewiesen werden. – Vgl. hiezu auch die Judikatur des OGH (z. B. 7 Ob 501/92) zu den seinerzeitigen „elterlichen Mindestrechten".

2 Zum Thema „Erziehungsberechtigte und Schule" siehe auch den Erlass des BMBWK v. 8. 8. 2005, RS Nr. 17/2005.

3 Dies ist insbesondere dann der Fall, wenn die Eltern bzw. Großeltern verstorben oder (infolge geistiger Behinderung oder psychischer Krankheit) handlungsunfähig sind. Das Gericht kann jedoch den Eltern (Großeltern) auch aus anderen Gründen (vgl. Z. 3.5) die Obsorge für das Kind entziehen und eine geeignete andere Person damit betrauen.

4 Sofern keine geeigneten Personen zur Verfügung stehen, kann auch ein Kinder- und Jugendhilfeträger (siehe Z. 4) zur Wahrnehmung der Obsorge berufen werden. Das Gericht hat in allen Fällen nach dem Wohl des Kindes zu entscheiden.

5 Früher „Vormund" (vgl. auch S. 193, Fußnote 1).

3.5 Behördliche Verfügungen bei Uneinigkeit der Eltern

Sofern die Eltern in einer wichtigen Angelegenheit **keine Einigung** erzielen oder das Wohl des Kindes durch ihr sonstiges Verhalten (z. B. beharrliche Verstöße gegen die Erfüllung der Schulpflicht) gefährden, hat das **Gericht** die notwendigen Verfügungen zu treffen. Diese können in der Veranlassung **unterstützender** Erziehungsmaßnahmen (z. B. Beratung der Erziehungsberechtigten, Förderung von Maßnahmen zur gewaltfreien Erziehung),[1] in einem **Ersatz** der erforderlichen Zustimmung eines Elternteiles bzw. einem (auch teilweisen) **Entzug** der gesetzlichen **Stellvertretung** oder – in bestimmten Fällen – auch in der gänzlichen **Entfernung**[2] des Kindes aus seiner bisherigen Umgebung und Unterbringung bei Verwandten oder anderen geeigneten Personen bestehen.[3]

4 Kinder- und Jugendhilfeträger und ihre Aufgaben

Träger der öffentlichen Kinder- und Jugendhilfe ist das **Bundesland**, das jeweils auch (landesgesetzlich) festzulegen hat, welche Behörden[4] oder sonstigen Stellen die einzelnen Aufgaben zu besorgen haben.

Die **Aufgaben** reichen von der Mutterschafts-, Säuglings- und Jugendfürsorge (z. B. Beratung und Betreuung werdender Mütter) über die Vorsorge für einschlägige soziale Dienste (z. B. Beistellung von Mutter-Kind-Wohnungen und Tagesmüttern, Vermittlung von Pflegeplätzen) und die Bewilligung und Beaufsichtigung von Pflegeverhältnissen (einschließlich solcher in Heimen und ähnlichen Einrichtungen) bis zur Gewährung verschiedener Formen der **Erziehungshilfe.**

Diese kann in der Unterstützung und **Beratung** der Erziehungsberechtigten sowie in verschiedenen Betreuungs- und Förderungsmaßnahmen, aber **auch** in der Obsorge

[1] Die Verwirklichung dieser Maßnahmen erfolgt über den zuständigen Kinder- und Jugendhilfeträger.

[2] Eine solche Maßnahme ist nur aus zwingenden Gründen (z. B. Trunkenheit oder Gewalttätigkeiten der Eltern) und nur dann zulässig, wenn mit gelinderen Mitteln das Wohl des Kindes nicht gewährleistet werden kann.

[3] Wenn das Kind nicht bei Verwandten oder geeigneten anderen Personen untergebracht werden kann, hat das Gericht die Obsorge einem Kinder- und Jugendhilfeträger zu übertragen. Dieser kann, sofern keine geeignete Pflegefamilie zur Verfügung steht, auch die Unterbringung in einem Heim veranlassen.

[4] Diese Behörden sind regelmäßig die Jugendämter am Sitz der für den Wohn- oder Aufenthaltsort des Kindes zuständigen Bezirkshauptmannschaft (in Städten mit eigenem Statut sind die Jugendämter beim Magistrat eingerichtet).

um die **gesamte** Erziehung und Pflege des Minderjährigen (Unterbringung in einer Pflegefamilie oder in einem Heim)[1] bestehen.[2]

5 Jugendschutz

Unter dem Begriff des **Jugendschutzes** werden all jene Maßnahmen zusammengefasst, die dazu dienen, schädliche Einflüsse der Umwelt von Kindern und Jugendlichen fernzuhalten, um deren geistige, seelische und körperliche Entwicklung zu sichern und sie vor Verwahrlosung zu schützen.

Im üblichen Sprachgebrauch werden unter dieser Bezeichnung jedoch nur die Maßnahmen des **„Jugendschutzes im engeren Sinne"**[3] (früher auch „Jugendschutzpolizei" genannt) verstanden. Diese betreffen insbesondere **Beschränkungen** des Aufenthaltes von Kindern und Jugendlichen an öffentlich zugänglichen Orten (im speziellen in Gaststätten, Beherbergungsbetrieben, Kinos, Theatern und bei öffentlichen Veranstaltungen) sowie Verbote und Einschränkungen des Konsums von Alkohol und Tabak durch diese Personen in der Öffentlichkeit, ferner Glücksspielverbote und ähnliche Bestimmungen.

Da es sich hiebei um Angelegenheiten handelt, die in Gesetzgebung und Vollziehung in den selbstständigen Bereich der **Länder** fallen, sind die detaillierten Bestimmungen den **Jugendschutzgesetzen**[4] der einzelnen **Bundesländer** zu entnehmen.[5,6]

---

1 Sogenannte „volle Erziehung" (§ 26 Bundes-Kinder- und Jugendhilfegesetz). – Pflegefamilien ist grundsätzlich der Vorzug zu geben.

2 Die Erziehungsberechtigten haben jene Maßnahmen, mit denen sie einverstanden sind, schriftlich mit dem Kinder- und Jugendhilfeträger zu vereinbaren. Maßnahmen gegen den Willen der Erziehungsberechtigten bedürfen grundsätzlich der gerichtlichen Anordnung.

3 „Jugendschutz im weiteren Sinne" umfasst auch den Beschäftigungsschutz von Kindern und Jugendlichen (vgl. S. 199, Fußnote 2), das Kindschaftsrecht und die Kinder- und Jugendhilfe (vgl. oben Z. 3 und 4) sowie die strafrechtlichen Regelungen zum Schutz von Kindern und Jugendlichen (vgl. insbesondere §§ 195 bis 199, 206 bis 209 und 212 StGB, ferner das Pornografiegesetz, BGBl. Nr. 97/1950 i. d. g. F.).

4 Die Gesetze unterscheiden teilweise zwischen „Kindern" (Altersgrenze 12 bis 14 Jahre) und „Jugendlichen" (12 bzw. 14 bis 16 bzw. bis 18 Jahre), teilweise wird nur von „jungen Menschen" oder „Jugendlichen" bis zum vollendeten 18. Lebensjahr gesprochen, wobei die genannten Einschränkungen altersgemäß (jedoch in den einzelnen Bundesländern etwas unterschiedlich) gestaffelt sind bzw. an das Vorhandensein von Aufsichtspersonen gebunden werden.

5 Die Beschäftigung mit diesen Vorschriften ist insbesondere im Hinblick auf die Durchführung von Schulveranstaltungen zu empfehlen.

6 Übertretungen gegen die Bestimmungen des Jugendschutzes sind von den Bezirksverwaltungsbehörden (in der Regel durch Geldstrafen, allenfalls auch durch gemeinnützige Tätigkeiten oder Freiheitsstrafen) zu ahnden.

Lehrlingsausbildung und Jugendbeschäftigung

1 Rechtsgrundlagen

Die folgenden Ausführungen beruhen auf dem Bundesgesetz über die Berufsausbildung von Lehrlingen **(Berufsausbildungsgesetz),**[1] dem Bundesgesetz über die Beschäftigung von Kindern und Jugendlichen[2] sowie dem Jugendausbildungs-Sicherungsgesetz.[3]

2 Aus dem Berufsausbildungsgesetz

2.1 Lehrling, Lehrberechtigter, Ausbilder

Lehrlinge im Sinne des Berufsausbildungsgesetzes sind Personen, die aufgrund eines **Lehrvertrages** zur Erlernung eines in der **Lehrberufsliste** angeführten Lehrberufes bei einem **Lehrberechtigten**[4] fachlich ausgebildet und im Rahmen dieser Ausbildung verwendet werden.[5]

---

1 BGBl. Nr. 142/1969 i. d. g. F. – Die Ausbildung der Lehrlinge im Sinne des land- und forstwirtschaftlichen Berufsausbildungsgesetzes, BGBl. Nr. 177/1952 i. d. g. F., kann in diesem Rahmen nicht behandelt werden.

2 BGBl. Nr. 599/1987 i. d. g. F.

3 BGBl. I Nr. 91/1998 i. d. g. F.

4 Lehrberechtigte können neben physischen Personen (z. B. Meistern) auch Personengesellschaften des Handelsrechtes (z. B. OHG, KG) sowie juristische Personen des öffentlichen Rechtes (z. B. Gebietskörperschaften, Kammern) und des privaten Rechtes (z. B. AG, GmbH) sein. Sofern der Lehrberechtigte keine physische Person ist, muss die Ausbildung von geeigneten Ausbildern wahrgenommen werden.

5 Die Aufnahme als Lehrling setzt weiters die Erfüllung der allgemeinen Schulpflicht (vgl. S. 47 ff.) voraus.

Die Ausbildung von Lehrlingen ist nur zulässig, wenn der Lehrberechtigte oder der von ihm bestellte **Ausbilder** die erforderliche **Befähigung**[1] (einschließlich der Berechtigung zur Berufsausübung[2] und der Ausbilderprüfung oder einer gleichwertigen Qualifikation) besitzt und der Betrieb oder die Werkstätte entsprechend eingerichtet ist.

2.2 Lehrberufe, Lehrberufsliste, Ausbildungsvorschriften

Die einzelnen Lehrberufe und deren Lehrzeit[3] (einschließlich der Anrechnung von Lehrzeiten verwandter Lehrberufe)[4] sind in einer **Verordnung** des Bundesministers für Handel, Gewerbe und Industrie **(Lehrberufsliste)**[5] aufgezählt.

Die Vorschriften zur Ausbildung für die einzelnen Lehrberufe (einschließlich der **Berufsbilder**) finden sich in einer Reihe von Verordnungen,[6] in welchen die für die einzelnen Lehrberufe charakteristischen Arbeiten und Hilfstätigkeiten beschrieben und die während der Ausbildung zu vermittelnden Kenntnisse und Fertigkeiten[7] angeführt sind.[8]

In den Ausbildungsvorschriften kann auch eine **modulare** Ausbildung mit einem Grundmodul und zumindest je einem Haupt- und Spezialmodul vorgesehen werden (§ 8b BAG).[9]

---

1 Diese ist im Berufsausbildungsgesetz festgelegt.

2 Für diese ist in den meisten Fällen die Gewerbeordnung maßgeblich. Daneben können aber auch Betriebe, welche diesem Gesetz nicht unterliegen (z. B. land- und forstwirtschaftliche Genossenschaften, Behörden, Ziviltechniker, Notare und Rechtsanwälte) bei Erfüllung der ausbildungsrechtlichen Voraussetzungen Lehrlinge ausbilden. – Schließlich sind auch Justiz- und Erziehungsanstalten sowie besondere überbetriebliche Ausbildungseinrichtungen (siehe hiezu S. 203) zur Ausbildung von Lehrlingen berechtigt.

3 Diese beträgt mindestens 2 und höchstens 4 Jahre (in den meisten Lehrberufen 3 oder 3 1/2 Jahre).

4 Insbesondere in verwandten Lehrberufen sind auch Doppellehren zulässig.

5 BGBl. Nr. 268/1975 i. d. g. F. Derzeit umfasst die Lehrberufsliste mehr als 250 Lehrberufe. – Gegenwärtig liegt die Zuständigkeit beim BM für Wissenschaft, Forschung und Wirtschaft.

6 Von der Zitierung dieser auf § 8 des Berufsausbildungsgesetzes beruhenden Verordnungen muss schon aus Platzgründen abgesehen werden.

7 Diese Erfordernisse sind für jeden Lehrberuf einzeln festgelegt.

8 Soweit für einzelne Lehrberufe andere als die im BAG festgelegten Verhältniszahlen zwischen Ausbildern und Lehrlingen vorgesehen werden, erfolgt auch dies durch V.

9 Das Grundmodul enthält die den grundlegenden Tätigkeiten eines oder mehrerer Lehrberufe entsprechenden Fertigkeiten und Kenntnisse, das Hauptmodul die dem Lehrberuf eigentümlichen Tätigkeiten und Arbeiten. Ein Spezialmodul enthält weitere Kenntnisse und Fertigkeiten im Qualifikationsbedarf eines Berufszweiges. Die Gesamtdauer aller Module darf höchstens vier Jahre betragen.

2.3 Lehrverhältnis, Lehrvertrag

Das Lehrverhältnis ist durch einen **schriftlichen** Lehrvertrag zu regeln, der bei minderjährigen Lehrlingen jedenfalls der Zustimmung des gesetzlichen Vertreters bedarf.[1]

2.4 Pflichten des Lehrberechtigten und des Lehrlings

Der Lehrberechtigte hat für die **Ausbildung** des Lehrlings zu sorgen und diesen entsprechend den Ausbildungsvorschriften selbst oder durch geeignete Personen[2] zu unterweisen. Soweit der Lehrling zum Besuch der **Berufsschule** verpflichtet ist, hat ihm der Lehrberechtigte die hiefür erforderliche Zeit freizugeben und ihn zum Schulbesuch anzuhalten.[3] Bei minderjährigen Lehrlingen sind auch die Erziehungsberechtigten von allen wichtigen Vorkommnissen zu unterrichten.

Die Verwendung des Lehrlings für **berufsfremde** Tätigkeiten ist, ebenso wie die körperliche Züchtigung, unzulässig.

Die Einhaltung der genannten Pflichten ist durch die Lehrlingsstellen, aber auch durch die Arbeitsinspektorate zu überprüfen.[4]

Der **Lehrling** hat die ihm im Rahmen der Ausbildung übertragenen Aufgaben ordnungsgemäß zu erfüllen und sich zu **bemühen,** die für die Erlernung des Berufes erforderlichen Kenntnisse und Fertigkeiten zu erwerben. Ferner hat er dem Lehrberechtigten das Zeugnis der Berufsschule unverzüglich nach Erhalt und (auf Verlangen) auch sonstige schulische Unterlagen (insbesondere Schularbeiten) vorzulegen.[5]

---

1 Der Vertrag ist außerdem vom Lehrberechtigten längstens binnen drei Wochen zur Eintragung bei der zuständigen Lehrlingsstelle anzumelden.

2 Diese können neben dem Ausbilder auch andere Personen sein, für deren Auswahl jedoch ein strenger Maßstab anzulegen ist.

3 Vgl. auch die aus dem Schulpflichtgesetz (siehe S. 51 f. und 54) erwachsenden Pflichten.

4 Übertretungen sind von der Bezirksverwaltungsbehörde mit Geld- oder Freiheitsstrafen zu ahnden.

5 Ferner besteht die Verpflichtung zur Wahrung von Betriebs- und Geschäftsgeheimnissen sowie zum sorgfältigen Umgang mit Werkstoffen, Werkzeugen und Geräten.

2.5 Lehrlingsentschädigung

Die dem Lehrling vom Lehrberechtigten zu bezahlende Lehrlingsentschädigung ist in den meisten Fällen kollektivvertraglich geregelt.[1] Der Entgeltanspruch besteht auch für die Dauer des Unterrichtes in der Berufsschule[2] und der Ablegung der Lehrabschlussprüfung (einschließlich allfälliger Teilprüfungen).

2.6 Endigung und vorzeitige Auflösung des Lehrverhältnisses

Das Lehrverhältnis endet insbesondere mit dem Ablauf der im Lehrvertrag vereinbarten Dauer der Lehrzeit bzw. mit der erfolgreichen Ablegung der Lehrabschlussprüfung.[3]

Eine **vorzeitige** Auflösung ist nur aus schwerwiegenden, im Gesetz (erschöpfend) aufgezählten Gründen[4] zulässig und bedarf der Schriftform.

Nach Endigung oder vorzeitiger Auflösung des Lehrverhältnisses hat der Lehrberechtigte ein **Lehrzeugnis** auszustellen, wobei Angaben, die das Fortkommen des Lehrlings erschweren könnten, nicht aufgenommen werden dürfen.

2.7 Lehrlingsstellen

Bei jeder **Landeskammer** der Wirtschaft ist eine Lehrlingsstelle eingerichtet, der insbesondere die **Überwachung** der Lehrlingsausbildung, die Förderung von Ausbildungsverbänden sowie die Einrichtung der **Prüfungskommissionen** zur Durchführung der Lehrabschlussprüfungen obliegt.

---

[1] Bei Fehlen einer solchen Regelung ist die Entschädigung im Lehrvertrag zumindest in jener Höhe vorzusehen, wie sie für gleiche, verwandte oder ähnliche Lehrberufe kollektivvertraglich festgesetzt ist.

[2] Internatskosten, die im Zusammenhang mit der Erfüllung der Berufsschulpflicht anfallen, sind ebenfalls zu ersetzen, soweit sie die Lehrlingsentschädigung übersteigen.

[3] Der Lehrberechtigte ist jedoch verpflichtet, den Lehrling nach Ablegung der Lehrabschlussprüfung durch mindestens drei Monate im erlernten Beruf weiterzuverwenden (diese Verpflichtung kann aus schwerwiegenden wirtschaftlichen Gründen erlassen werden).

[4] Gründe, die den Lehrberechtigten zur vorzeitigen Auflösung berechtigen, sind z. B. unbefugtes Verlassen des Lehrplatzes, Diebstahl, Veruntreuung oder grobe Beleidigung durch den Lehrling; andererseits berechtigen etwa Züchtigung, Misshandlung oder grobe Vernachlässigung der Ausbildungspflicht durch den Lehrberechtigten den Lehrling zu dieser Konsequenz.

2.8 Lehrabschlussprüfung

Durch die Lehrabschlussprüfung ist festzustellen, ob sich der Prüfungswerber die für den betreffenden Lehrberuf erforderlichen Fertigkeiten und Kenntnisse angeeignet hat und zur selbstständigen und fachgerechten Ausführung der dem Lehrberuf eigentümlichen Tätigkeiten fähig ist.

Die Prüfung ist vor der bei der **Lehrlingsstelle** eingerichteten Prüfungskommission (Vorsitzender und zwei Beisitzer) abzulegen und besteht aus einer **praktischen** und einer **theoretischen** Prüfung.[1]

Die Durchführung der Lehrabschlussprüfung ist jeweils durch Verordnung[2] geregelt. In den Verordnungen ist auch festgelegt, dass die theoretische Prüfung zu entfallen hat, sofern der Prüfungskandidat den erfolgreichen Abschluss der fachlichen Berufsschule nachweist.[3]

In verwandten Lehrberufen können **Zusatzprüfungen** abgelegt werden.

Über die Lehrabschlussprüfung ist ein **Prüfungszeugnis** auszustellen, das auch die Beurteilung des Prüfungsergebnisses zu enthalten hat.

2.9 Ersatz der Lehrzeit

Aufgrund schulmäßiger Ausbildung in Schwerpunktbereichen eines Lehrberufes, die auch eine **fachpraktische** Unterweisung zu umfassen hat, kann ein Teil der Lehrzeit individuell ersetzt werden. – Siehe hiezu S. 37 und 39.

2.10 Überbetriebliche Ausbildungseinrichtungen

Unter bestimmten Voraussetzungen kann die Ausbildungsberechtigung auch überbetrieblichen Ausbildungseinrichtungen, die weder von einem Lehrberechtigten geführt werden noch Schulen sind, verliehen werden (§ 30 Berufsausbildungsgesetz).[4]

---

1 Die theoretische Prüfung gliedert sich in einen schriftlichen und einen mündlichen Teil.

2 Diese Verordnungen können wegen ihrer großen Zahl in diesem Rahmen nicht zitiert werden.

3 Bei vierjährigen Lehrberufen (oder modularen Lehrberufen mit vierjähriger Ausbildungszeit) kann unmittelbar an die erfolgreiche Ablegung der Lehrabschlussprüfung die Prüfung über den Fachbereich der Berufsreifeprüfung angeschlossen werden.

4 Diese Einrichtungen (z. B. „Jugend am Werk") müssen hinsichtlich der sachlichen Ausstattung und der zur Verfügung stehenden Ausbilder für die betreffende Ausbildung geeignet sein; ferner muss ein entsprechender Bedarf bestehen. Für die Erteilung der Bewilligung ist der Bundesminister für Wissenschaft, Forschung und Wirtschaft zuständig. – Siehe hiezu auch die Lehrgänge und Lehrlingsstiftungen gem. §§ 3 und 4 des Jugendausbildungs-Sicherungsgesetzes, BGBl. I Nr. 91/1998 i. d. g. F.

2.11 Berufsausbildungsbeiräte

Bei der Lehrlingsstelle jedes Bundeslandes ist ein **Landes-Berufsausbildungsbeirat,** bei der Bundeswirtschaftskammer ein **Bundes-Berufsausbildungsbeirat** eingerichtet. Allen diesen Institutionen obliegt insbesondere die Erstattung von Gutachten und Vorschlägen zu Fragen der Berufsausbildung.

3 Arbeitszeit und Berufsschule

3.1 Anrechnung des Berufsschulbesuches auf die Arbeitszeit

Die in der **Berufsschule,** zu deren Besuch der Lehrling verpflichtet ist, verbrachte Unterrichtszeit ist **zur Gänze** auf die Dauer der wöchentlichen Arbeitszeit anzurechnen.[1]

Diese Zeit umfasst nicht nur den Unterricht in den Pflichtgegenständen, sondern **auch** jenen in Freigegenständen und unverbindlichen Übungen (insgesamt höchstens zwei Unterrichtsstunden pro Woche) sowie die Teilnahme am Förderunterricht und an Schulveranstaltungen.

Beträgt die Unterrichtszeit an einem Schultag mindestens acht Stunden, so ist eine Beschäftigung im Betrieb an diesem Tag nicht mehr zulässig.[2,3] Übersteigt in einer lehrgangsmäßigen Berufsschule die wöchentliche Unterrichtszeit die Dauer von 40 Stunden, steht dem Lehrling ein entsprechender Freizeitausgleich im Rahmen der betrieblichen Arbeitszeit jedoch nicht zu.

3.2 Fortzahlung der Lehrlingsentschädigung

Der Lehrling behält seinen **vollen** Anspruch auf Lehrlingsentschädigung während der Zeit des vorstehend genannten Besuches der Berufsschule (hinsichtlich des Ersatzes von Internatskosten im Zusammenhang mit dem Schulbesuch siehe S. 202, Fußnote 2).

---

[1] Ausgenommen sind nur die Mittagspausen.

[2] Bei kürzerer Dauer der Unterrichtszeit ist die Beschäftigung dann zulässig, wenn die Wegzeit in den Betrieb und die Zeit der noch vorgesehenen Beschäftigung die gesetzlich zulässige Arbeitszeit nicht überschreitet.

[3] Ebenso ist eine Rückkehr aus der lehrgangsmäßigen Berufsschule nicht erforderlich, wenn nicht mehr als zwei Schultage eines Lehrganges entfallen und die Wegzeit im Verhältnis zur vorgesehenen Beschäftigung unzumutbar lang wäre.

3.3 Freizeitanspruch von Schülervertretern

Schülervertretern (vgl. §§ 59 und 64 SchUG)[1] sowie den Mitgliedern der Landesschülervertretung und der Bundesschülervertretung[2] ist die zur Erfüllung ihrer gesetzlichen Obliegenheiten erforderliche **Freizeit** zu gewähren, wobei dieser Anspruch für Sitzungen der genannten überschulischen Interessenvertretung **auch** während der betrieblichen Arbeitszeit besteht.[3]

4 Integrative Berufsausbildung[4]

Diese dient der beruflichen Eingliederung solcher Jugendlicher, die durch persönliche Vermittlungshindernisse **benachteiligt**[5] sind, und soll

- durch lehrvertragsmäßige Vereinbarung einer um bis zu zwei Jahren **verlängerten Lehrzeit**

  oder

- durch Abschluss eines Ausbildungsvertrages[6,7] über eine berufliche **Teilqualifikation**

erreicht werden.

Die integrative Berufsausbildung wird häufig durch überbetriebliche Ausbildungseinrichtungen im Sinne des § 30 Berufsausbildungsgesetz[8] wahrgenommen und ist in beiden Fällen durch **Berufsausbildungsassistenz**[9] zu begleiten und zu unterstützen.

---

1 Siehe S. 128 ff.

2 Siehe S. 130.

3 Auch in diesem Fall bleibt der Anspruch auf die Lehrlingsentschädigung voll erhalten.

4 Diese ersetzt die bisherige „Vorlehre" (§ 8b BAG).

5 Als solche gelten insbesondere Jugendliche, die wegen sonderpädagogischen Förderbedarfs zumindest teilweise nach dem Lehrplan der Sonderschule unterrichtet wurden, ferner solche, die über keinen oder einen negativen Abschluss der Neuen Mittelschule oder der Hauptschule verfügen, sowie auch Behinderte im Sinne des Behinderteneinstellungsgesetzes.

6 Hiebei handelt es sich um keinen Lehrvertrag, sondern um ein spezielles Ausbildungsverhältnis. Die Ausbildungszeit kann zwischen einem und drei Jahren betragen.

7 Ein Ausbildungsvertrag darf von der Lehrlingsstelle nur eingetragen werden, wenn ein entsprechendes Gutachten des Landes-Berufsausbildungsbeirates (dieser hat auch den Erhalter der Berufsschule und die Schulbehörde beizuziehen) vorliegt. Darin ist auch eine Pflicht (oder nur ein Recht) zum Besuch der Berufsschule festzulegen.

8 Siehe hiezu S. 203.

9 Die Durchführung erfolgt durch das Arbeitsmarktservice, das Bundessozialamt oder eine Gebietskörperschaft (z. B. die betreffende Gemeinde).

Anhang

Neue Oberstufe

Für zumindest dreijährige mittlere und höhere Schulen wurden ab der 10. Schulstufe besondere Bestimmungen geschaffen. Diese treten ab dem Schuljahr 2017/18 schulstufenweise aufsteigend in Kraft.

Sie beinhalten eine semesterweise Aufteilung des Lehrstoffs in Kompetenzmodule.[1] Am Ende eines jeden Semesters wird ein Semesterzeugnis ausgestellt. Bei einer nicht positiven Semesterbeurteilung ist ein Beiblatt zum Semesterzeugnis auszustellen, auf dem die Bildungs- und Lehraufgaben und Lehrstoffe anzuführen sind, die für die nicht positive Beurteilung maßgeblich waren.

Semesterprüfungen betreffend in einem Semester nicht positiv beurteilte Pflichtgegenstände können in den beiden folgenden Semestern abgelegt werden.[2] Die Schüler sind mit einer oder zwei nicht positiven Semesterbeurteilungen zum Aufsteigen in das nächsthöhere Semester berechtigt, einmal mit Bewilligung der Klassenkonferenz auch mit drei nicht positiven Semesterbeurteilungen.[3] Beim Antreten zur Reife- bzw. Reife- und Diplomprüfung müssen alle Semester ab der 10. Schulstufe positiv beurteilt worden sein.[4]

Wenn dies zur Verbesserung der Lernsituation als zweckmäßig erachtet wird, besteht die Möglichkeit einer individuellen Lernbegleitung durch einen Lehrer.[5] Dabei ist der Lernprozess laufend zu beobachten und durch methodisch-didaktische Anleitungen

1 Dadurch soll die schrittweise und kontinuierliche Leistungserbringung gefördert und eine bessere Vorbereitung auf eine universitäre Ausbildung erreicht werden. – Die letzte Schulstufe bildet ein Kompetenzmodul.

2 In diesem Zeitraum kann jede Semesterprüfung zweimal wiederholt werden. Die Prüfung hat die im Beiblatt zum Semesterzeugnis genannten Inhalte zu umfassen.

3 Für diese Prognoseentscheidung gelten sinngemäß die gleichen Bestimmungen wie beim Aufsteigen mit einem „Nicht genügend".

4 In höchstens drei Pflichtgegenständen kann eine dritte Wiederholung der Semesterprüfung im Zeitraum zwischen der Beurteilungskonferenz der letzten Schulstufe und dem Beginn der Klausurprüfung oder zu den für die Wiederholungsprüfung vorgesehen Terminen abgelegt werden.

5 Darüber entscheidet der Schulleiter, an Schulen mit Abteilungsgliederung der Abteilungsvorstand.

und Beratungen zu unterstützen. In periodischen Abständen sind Beratungsgespräche, allenfalls unter Hinzuziehung anderer Lehrer, der Erziehungsberechtigten oder anderer Personen, zu führen und Lernüberprüfungen durchzuführen. Auf die lernökonomisch sinnvolle Festlegung von Prüfungsterminen (insbesondere von Semesterprüfungen) ist zu achten.

Schulversuche zur Neuen Oberstufe können in den Schuljahren 2013/14 bis 2016/17 durchgeführt werden.

Literatur-hinweise

Auf dem Gebiet des **Schulrechtes** sowie des **Dienst- und Besoldungsrechtes** der **Lehrer** sind folgende **Textausgaben** einschlägiger Rechtsvorschriften zu nennen (überwiegend kommentiert, zum Teil als Loseblattausgaben):

Kodex des österreichischen Rechtes
Schulgesetze (Gesetzes- und Verordnungstexte ohne Kommentar), 15. Auflage 2014
Orac-Verlag, Wien

Götz/Münster:
Die österreichischen Schulgesetze (Loseblattausgabe, kommentiert),
Verlag Manz, Wien

Jonak – Kövesi:
Das österreichische Schulrecht (kommentierte Textausgabe), 13. Auflage 2012,
Österreichischer Bundesverlag, Wien

Hauser:
Schulunterrichtsgesetz (Kommentar), 1. Auflage 2014
Pedell Wissenschaftsverlag, Linz

Jonak – Reut-Nicolussi – Holubetz – Melichar:
Landeslehrer-Dienstrecht (Loseblattsammlung, kommentiert),
Inn-Verlag, Innsbruck

Fellner:
Beamten-Dienstrechtsgesetz 1979 (Loseblattsammlung, kommentiert),
Verlag Manz, Wien

Österreichischer Gewerkschaftsbund, Gewerkschaft Öffentlicher Dienst (Hrsg.):
Jahrbücher (in der jeweiligen Jahresausgabe);
Bundes-Personalvertretungsgesetz (Handausgabe).

Ratgeber Schulpraxis – erschienen im TRAUNER Verlag Universität

GEORG HANS NEUWEG

Schulische Leistungsbeurteilung

Rechtliche Grundlagen und pädagogische Hilfestellungen für die Schulpraxis
5., akt. und erw. Aufl. 2014, 156 Seiten, 17 x 24 cm, broschiert,
ISBN 978-3-99033-352-5.

Neben wichtigen Bestimmungen aus dem Schulunterrichtsgesetz und der Leistungsbeurteilungsverordnung enthält der Band praxisgerechte pädagogische Empfehlungen zur Prüfungsgestaltung und Notengebung und einen Leitfaden zur Qualitätsentwicklung und Qualitätssicherung an den Schulen.
Das Werk versteht sich als Nachschlagewerk für Lehrerinnen und Lehrer aller Schularten ebenso wie als Lernbehelf für die Lehrerausbildung. Angesprochen sind aber auch Eltern und Schüler, die sich mit der rechtlichen und pädagogischen Problematik der Notengebung ausführlicher auseinandersetzen möchten.

ORTWIN WINGERT (HG.)

Schule erfolgreich leiten

Ein Handbuch für SchulleiterInnen und für jene, die es noch werden wollen
1. Aufl. 2006, 528 Seiten, 20 x 24 cm, broschiert,
ISBN 978-3-85487-944-2.

Dieses Standardwerk enthält eine Fülle von Ratschlägen sowie Anleitungen zur berufsbegleitenden Leiterfortbildung.
Aus dem Inhalt: Präsentation, Moderation, Kommunikation, Konfliktmanagement, Rechtliche Grundlagen, Das (oö.) Leiterauswahlverfahren, Führen und Leiten, Projektmanagement, Unterrichtsbeobachtung und Lehrerberatung, Lehrerbeurteilung und Leistungsfeststellung, Wirtschaftliche Führung einer Schule, Schulpartnerschaft, Schulentwicklung.
Die Autoren und der Herausgeber sind renommierte und fachkompetente Personalberater, Direktoren, Schulaufsichtsbeamte sowie bewährte Referenten der Schulmanagementausbildung des Schul- und Erziehungszentrums (SchEz).

Stichwörter-verzeichnis